Александра МАРИНИНА

ПРИЗРАК МУЗЫКИ

1998

УДК 882
ББК 84(2Рос-Рус)6-4
М 26

Разработка серийного оформления
художника *Г. Саукова*

Серия основана в 1993 году

Маринина А. Б.

М 26   Призрак музыки: Роман. — М.: ЗАО Изд-во ЭКСМО-Пресс,
1998. — 352 с. (Серия «Черная кошка»).

ISBN 5-04-001846-0

Убита преуспевающая владелица туристической фирмы Елена Дударева. Милиции удается найти почти слепого юношу Артема, который разговаривал с убийцей. Артем не может описать внешность убийцы, но хорошо запомнил его голос и музыку, которую тот слушал. При раскрытии этого заказного убийства Насте Каменской приходится решать трудный вопрос: имеет ли она право привлекать к рискованному поиску убийцы юношу-инвалида.

УДК 882
ББК 84(2Рос-Рус)6-4

Глава 1

Ему было хорошо. С утра он принял дозу, и теперь его душа купалась в чувстве глубокого и непоколебимого покоя. Даже изнуряющая многодневная жара его не злила. Так бывало всегда после дозы: жарко — хорошо, холодно — тоже хорошо, сидеть хорошо, лежать хорошо. Все хорошо, ничего не беспокоит.

Но мозг работал на ускоренных оборотах, и это тоже было последствием принятия дозы. Жара была хороша не только сама по себе, но и потому, что в это воскресное утро в Москве надо было очень постараться, чтобы найти праздного прохожего. Кто мог — уехал за город, кто не мог — сидел дома с включенным кондиционером или на худой конец с зашторенными окнами, и мало находилось не жалеющих себя психов, которые шатались бы по улицам без дела. Еще бы, на солнце — тридцать девять, в тени — тридцать пять, кругом раскаленный, пышущий жаром камень домов и ни малейшего дуновения ветерка. А если добавить к этому выхлопные газы, которые, кажется, никуда не деваются, не тают, не растворяются и не уносятся, а висят ровно в том месте, где появились из автомобильной трубы... Короче, ясно, что, ежели человек себя хоть мало-мальски щадит, он ни за что на свете не станет просто так шляться по московским улицам в этот замечательный солнечный июньский день.

«Шкода-Фелиция» цвета «баклажан», а проще говоря — темно-фиолетовая, стояла там, где ему и сказали, перед домом номер восемь. Он остановился рядом, прикуривая, уронил зажигалку, едва заметным движением ботинка послал ее чуть дальше, под машину, и присел на корточки, чтобы достать. Ну вот и порядок, радиоуправляемое взрывное устройство прилеплено к днищу под местом водителя. Выпрямившись, он прикурил и не спеша пошел вперед. И лавочка подходящая нашлась, — правда, на самом солнцепеке, но это ничего, это тоже хорошо. Была бы в тени, обязательно какая-нибудь бабка настырная явилась бы воздухом подышать, а так он гарантирован от неудобного соседства.

Он уселся на скамейку, нацепил на голову наушники, щелкнул кнопкой висящего на поясе плейера и погрузился в музыку. Сегодня с утра он долго выбирал, какие кассеты взять с собой, ведь не исключено, что ждать придется долго. Перебирал, перебирал, откладывал в отдельную стопочку, потом снова придирчиво пересматривал отложенное и ставил на место, и снова перебирал. Наконец сделал свой выбор. Баллады «Тень луны» и Шотландскую симфонию Мендельсона. Баллады привлекали его своей прохладной сумеречностью, они были прозрачными, грустными и, несмотря на четкий ритм, неторопливыми и несуетными, какими-то нездешними.

По пути сюда он успел прослушать всю кассету с балладами и теперь, усевшись на скамейку неподалеку от фиолетовой «Фелиции», приготовился слушать Мендельсона. Даже не слушать — вкушать. Это было совсем особое удовольствие, доступное далеко не каждому. Во внешнем мире — отупляющая тяжелая жара, горячий воздух, который даже вдыхать противно, а из наушников прямо в его голову дует ураганный ветер, грохочет гром, сверкает молния, льет проливной дождь. Каждый раз, слушая Шотландскую, он представлял себе суровый пейзаж, скалистые горы, глубокие ледяные озера, темно-зеленые густые леса. И над всем этим холодным великолепием парит одинокая хищная птица. И ветер с дождем...

Он сидел уже два часа, слушая музыку и не сводя глаз с машины, и вдруг понял, что ужасно хочет пить. И это тоже было последствием принятой утром дозы. Он огляделся. Киоск далековато, если он пойдет к нему, то может пропустить владельца машины.

Взгляд его упал на парнишку лет семнадцати. Парнишка стоял в тени под деревом метрах в пятнадцати от скамейки, прислонившись к толстому стволу, и крутил в руке красный шарик. Шарик то появлялся в его ладони, то исчезал, то вдруг мелькал между пальцами и в следующее мгновение обнаруживался на тыльной стороне ладони. Мальчишка работал одной рукой, потом перекладывал шарик в другую руку и снова работал одной рукой.

— Эй! — крикнул он, сдвинув наушник с одного уха. — Эй, парень!

Паренек завертел головой, словно не понимая, откуда доносится звук. Потом увидел сидящего на скамейке человека.

— Вы мне?

— Да, тебе. Подойди, пожалуйста.

Парень медленно двинулся к нему, не переставая крутить шарик.

— Слушай, не в службу, а в дружбу, не сгоняешь в киоск за водой, а? Нога болит — сил нет, совсем ходить не могу, а пить хочется страшно по такой-то жаре. Сбегаешь? — Он постарался быть естественным и убедительным.

Паренек колебался, это было видно по его подвижному лицу.

— Ну пожалуйста, будь человеком. На вот, возьми червончик, принеси бутылку минералки, лучше с газом. Нарзан там или боржоми. И попроси, чтобы дали из холодильника.

Тот взял деньги и снова смешно закрутил головой. Но к киоску все-таки пошел.

— Спасибо, друг, — с чувством сказал убийца, поспешно откручивая колпачок с литровой ледяной бутылки нарзана. — Выручил ты меня. А что это ты с шариком делаешь?

Паренек улыбнулся приветливо и дружелюбно.

— Пальцы тренирую.

— Фокусником собираешься быть?

— Нет, пианистом. Извините, мне надо идти.

— Ну иди, — милостиво разрешил он, с облегчением глядя в спину удаляющемуся мальчику и снова надвигая наушник.

И хорошо, что ему надо куда-то, не хватало еще, чтобы владелец машины как раз в этот момент вышел. Мальчишка уходил ровным, неторопливым шагом, крутя головой. Убийца видел, как он дошел до дерева, у которого стоял раньше, прошел мимо и направился в сторону переулка, а несколькими секундами позже из подъезда дома номер восемь вышла женщина. Решительным шагом она подошла к фиолетовой «Фелиции» и вставила ключ в замок двери со стороны водителя. Как только она села в машину и закрыла дверь, убийца нажал кнопку на пульте. Льющаяся из наушников музыка лишь отчасти заглушила грохот взрыва. Тут же в открытые окна стали выглядывать люди, сидевшие по домам любопытные высыпали на балконы. Остановились проезжавшие мимо машины, выскочили водители. В общем, хотя улица была довольно пустынна, вокруг места взрыва тут же возникла вполне приличная суматоха. Убийца прикинул, нужно ли подходить, изображая естественное любопытство, но решил, что народу вокруг пострадавшей машины и так достаточно, а на него внимания никто не обращает. Поднялся и ушел. Из наушников до него доносились звуки начинающейся грозы над скалистыми берегами и синими холодными озерами, и одинокая хищная птица плавно парила над этим студеным великолепием.

Ему было хорошо и спокойно.

* * *

Выписка из приказа по личному составу начальника Главного управления внутренних дел г. Москвы: «...назначить подполковника милиции Каменскую Анастасию Павловну на должность старшего оперуполномоченного отдела... установив должностной оклад в размере...

...назначить майора милиции Короткова Юрия Викторовича на должность заместителя начальника отдела... установив должностной оклад в размере...

...освободить полковника милиции Жерехова Павла Васильевича от должности заместителя начальника отдела... в связи с увольнением из органов внутренних дел (рапорт от 10 мая 1998 г.)...»

* * *

— Вот ужо я теперь тобой покомандую, — злорадно приговаривал Коротков, обживая новое рабочее место. — В кои веки дорвался.

— Конечно, маленького подполковника обидеть каждый может, даже майор, — отшучивалась Настя. — Зря я вернулась, ты мне жизни не дашь.

— Ага, не дам, — жизнерадостно обещал Юра. — Буду требовать, чтобы ты мне раскрыла как минимум пять убийств века, и тогда я в качестве твоего мудрого руководителя получу сто пятьдесят поощрений, пять государственных наград и звание полковника сразу, минуя подполковника. Здорово я придумал?

— Классно, — соглашалась она. — А если я тебе ничего не раскрою, ты меня выгонишь обратно к Ивану?

— Еще чего, размечталась! Даже если ты вообще ничего никогда больше не раскроешь, я все равно тебя никуда не отпущу, потому что только ты можешь дать мне чувство великого милиционерского кайфа: командовать старшим по званию. Не каждому оперу так везет, как мне.

— Так ты же скоро сам подполковника получишь, и весь твой кайф закончится.

— Это еще когда будет... А пока не мешай мне наслаждаться жизнью.

И Настя не мешала. Более того, она и сама ею наслаждалась, потому что вернулась к своей работе и своим друзьям, по которым так скучала, работая в Управлении по организованной преступности. Генерал Заточный отпустил ее, как говорится, по первому требованию. Гроза, подальше от которой Настю в свое время отослал Гордеев, все-таки разразилась, правда, не осенью, как ожидалось сначала, а только весной следующего года, в марте. Неожиданно для многих был отстранен от должности министр внутренних дел, и на несколько дней милицейская общественность замерла в ожидании решения своей судьбы. Кто придет на смену, еще один военный, который начнет перетасовывать кадры и назначать на все должности подряд своих однокашников по военному училищу, или все-таки профессионал? И через несколько дней вздохнули хотя и несколько настороженно, но с облегчением: не военный.

Новый министр с первых же дней заявил, что оперативно-розыскная деятельность — важнейший элемент борьбы с преступностью и ей отныне будет уделяться первоочередное внимание. Начальника Главного управления внутренних дел Москвы не тронули, соответственно и в самом управлении кадровых перестановок пока не предвиделось. Начальник отдела, в котором работала раньше Настя, остался в своем кресле, и можно было возвращаться. Проработав у Заточного без малого десять месяцев, она успела обучить капитана Дюжина основам аналитической работы и получить очередное звание подполковника, которое не могла получить на Петровке — должность не позволяла, так что расстались они с генералом мирно и полюбовно. Как говорится, «при своих».

— Ну что, дети мои, — начал в это утро ежедневную оперативку полковник Гордеев, — преступники оказались покрепче нас с вами. Это мы от жары уже на потолок готовы лезть, а они бодренько так себя чувствуют. И откуда только силы берутся? Вчера Селуянов по городу дежурил, и надежурил он нам убийство некоей госпожи Дударевой, генерального директора фирмы... — он глянул в разложенные на столе бумаги, — фирмы «Турелла». Туристический бизнес. Дамочка состоятельная, если не сказать больше. Дело возбуждено в округе, нас пока не трогают, но, учитывая, что это могут оказаться бизнес-разборки, не сегодня-завтра и нас подключат. Меня несколько дней не будет: уезжаю сегодня вечером в командировку, за старшего остается Коротков. Так что раздаю слонов заблаговременно. Если будет указание подключаться к убийству Дударевой, займется Селуянов, так ему и передайте, когда он после суток проспится. Понял, Коротков? Дружка своего подряжай, нечего его жалеть. А то я знаю, он на днях жениться удумал, так вы его сейчас все выручать кинетесь. С этим вопросом все, теперь докладывайте по текущим делам. Доценко, начинай с убийства Волощикова...

Настя радовалась, что за время ее отсутствия никто не оккупировал ее привычное место в углу. Основная масса сотрудников отдела рассаживалась за столом для совещаний, кому не хватило места — тот садился на стоящие вдоль стены стулья. В углу же кабинета полковника Гордеева стояло старенькое низенькое креслице с выцветшей, потертой обивкой, до того расшатанное и рассохшееся, что человек весом более восьмидесяти килограммов просто не рисковал в него садиться. Настя Каменская весила меньше, поэтому любила сидеть в нем, ничего не опасаясь.

После совещания она заглянула к Короткову.

— Слушай, нехорошо как-то с Колей получилось, — сказала она. — Ему к свадьбе готовиться надо, а тут нависает реальная опасность увязнуть в убийстве туристической дамочки. Может, поговоришь с Колобком? Пусть даст другое указание.

— Ну да, он даст, — усмехнулся Юрий. — Потом догонит и еще раз даст, чтобы мало не показалось. Колобок Коляна воспитывает, это ежу понятно.

— За что? — удивилась Настя. — Где он опять нашкодил?

— Да там же, где обычно. Две недели назад опять летал в Воронеж без спросу, правда, на один день всего, утром улетел — вечером вернулся, никто и не спохватился бы. Но не таков наш Колобок, с ним эти номера не проходят.

— И опять пил, когда вернулся?

— Это нет, — покачал головой Коротков. — Чего не было — того не было. Колька теперь почти совсем не пьет, только если в застолье, когда уж отказаться нельзя. А такого, как раньше, чтобы на три дня без просыху, не бывает. Леди Валентина его коренным образом перевоспитала. Своих детей, говорит, надо любить обязательно, а вот пить после каждого свидания с ними — это неправильно. Потому что никакой трагедии, которую имело бы смысл заливать водкой, не произошло, дети счастливы, ухожены, веселы и здоровы, живут в полноценной семье с мамой и новым папой, и такая радужная ситуация не является уважительным поводом для пьянства. А ежели Николаша пьет не от жалости к детям, а от жалости исключительно к самому себе, то это тем более постыдно, ибо настоящий мужик не должен себя жалеть. Он может либо поступать правильно и за это уважать себя, либо ругать за ошибки и тут же их исправлять, после чего начинать уважать себя за самокритичность. Все, третьего не дано. Долбила она его этой великой идеей, долбила, ну и додолбила. Так что наш друг Селуянов пребывает в глухой завязке. Между прочим, что дарить-то будем? Есть идеи?

— Пока нет. А у тебя?

— Тоже нет. Ладно, еще почти неделя впереди, сообразим что-нибудь. Кстати, — оживился Юра, — одна идея у меня все-таки появилась. Позвоню-ка я в округ да и узнаю, как там дела с этой Дударевой. Может, все не так страшно, и Кольке удастся увернуться.

Он достал телефонный справочник и принялся нажимать кнопки. Дозвониться удалось не сразу, сначала было занято, потом нужного человека не оказалось на месте, но в конце концов он выяснил, что гроза над головой жениха Селуянова, кажется, пролетела мимо. По делу был уже задержан муж погибшей. Похоже, обычное бытовое убийство. Ну, не совсем, конечно, обычное, не в пьяном угаре и не в разгаре семейной ссоры, а заказное, но мотив все равно бытовой: развод и деньги. Никаких бизнес-разборок, в которых задействованы фирмы и люди, находящиеся в разных концах города, а стало быть, Петровка может отдыхать.

* * *

— Гражданин Дударев, кому принадлежит автомобиль марки «Шкода-Фелиция», госномер Р 590 СУ?

— Это моя машина, я уже говорил.

— Машина оформлена на ваше имя и вы являетесь ее собственником?

— Нет, машина оформлена на имя жены, я пользуюсь ею по доверенности.

— Ваша жена часто ездит на этой машине?

— Часто. Когда я ее вожу.

— А без вас?

— Без меня она ездит на машине с шофером. Она не умеет водить машину, и у нее даже нет прав. Поймите же, если бы кто-нибудь хотел убить Елену, то не стали бы подкладывать взрывное устройство в «Шкоду», потому что на «Шкоде» езжу в основном я.

— Согласен. Только отчего-то именно сегодня, когда в вашей машине была мина, не вы, а ваша жена открыла дверь и села в салон. Как вы можете это объяснить?

— Я не знаю. Я не понимаю, что я должен объяснять.

— Ах, вы не понимаете? Тогда объяснять буду я. Гражданин Дударев, у вас хорошие отношения с женой?

— Нормальные отношения. При чем тут это?

— При нормальных отношениях супруги не ссорятся почти ежедневно, да еще так громко, что слышат все соседи.

— Все люди ссорятся и при этом нормально живут. Чего вы от меня добиваетесь?

— Потом скажу. Пойдем дальше. Гражданин Дударев, вы человек состоятельный?

— Вполне.

— Перечислите, пожалуйста, в первом приближении, свое имущество.

— Ну... Машина, квартира, загородный дом, гараж... Достаточно?

— Было бы достаточно, если бы все это действительно принадлежало вам. Но ведь это имущество вашей супруги, а не ваше. И машина, и недвижимость зарегистрированы на ее имя, и приобретено все это до брака с вами, так что не может считаться совместно нажитым. А вам лично что принадлежит?

— ...

— Понятно. Ничего. Какие у вас доходы на сегодняшний день?

— Я получаю воинскую пенсию.

— И все?

— Все. А чего вы ожидали? Что я миллионер и уклоняюсь от уплаты налогов?

— Нет, этого я не ожидал. Скажите, пожалуйста, ваша жена вам изменяла?

— Вы с ума сошли?!

— Отнюдь. У меня есть сведения, что у нее был роман, и настолько серьезный, что она решила расстаться с вами и создать новую семью. Вы хотите сделать вид, что вам об этом неизвестно?

— Впервые слышу. Глупость какая!

— Что ж, вам придется выслушать еще одну глупость. Но промолчать в ответ вам не удастся. Вам придется прокомментировать то, что я скажу. Итак, жили вы с Еленой Петровной плохо. Она вам изменяла, и на этой почве вы постоянно ссорились. Более того, когда вы поженились два года назад, она была весьма состоятельной особой, владелицей процветающей туристической фирмы, а вы, Георгий Николаевич, были выходящим в отставку офицером с блестящим боевым прошлым, но, увы, без будущего и без доходов. Вероятно, на этот брак вас толкнула страстная любовь, и к этому я отношусь с огромным уважением. Тогда, два года назад, ни вы, ни ваша невеста не подумали о том, как будут складываться ваши отношения в материальном плане. Вы были относительно молоды, едва за сорок, и вам казалось, что впереди все будет отлично. Но вы с вашей военной профессией оказались никому не нужны, и вы стали жить на свою офицерскую пенсию и на то, что давала вам Елена Петровна. Согласитесь, это было унизительно. У меня есть сведения о том, что вы неоднократно пытались устроиться на работу, но не преуспели. Гражданской профессии у вас нет, максимум, что вам предлагали, это встать за прилавок и торговать на вещевом рынке, получая по пятьдесят рублей с каждого проданного пиджака. Вас это не устроило ни по деньгам, ни по статусу. Со временем страстная любовь утихла, и Елена Петровна нашла себе другого мужчину, более приспособленного к жизни. И перед вами реально встала угроза развода. Все имущество принадлежит вашей супруге, и при расторжении брака вам ничего не достанется. Гораздо удобнее остаться вдовцом, не так ли? Дальше все несложно. Вы подкладываете взрывное устройство в машину, которую купила вам жена и которую вы водите по доверенности, и посылаете Елену Петровну под благовидным предлогом что-то взять из автомобиля. Что именно?

— ...

— Я спрашиваю, зачем ваша жена открывала машину, если не ездит на ней?

— Ей нужно было взять документы.

— Какие документы?

— Из строительной фирмы.

— Подробнее, пожалуйста.

— Мы хотели... Она хотела перестроить наш загородный дом и заказала в строительной фирме проект. В пятницу я должен был заехать в фирму и взять документацию.

— Почему Елена Петровна открыла дверь со стороны места водителя, если хотела взять документы из «бардачка»? Проще было бы открыть дверь со стороны пассажирского места.

— Там замок сломан. Правую переднюю дверь можно открыть только изнутри.

— Почему вы оставили документы в машине, а не принесли домой, как полагается?

— Забыл.

— Очень кстати! Забыли? Или оставили специально, чтобы был повод послать ее к машине?

— Я действительно забыл! Положил их в «бардачок» и забыл. Ну почему вы мне не верите?

— Знаете, верить вам очень трудно. На моем месте вам не поверил бы ни один другой следователь. Но вернемся к документам. Если вы, как вы утверждаете, жили мирно, в любви и согласии, то почему вы не проявили себя джентльменом и не сходили за документами сами? Почему нужно было посылать жену?

— Вы правы...

— Ну вот, видите.

— Вы правы, мы действительно ссорились в то утро. Я был против перестройки дома...

— Почему?

— Мне казалось, что он и без того достаточно хорош. Я пытался убедить Елену, мы повысили голос друг на друга... Она потребовала показать документы, я сказал, что они в машине и, если ей надо, пусть сама сходит и возьмет. Она взяла ключи от машины и пошла вниз. Вот и все.

— Нет, Георгий Николаевич, не все. Вы не просто повысили голос на жену, вы спровоцировали ссору. Вы заранее оставили документы в машине, а потом затеяли ссору, подталкивая Елену Петровну к тому, чтобы она захотела взглянуть на подготовленный проект.

— У вас больная фантазия...

— Вы знаете, сколько раз за свою жизнь я это слышал? Ровно столько, сколько подследственных отдал под суд. Так что для меня ваша оценка не нова и, смею вас уверить, не обидна. Если бы у меня не было фантазии, я бы не довел до конца ни одно уголовное дело. Поверьте, не родился еще тот преступник, который с удовольствием рассказывал бы мне, как все было на самом деле. Мне приходится напрягать фантазию, чтобы понять, что же произошло. Вернемся, однако, к вам и вашей супруге. Специалисты осмотрели место взрыва и обломки машины и пришли к выводу, что мина была радиоуправляемой. У меня остался только один вопрос, на который я хочу получить ответ: кто привел мину в действие? Вы сами, выйдя на балкон или высунувшись в окно? Или вы наняли для этой цели кого-то другого? Вот на этот вопрос я бы хотел, чтобы вы мне ответили. Но если вы промолчите, беда невелика. Сейчас в вашей квартире идет обыск. Если мы не найдем там пульта, с которого вы послали смертельный сигнал, стало быть, начнем искать вашего сообщника. Может быть, вы хотите сэкономить нам время и силы и признаться сразу?

— Мне не в чем признаваться. Я не подкладывал никакого устройства и не хотел убить Елену. И нет у меня никакого сообщника. Вы заблуждаетесь, вы попали в плен собственных измышлений...

— Не нужно, Георгий Николаевич, не тратьте впустую слова. Кто, кроме вас, мог предполагать, что не вы сами сядете в машину? Никто. Потому что на водительское место всегда садились только вы, вы сами мне об этом сказали. Ваша супруга автомобиль не водила. Кто, кроме вас, знал, что правая передняя дверь снаружи не открывается? Никто. И никто, кроме вас, не мог пытаться убить Елену Петровну таким странным способом, используя вашу машину и закладывая взрывное устройство под водительское место. Мы найдем либо пульт, либо человека, которого вы наняли. Третьего не дано. Я выношу постановление о вашем задержании.

— Послушайте...

— Да?

— Что я должен сделать, чтобы вы мне поверили?

— К сожалению, такого рода совет я вам дать не могу. Могу только посоветовать, как облегчить свою участь.

* * *

К вечеру духота не спадала, немного прохладнее становилось лишь ближе к рассвету. Ольга Ермилова провела бессонную ночь, но причиной этому была не только жара. Накануне вечером в «Дорожном патруле», который она смотрела постоянно, она услышала страшную новость: Елена Дударева погибла, по подозрению в совершении преступления задержан ее муж Георгий Дударев. Мозг отказывался усвоить информацию и вместо конструктивных идей подбрасывал Ольге какие-то странные мысли о сыне, которому, наверное, тоже жарко в пионерском лагере, и о зимних вещах, которые давно пора было отнести в химчистку. Понемногу в голове стало проясняться, и она обрела способность хоть как-то соображать. Надо позвонить Георгию и узнать, правда ли это. Ольга уже потянулась было к телефону, но вовремя сообразила, что если он действительно задержан, как сообщили по телевизору, то в квартире могут находиться работники милиции, которые начнут спрашивать, кто звонит и зачем, а сами в это время будут устанавливать номер абонента. Можно, конечно, выйти позвонить из автомата, но это тоже опасно. А вдруг муж, находящийся на дежурстве, захочет как раз в этот момент с ней поговорить? Позвонит, а дома никто трубку не снимет. Время позднее, почти час ночи, трудно будет в очередной раз врать, где была.

Одно Ольга Ермилова знала точно: Георгий не убийца. У него множество недостатков, как у любого живого человека, но убить он не может. Произошла какая-то ошибка, и она, Ольга, должна помочь ему выпутаться.

Провертевшись без сна на влажной постели до утра, Ольга стала собирать мозги и душу к приходу мужа с дежурства. Она понимала, что должна быть готова на все, она должна найти в себе силы приводить любые аргументы, даже самые опасные, только чтобы спасти Георгия. В девять утра она позвонила на работу и сказала, что приболела, сегодня отлежится, но завтра непременно выйдет. К ней отнеслись с сочувствием и велели лечиться и ни о чем не волноваться.

Михаил вернулся домой только около полудня. К этому времени Ольга сумела взять себя в руки и приготовиться к разговору. Но, увидев мужа, бледного после суточной работы и изнемогающего от жары, она снова растерялась.

— Кушать будешь? — робко спросила она. — Или сразу спать?

— В душ, — пробормотал Михаил, срывая с себя мокрую от пота рубашку. — Сначала в душ, потом все остальное.

Он скрылся в ванной, и вскоре Ольга услышала шуршание водяных струй. Нет, она не может больше ждать. Или сейчас — или никогда. Она решительно открыла дверь ванной. Михаил стоял под душем и, зажмурившись, мыл голову шампунем.

— Миша, я вчера по телевизору слышала, что убита некая Дударева, а ее муж арестован по подозрению в убийстве. Это правда?

— Правда, — ответил он, не открывая глаз. — А почему ты спросила? Ты что, знала ее?

— Нет, ее я не знала.

— Тогда в чем дело?

— Я знаю ее мужа. Миша, это какая-то ошибка. Он не убийца.

Михаил быстро смыл пену с волос и лица и открыл глаза. Лицо его было спокойным, но выражало неподдельный интерес.

— Ты знакома с Дударевым?

— Да.

— Откуда? Почему я не знаю об этом знакомстве?

— Какая разница, Миша. Ну знаю я его — и все. Не в этом же дело.

— А в чем? Поясни, будь добра.

— Я знаю Георгия. Он не может убить свою жену.

— Это почему же?

— Не может. Я точно знаю. Он порядочный человек и настоящий мужчина, он не поднимет руку на женщину ни при каких обстоятельствах.

— Настоящий мужчина, говоришь? — прищурился Михаил. — Настоящие мужчины, да будет тебе известно, не сидят на шее у жены и не разъезжают в автомобилях, купленных не на свои деньги. Настоящие мужчины работают, и даже если они не зарабатывают так много, как хотелось бы, все равно делают какое-то полезное дело и хотя бы таким способом доказывают свою состоятельность. А твой приятель Дударев, когда его уволили из армии по сокращению штатов, так и осел на своей офицерской пенсии. Жена неоднократно пыталась пристроить его к делу, но он же гордый, он же, елки-палки, боевой офицер с высшим образованием, как это он встанет за прилавок одеждой торговать. Ему же подавай по меньшей мере кафедру в военной академии, тогда он, может быть, еще подумает. Разве настоящий мужчина так себя поведет? Впрочем, ты, наверное, всех этих деталей не знаешь, потому и защищаешь его. И все-таки любопытно, откуда ты с ним знакома?

Он выключил воду и потянулся за полотенцем. Ольга некоторое время молча смотрела, как муж вытирается, обматывает бедра полотенцем, вылезает из ванны, чистит зубы.

— Ты сегодня не работаешь? — спросил он, расчесывая мокрые волосы.

— Нет.

— Тогда, может, к Валерке съездим? Отвезем ему вкусненького, воды несколько бутылок. По такой жаре он, наверное, пить все время хочет. Ты как?

— Я думала, ты устал и хочешь отдохнуть, — нерешительно ответила Ольга.

Ей не хотелось ехать к сыну в оздоровительный лагерь, не поговорив о главном. А Михаил, судя по всему, не придал никакого значения разговору и уже думает о чем-то своем.

— Сколько можно отдыхать? Посплю часа три-четыре — и хватит. Как раз часам к шести и приедем к нему, между тихим часом и ужином. Кстати, ты за квартиру заплатила?

— Вчера же воскресенье было...

— Ах да, я и забыл с этим дежурством. Сходи сегодня, а то пени начнут капать. И за электричество не забудь заплатить. Извини, — он слегка отстранил Ольгу и снял висящее на двери короткое шелковое кимоно, в котором любил ходить дома, особенно когда жарко.

Михаил вышел из ванной и направился на кухню. Ольга поплелась следом за ним, не зная, как продолжить прерванный разговор.

— Так, — протянул он, заглядывая в холодильник, — чего бы мне поесть?

— Хочешь, я жаркое разогрею? — предложила Ольга.

— Ни за что, в такую жару горячее есть? Я бы чего-нибудь холодненького употребил. Салатик какой-нибудь, например.

— Я сейчас сделаю, — заторопилась она. — Посиди пять минут, я быстро.

Она вытащила из холодильника помидоры, огурцы, зеленый салат, лук и стала быстро резать овощи. Михаил уселся рядом за стол, вытянул ноги, блаженно вздохнул и закурил.

— Господи, как же хорошо дома, — медленно, со вкусом произнес он. — Мне всегда было жалко мужиков, которые не знают, какое это наслаждение — после работы идти домой. Особенно когда жена не работает, а ждет тебя. Оля, я, наверное, очень счастливый. Как ты думаешь?

Ей стало почти физически больно. Он так ее любит, а ведь она собирается ему сказать... Все те месяцы, что была любовницей Дударева, Ольга с ужасом думала о том, что будет, если муж узнает. Он этого не переживет. Михаил так любит ее, так верит ей... Она не боялась развода как такового, мысль остаться одной с десятилетним ребенком Ольгу Ермилову не пугала, она была женщиной активной и самостоятельной, неплохо зарабатывала и не держалась за штамп в паспорте. Но она боялась нанести Михаилу удар, которого он не заслуживал. Если бы можно было и сейчас ничего ему не говорить... Но, видно, придется.

— Миша, я опять о Дудареве, — сказала она, не оборачиваясь и делая вид, что поглощена нарезкой овощей для салата. — Может, тот следователь, который его арестовал, не во всем разобрался?

— Может, — согласился он. — И что дальше?

— Ну... может, он разберется и выпустит его, как ты думаешь?

— Маловероятно. Слишком много улик против твоего знакомого. Он был заинтересован в смерти жены. И кроме того, во время службы в армии он имел дело со взрывчаткой и приобрел хорошие навыки в работе со взрывными устройствами. Так что ничего твоему приятелю не светит. Но ты мне так и не сказала, откуда знаешь его.

— Да так, познакомились на книжной ярмарке в «Олимпийском». Я Валерке книжки искала, а Георгий тоже что-то выбирал. Разговорились. Он мне посоветовал, в какой части зала поискать то, что мне нужно. Вот и все.

— И на основе этого случайного знакомства ты делаешь такие серьезные выводы, что он хороший человек и не может никого убить? Милая, по-моему, ты пытаешься заняться благотворительностью. Слушай, есть хочется просто катастрофически. Ты скоро?

— Уже готово.

Ольга заправила салат майонезом и поставила тарелку на стол перед мужем. Михаил взял кусок хлеба и принялся с аппетитом поедать свежие овощи.

— Кофе сделать? — спросила она.

— Да, будь добра.

Ольга насыпала зерна в кофемолку и нажала кнопку. Нервы были напряжены так сильно, что громкое жужжание прямо под ухом казалось ей просто непереносимым. Она с трудом удержалась, чтобы не швырнуть вибрирующую и подвывающую машинку прямо на пол и не закричать.

— Значит, ты говоришь, он бывает на книжной ярмарке? — вдруг спросил муж.

— Да.

— Это хорошо, что ты сказала. Надо будет поискать там его связи.

— Миша, какие связи? Он не преступник! — в отчаянии заговорила Ольга. — Он никого не убивал.

— Да тебе-то откуда это известно? Что ты его защищаешь, будто он тебе брат родной? Спасибо, — он отодвинул пустую тарелку, — было очень вкусно.

— На здоровье. — Ольга набрала в грудь побольше воздуха, как перед прыжком в воду. — Я хорошо знаю Георгия. Мне страшно и стыдно говорить тебе об этом, но я его знаю очень хорошо. И я точно знаю, что он не убийца.

— Так, — Михаил выпрямился и с тревогой посмотрел на жену. — Что значит «страшно и стыдно»? Что у вас за отношения?

— Близкие отношения, Миша. Очень близкие. Ну вот, теперь ты все знаешь.

Ольга обессиленно опустилась на стул и заплакала.

— Я прошу тебя, я умоляю... Сделай что-нибудь, поговори со следователем, у тебя же есть связи... Объясни ему, что Георгий не мог совершить ничего плохого. Я понимаю, теперь ты не захочешь больше жить со мной, ты имеешь полное право выгнать меня. Хорошо, пусть так, выгони, только спаси его!

Она уже не думала о том, какую боль причиняет мужу, в голове стучала только одна мысль: спасти Георгия, который ни в чем не виноват, он не может быть виноват, он не мог убить свою жену! Михаил сидел бледный, руки его дрожали.

— Вот, значит, как... Оля, но почему... Дрянь! — вдруг закричал он. — Лживая дрянь! Сколько времени это длится?

— Полгода, — сквозь слезы сказала она.

— Полгода ты мне врала! Полгода ты бегала на свидания с ним, а мне плела какое-то вранье про поликлинику и магазины, да? Полгода ты ложилась с ним в постель, а потом приходила домой и обнимала меня, да? Да? Так это было?

Она кивнула.

— Мишенька, дорогой, ты прав, ты во всем прав, я бессовестная лживая дрянь, ты можешь обзывать меня как хочешь, только спаси его!

Ольга зарыдала громко и отчаянно.

— И как я должен, по-твоему, спасать твоего любовника? — с внезапной холодностью спросил муж.

— Поговори со следователем, попроси его... Раз ты в курсе событий, значит, знаешь, кто ведет это дело. Скажи ему, что Георгий не виноват, тебе поверят. Миша, пожалуйста! Я тебя умоляю! Хочешь, я на колени встану перед тобой?

— Не надо, — его губы исказила брезгливая усмешка, — обойдемся без патетики. Ну хорошо, допустим, я добьюсь, чтобы твоего хахаля выпустили. И что потом? Ты выйдешь замуж за богатенького вдовца и бросишь меня с моей милицейской мизерной зарплатой, так? И сына заберешь, чтобы он рос в холе, неге и достатке? Или как ты себе представляешь дальнейшие события?

— Миша, я не знаю... Как ты скажешь, так и будет, только спаси его. Скажешь — уйду, скажешь — останусь.

— Останешься? И будешь мне верной женой? Или будешь по-прежнему мне врать и бегать к своему Дудареву на свидания?

— Я даю тебе слово, я клянусь тебе, я никогда больше не увижусь с ним, если ты скажешь мне остаться. Я не буду тебе врать. Только сделай что-нибудь...

Михаил молча вышел из кухни. Через несколько минут Ольга увидела его в прихожей полностью одетым, в светлых брюках и легкой рубашке с короткими рукавами.

— Куда ты? — спросила она с надеждой.

Может быть, Михаил внял ее мольбам и сейчас пойдет к тому следователю договариваться.

— На работу.

— Ты сделаешь так, как я прошу?

— Не знаю. Это я задержал Дударева. Но теперь, когда выяснилось, что он твой любовник, я не имею права вести дело. Я должен поставить в известность руководство и передать дело другому следователю.

— Но ты поговоришь с ним? — настаивала Ольга.

— Вряд ли. Не в моих правилах выгораживать преступников, тем более убийц. Кстати, твой любовничек знает, где я работаю?

— Конечно.

— Значит, он понимал, кто его допрашивает, но ни

слова не сказал. Молодец, джентльмен. Только все равно дурак. Сказал бы сразу, его бы в тот же момент к другому следователю отправили, может, с другим-то ему больше повезло бы. Пламенный привет, Ольга Васильевна!

Он с силой захлопнул дверь. Ольга неподвижно стояла в прихожей, тупо глядя на то место, где только что стоял ее муж, словно продолжала разговаривать с ним. «Сделай что-нибудь, — мысленно твердила она, — сделай все, что нужно, чтобы его спасти, и я буду тебе верной женой до самой смерти».

Глава 2

Уголовное дело по факту убийства гражданки Дударевой Елены Петровны принял у следователя Ермилова Борис Витальевич Гмыря. Улики против мужа погибшей показались Гмыре более чем весомыми, и выпускать задержанного он не спешил. Правда, обыск на квартире Дударевых ценных результатов не принес, не было обнаружено никаких следов того, что здесь изготавливалось взрывное устройство и именно отсюда был послан смертоносный сигнал. Но Гмыря был полностью согласен со своим предшественником Ермиловым: нажать кнопку мог кто угодно, самому Дудареву делать это вовсе не обязательно. И теперь встал вопрос о том, чтобы опрашивать поголовно всех жителей дома номер восемь и соседних домов, не видел ли кто-нибудь поблизости от машины подозрительных людей, которые слонялись без дела и выжидали неизвестно чего. А может, кто-нибудь видел в момент взрыва, как сам супруг Елены Петровны выходил на балкон? В конце концов, тот факт, что пульт в квартире не обнаружен, еще ничего не означал, до приезда милиции времени прошло немало, и виновник скоропостижной смерти любимой жены вполне мог успеть задевать улику куда угодно, вплоть до мусоропровода, который, кстати, тоже нужно проверить. Параллельно отрабатывался весь круг знакомых Георгия Николаевича Дударева с целью выявления лиц, которым подозреваемый мог бы поручить участие в столь щекотливом деле, как устранение собственной супруги.

Оперативник Сергей Зарубин, шустрый смекалистый паренек крошечного росточка, выполнял задание по опросу жителей микрорайона, где произошла трагедия. Планомерно обходя квартиры, он чаще всего встречался с людьми, которых в то жаркое воскресное утро не было в городе. Просто удивительно, думал он, поднимаясь на очередной этаж и нажимая очередную кнопку звонка, все кричат о своей нищете, а куда ни кинься — у всех дачи. На худой конец — машины, на которых выезжают за город, подальше от душного каменного мешка.

Ему было жарко, рубашка прилипала к спине, а брюки к ногам, и Сергей, выйдя из отработанного подъезда, направился к расположенному неподалеку киоску, чтобы купить банку пепси из холодильника. Попутно ему пришла в голову мысль о том, что если посторонний человек здесь был и ждал долго, то не исключено, что он тоже подходил к киоску за чем-нибудь прохладительным. Конечно, если это был матерый и опытный преступник, то он не стал бы так глупо светиться, но ведь не все преступники опытные и умные, среди них всякие попадаются, в том числе и не очень предусмотрительные.

— Что у вас в холодильнике есть? — спросил он у сонного вида девицы, торгующей в палатке.

— У нас есть все, — вяло протянула она. — На витрине все выставлено, выбирайте.

— И что, прямо все-все-все, что на витрине, есть в холодном виде? — недоверчиво переспросил Сергей.

— Все, — твердо ответила продавщица.

— И минералка без газа?

— «Вера» и «Святой источник». Вам какую?

— Давайте «Источник». Сколько с меня?

Девица назвала цену. Сергей долго рылся в кошельке, отсчитывая деньги, при этом приговаривал что-то забавное, хитро поглядывая на разморенную духотой девушку, и в конце концов втянул ее в разговор. Начали, естественно, с обсуждения вопроса о том, как идет торговля в такую жарищу, потом плавно перешли к постоянным покупателям — работникам близлежащих учреждений. А потом Сергей, увидев, что настороженность его собеседницы пропала, признался в своих истинных интересах.

— Ой, из милиции! — Девица отчего-то всплеснула руками и рассмеялась. — Неужели таких маленьких в милицию берут?

— Конечно, еще как берут. Специально, чтобы никто не догадался, что я из милиции, — доверительно сообщил Зарубин. — Так как, Лялечка, вспомним что-нибудь про вчерашний день?

— Да чего там вспоминать-то, — она удрученно вздохнула, — мертвый был день, конторы не работают, а жильцы все на дачах отсиживались. Город-то пустой, вот и у меня торговля не идет.

— Тем более, — оживился оперативник. — Значит, покупателей было мало, вот их всех и вспомните. Особенно утренних, тех, которые к вам подходили до того, как машину рвануло.

— Пацан был, точно помню, и как раз перед тем, как грохнуло, — уверенно сказала Лялечка.

— Что за пацан? Маленький?

— Да нет, не то чтобы очень. Лет восемнадцать, а может, и больше. Он вообще-то худенький такой, субтильный. Но когда наклонился к окошку, я заметила, что чисто выбрит. То есть не детское личико, а бритое, понимаешь? И лицо очень напряженное, у детей такого не бывает.

— Замечательно! — обрадовался Сергей. — Еще что можешь про него сказать? Как одет был?

— Одет обыкновенно, шорты светлые и майка с какой-то надписью, я не разобрала. Да, в руке шарик крутил. Я еще подумала, зачем ему шарик?

— Какой шарик?

— Красненький.

— Большой?

— Да нет, вот такой, — Лялечка сложила большой и указательный пальцы, обозначая диаметр шарика. — Вроде пластмассовый.

— И ловко крутил?

— Еще как! — Лялечка завистливо вздохнула. — Если б я так умела, я бы не сидела тут, а в цирке выступала. Прямо Акопян.

«Акопян, значит, — с удовлетворением подумал Зарубин. — Чтобы так работать с шариком, нужно постоянно тренироваться, все двадцать четыре часа в сутки. Стало быть, можно говорить о привычке. Уже что-то».

Выпив залпом прямо возле киоска маленькую бутылку холодной воды, Сергей прикупил с собой еще одну и отправился на поиски. Приметы, конечно, аховые, но уж какие есть. Парень с шариком мог быть тем самым убийцей, а мог быть просто прохожим, но его все равно надо найти, тем более что он, вполне вероятно, видел убийцу.

И опять все сначала. Подъезд, лестница, этаж, дверь, звонок, вопрос: «Не знаете ли вы худощавого юношу, который имеет привычку крутить в руках шарик», слова благодарности, снова дверь, звонок, вопрос, лестница, дверь... Ноги гудели, рубашка и брюки превратились во вторую кожу, которая прилипла к телу так плотно, что, казалось, не отлипнет уже никогда.

К десяти вечера обход пришлось прекратить, люди не очень-то любят открывать на ночь глядя дверь незнакомцам, даже показывающим солидное удостоверение. Они нервничают и стараются ответить как угодно, ни во что не вникая и не задумываясь, только чтобы незваный гость побыстрее ушел.

Вернувшись на следующий день утром, Зарубин продолжил прерванное накануне занятие и к обеду, поскольку основная масса народу была на работе и дверь ему никто не открывал, переместился в соседний квартал. Зашел во двор дома и глазам своим не поверил. Прямо перед ним на скамейке сидели два паренька. Один, высокий и плечистый, читал что-то вслух, а другой, худощавый и пониже ростом, одетый в светлые шорты и майку, внимательно его слушал, вертя в руке красный шарик. «И кто после этого будет говорить, что нет в жизни удачи?» — подумал Сергей.

* * *

Они не были братьями, но они были больше чем просто друзьями. Они были друг для друга всем.

Вследствие родовой травмы у Артема Кипиани началась частичная атрофия обоих зрительных нервов. Сначала ребенок плохо видел вдаль, потом вблизи, потом стали сужаться поля зрения. Ему было трудно читать и писать, глаза быстро уставали, и приходилось делать большие перерывы, чтобы отдохнуть. В начальных классах школы он еще как-то успевал с уроками, к пятому классу проблема встала во всей своей остроте. Его впервые оставили на второй год. Мальчик был более чем просто способным, он был безусловно талантливым и дома занимался уроками без устали, даже в ущерб сну. Но контрольные... На них время ограничено, и он, вынужденный все время прерываться, чтобы дать глазам отдых, катастрофически не успевал записать решение задачи, которую уже решил в уме. То же самое происходило на контрольных по русскому и английскому.

Родителям Артема пришлось в тот момент принимать ответственное решение. Отдавать ли мальчика в специальную школу для слабовидящих или оставить в обычной школе? Собственно, спора как такового между родителями не было, оба были согласны с тем, что нужно, как говорится, упираться до последнего, чтобы попытаться дать сыну полноценное образование. В школе для слабовидящих, как известно, программа обучения весьма щадящая и далеко не все общеобразовательные предметы «отоварены» учебниками по Брайлю, которые могут читать слепые. Но справится ли Артем с нарастающими нагрузками обычной школьной программы? И как быть все с теми же контрольными?

С контрольными вопрос был решен раз и навсегда. Мальчик должен получить образование, а не отметки, поэтому пусть ставят тройки и даже двойки, ничего страшного в этом нет. А чтобы из школы не исключили за неуспеваемость, нужно стараться получать за устные ответы и домашние задания только пятерки. На алтарь выполнения этого решения Екатерина и Тенгиз Кипиани бросили все свое свободное время, они читали Артему учебники вслух и диктовали условия задач и примеры. Так проучились еще два класса, и снова мальчик оказался второгодником по результатам годовых контрольных. Предметов по программе становилось все больше, и родители уже не успевали после работы заниматься с сыном. Нужно было искать человека, который мог бы посвящать Артему все время с трех часов дня. Тенгиз пошел к завучу школы для серьезного разговора.

— Мальчику будет лучше в спецшколе, — говорила завуч, — он не справляется с нашей нагрузкой.

— Он справляется, — возражал отец, — ему легко учиться, он все схватывает с полуслова и запоминает с первого раза. Он решает в уме сложнейшие задачи по математике и физике. Единственное, что ему трудно, это читать и писать, ему нужно на это в десять раз больше времени, чем всем другим. Неужели из-за этого вы готовы лишить парня полноценного образования?

— Я могу пойти вам навстречу, — вздохнула завуч, — если вы мне скажете, что я могу сделать для Артема. Поверьте, мне и самой жаль было бы расставаться с ним, он чудесный мальчик и действительно очень способный. Я же беспокоюсь только о нем, поймите. Ребенку трудно, а в спецшколе ему будет легко.

— Я не хочу, чтобы ему было легко. Пусть ему будет трудно, но он не будет чувствовать себя инвалидом. Он будет таким же, как все.

— Вы хотите, чтобы ему было трудно, — повторила с

улыбкой завуч. — А чего хочет сам Артем? Вы уверены, что он хочет этих трудностей?

— Уверен, — твердо ответил Тенгиз. — Артем — ребенок с необыкновенной силой воли и силой духа, он не хочет, чтобы к нему предъявлялись пониженные требования как к существу слабому и неполноценному. Он хочет быть равным среди зрячих, а не первым среди слепых.

— И какой выход вы видите?

— Ему нужен помощник. Человек, который был бы с ним все время после школы. Но я не хочу, чтобы это был взрослый человек. Артему не нужен гувернер или репетитор, ему нужен именно помощник. Это должен быть мальчик, который хочет немного подработать на карманные расходы. Или девочка, — добавил он, немного подумав.

— Я знаю, кто вам нужен, — сказала завуч. — В нашей школе есть замечательный мальчик, он на три года младше Артема по возрасту, а если считать по классам, то на один класс. Хотите с ним познакомиться?

Так в жизнь семьи Кипиани вошел Денис Баженов. По утрам он заходил за Артемом, и они вместе шли в школу. После уроков вместе возвращались. Разогревали приготовленный Екатериной обед и начинали заниматься. Денис делал все, что нужно, чтобы Артем мог приготовить домашние задания, и еще успевал сделать свои уроки. Задачки, правда, зачастую решал для него Артем, делая это в уме и диктуя Денису. Впрочем, начиная со второго года их совместного бытия проблема уроков Дениса стала совсем несложной, ведь все это он в прошлом году учил вместе со старшим товарищем. Артем научил своего помощника читать ноты, и тот помогал ему даже заниматься музыкой. В периоды тридцатидневных курсов общеукрепляющей терапии, которые должен был регулярно проходить Артем, Денис исправно возил его на уколы.

Они стали неразлучны, они тосковали друг без друга, как тоскуют расставшиеся даже ненадолго близнецы. Родители Артема не могли нарадоваться на ответственного не по годам, доброго и умного Дениса, ежедневно благодаря судьбу за то, что она подарила им этого паренька. Они считали его своим вторым сыном, брали с собой на отдых, делали ему подарки и покупали одежду, не видя разницы между ним и Артемом. А сами мальчики словно забыли о том, что они далеко не ровесники. Этим летом Денис заканчивал десятый класс, Артем — одиннадцатый, но Артему было уже девятнадцать, тогда как его товарищу — только шестнадцать. Впрочем, о разнице в возрасте забыли не только они, ибо Денис был рослым и широкоплечим и рядом с худеньким невысоким Артемом выглядел чуть ли не старшим по возрасту.

Выпускные экзамены Артем не сдавал, Екатерине удалось получить справку об освобождении по состоянию здоровья, и мальчики были целыми днями предоставлены сами себе, дожидаясь августа, когда все вместе поедут к морю.

В тот день они сидели во дворе в тени раскидистого дерева, и Денис читал вслух очередной том Роберта Желязны, а Артем внимательно слушал, привычно крутя в руке шарик, чтобы разрабатывались пальцы, когда к ним подошел незнакомый человек.

— Здравствуйте, — вежливо сказал он.

— Здравствуйте, — хором ответили мальчики и тут же рассмеялись своей синхронности.

* * *

Сергей Зарубин тоже рассмеялся, очень уж забавными выглядели взрослые парни, говорящие хором. Братья, что ли?

— Вы живете в этом доме? — осведомился он.

— Да, — и дружный кивок головами.

— И всегда отвечаете хором?

— Как придется, — сказал худенький. — А что?

— Ничего, просто спросил. Про взрыв слышали?

— Конечно, — тут же ответил второй, покрупнее. — Это же совсем рядом было.

— А сами не видели?

Возникла пауза, парни как-то странно переглянулись, и это Зарубину не очень-то понравилось.

— Я не видел, — сказал рослый парень. — И он тоже. А почему вы спрашиваете?

— Я ищу кого-нибудь, кто был в том месте незадолго до взрыва. Или во время взрыва, — пояснил Сергей, обращаясь к худенькому. Ему показалось, что тот находится в зависимости от своего более крупного товарища, и ему хотелось разделить их в разговоре. — Я из милиции. Взрывное устройство, которое подложили в машину, было радиоуправляемым, значит, должен быть человек, который нажал на кнопку, понимаете? А раз человек был, значит, кто-нибудь его видел. Не бывает такого, чтобы никто не видел. Ведь ты был там перед самым взрывом, верно?

— Был, — согласно кивнул худенький.

— И что ты там делал?

— Стоял. Его ждал, — он кивнул на товарища.

— И что ты там видел?

Снова пауза. Сергей пытался поймать взгляд худенького парнишки, но ему это не удавалось, его глаза все время убегали куда-то.

— Там был мужчина, — наконец сказал он.

— Какой? Что он делал?

— Сидел на скамейке. Слушал Шотландскую симфонию Мендельсона. У него нога сильно болела, он совсем ходить не мог и попросил меня купить ему воды в палатке. Я купил. Вот и все.

Очень любопытно. Мужчина, у которого так сильно болит нога, что он не может ходить. И никто из опрошенных, подскочивших к машине сразу после взрыва, такого мужчину не вспомнил, хотя он должен был сидеть на скамейке и всем попадаться на глаза. Стало быть, он довольно быстро слинял с места происшествия. Нога как-то моментально болеть перестала. Неужели попал?

— Опиши, как он выглядел, как был одет, — попросил Зарубин.

И снова возникла пауза. На этот раз Сергей не стал мучиться в догадках.

— Ребята, что происходит? Почему вы так боитесь отвечать?

— Понимаете, Артем почти ничего не видит, — произнес рослый парнишка. — Он не любит, когда об этом догадываются.

— Как не видит? — оторопел Зарубин. — Совсем?

— Почти совсем. У него такая болезнь, при которой он видит только размытый силуэт и в очень узком поле.

— А очки почему не носишь? Стесняешься? — спросил Сергей Артема.

— Нет, — тот застенчиво улыбнулся, — при этой болезни очки не помогают.

— Значит, ты совсем ничего не можешь сказать про того мужчину?

— Голос я запомнил, у меня слух хороший. А как выглядел — не знаю. Даже не могу сказать, сколько ему лет.

— У него был магнитофон?

— Плейер.

— Откуда же ты знаешь, какую музыку он слушал? Он же был в наушниках, — удивился Зарубин.

— У меня слух хороший. Если близко стоять, то слышно даже через наушники. Он, наверное, солидный дядька, — задумчиво произнес Артем.

— Почему ты так решил? — насторожился Сергей.

— Молодежь Мендельсона не слушает, это не модно. Классику вообще только старшее поколение любит. А это была хорошая запись.

— Что значит «хорошая»? — уточнил оперативник. — Ты имеешь в виду качество записи?

— Нет, оркестр. Я такой записи и не слышал никогда. У меня Шотландская есть в исполнении Берлинского оркестра, Венского и нашего Большого симфонического. Ну и еще другие записи я слышал, только у меня их нет. Но то, что этот дядька слушал, это что-то особенное. Наверное, дирижер какой-то выдающийся.

— Да как же ты различаешь такие вещи? — изумился Зарубин. — По мне так, оркестр — он и есть оркестр, и музыка одна и та же.

— Просто вы музыкой не занимались, поэтому не умеете слышать. — Артем снова застенчиво улыбнулся.

— Послушай, а что насчет голоса этого мужчины? — спросил Сергей. — Если ты так хорошо слышишь, то, может быть, различил какие-нибудь особенности?

— Особенности... — Артем задумался. — Он медленно говорил. Но мне показалось это нормальным, потому что жарко было очень, в такую погоду все становятся медленными. Да, правильно, медленно и как будто с трудом, вот, знаете, словно у него язык распух и плохо во рту поворачивается. Я, наверное, поэтому и решил, что он старый уже. А он что, молодой?

— Не знаю, — признался Зарубин. — Если бы знал, не спрашивал бы у тебя. Артем, ты мне очень помог, но тебе придется еще раз побеседовать или со мной, или с моими коллегами. То, что ты рассказал, это важная информация, и ее нужно как следует обсудить и обдумать. Как мне с тобой связаться?

Сергей записал адрес и телефон Артема и протянул ему листок со своим номером телефона.

— Если что-нибудь еще вспомнишь, сразу же звони, хорошо? Меня зовут Сергей Кузьмич, можно просто Сергей.

— Мы позвоним, — подал голос второй парень. — Артем, нам пора в поликлинику.

В его голосе Сергею почудилось неудовольствие. Странно. Что такого он сказал или сделал, чтобы вызвать неприязнь этого рослого мальчишки? Надо исправлять положение, свидетель должен тебя любить, это непреложное правило сыщицкой работы.

— А тебя как зовут? — обратился он к парню.

— Денис.

— Ты брат Артема?

— Я его друг. Извините, Сергей Кузьмич, нам пора. Артему нужно делать уколы, а медсестра сердится, если мы опаздываем.

* * *

Многодневная жара изматывала людей, мешала думать и принимать решения и заставляла стремиться только к одному — к прохладе, пусть даже в ущерб работе и прочим важным вещам. Основной темой для разговоров стали передаваемые по радио и телевидению прогнозы и обсуждение степени их достоверности.

Настя Каменская сидела в кабинете Короткова и составляла вместе с ним план первоочередных мероприятий по раскрытию двойного убийства, совершенного минувшей ночью. Дышать было нечем, несмотря на распахнутое настежь окно, и они периодически открывали дверь в коридор, чтобы немного остыть на сквозняке.

— Гады, обещали же вчера, что сегодня будет на пять градусов дешевле. Опять обманули, сволочи, — ворчал Юрий, расстегивая еще одну пуговицу на рубашке и дуя себе на грудь, влажную от пота. — А оно все дорожает и дорожает. С утра на градуснике было уже двадцать девять, а сколько сейчас — даже подумать страшно.

— У погоды тоже инфляция, — улыбнулась Настя.

Она жару переносила на удивление легко, единственным неудобством были отекающие ноги, из-за чего она не могла надевать босоножки, и приходилось париться в теннисных туфлях.

— И еще обещали, что вчера будет гроза, — упрямо продолжал жаловаться Коротков. — Ну и где она? Уже сегодня наступило, а грозы все не видать. Дурят нашего брата, ой дурят!

— Не видать Красной Армии... — пробормотала Настя. — Слушай, Мальчиш-Плохиш, кончай ныть, а? Ты меня с мысли сбиваешь.

— Все-все, извини, — Коротков поднял руки. — Ася, мне идет, когда я молчу?

— Невероятно.

— Ладно, тогда побуду красивым.

И в этот момент зазвонил телефон.

Поговорив, Юра положил трубку и горестно вздохнул.

— Что случилось?

— Не удалось нам Коляна спасти, — сказал он. — Поступило указание подключаться к делу гражданина Дударева в порядке оказания практической помощи.

— Жалко. Ну, ничего не поделаешь. Кто у нас там следователем выступает?

— Борька Гмыря.

— Как Гмыря? — удивилась Настя. — Ты же мне другую фамилию вчера называл. Ермаков, что ли...

— Ермилов. Он возбудил дело как дежурный следователь, а потом Борьке передал. Ох, наплачется Колян от Гмыри, Борис Витальевич терпеть не может вести дела, которые не сам возбуждал. Ходит злой как я не знаю что и на всех свое настроение выплескивает. Между прочим, подруга любимая, тебя тоже чаша не минует. Одного Селуянова нам явно не хватит, так что тебе тоже придется поработать.

— Да я что, — рассмеялась она, — я завсегда с нашим удовольствием. Только чтобы никуда не ездить и нигде ноги не оттаптывать. Ну что, солнце мое незаходящее, сладостно командовать, а? По такой-то погодке поди-ка побегай по городу. А ты сидишь себе в кабинете и указания раздаешь.

— Сладостно, — согласился Коротков. — И еще я предвкушаю особое удовольствие, когда меня по начальству тягать начнут за вашу, господа подчиненные, плохую работу. Вам что, вы от меня выволочку получите, но даже не расстроитесь, потому как я один из вас, вы все меня сто лет знаете и, стало быть, не боитесь. В случае чего и послать меня можете по старой дружбе. А для вышестоящих товарищей я молодой, неопытный руководитель, которого нужно воспитывать и натаскивать, тем более когда он в самом начале пути остался без надзора, то бишь без Колобка. Ладно, будем жениха нашего искать.

* * *

Сергей Зарубин Селуянову понравился. Парень был энергичным, активным и любознательным, и Николай подумал, что, если Зарубин проработает в милиции хотя бы года четыре, он станет хорошим сыщиком. Вообще-то считается, что хорошим сыщиком можно стать не меньше чем лет за десять, но людей, проработавших в уголовном розыске столько времени, сегодня днем с огнем не найдешь. Это надо быть Колобком-Гордеевым, чтобы собрать команду и удерживать ее около себя много лет. Но таких начальников, как он, еще меньше, чем опытных оперов.

Следователь Гмыря, против ожидания, совсем не злился на то, что ему передали чужое дело.

— Одно дело, когда мне передают материалы, с которыми кто-то не справился, и я понимаю, что нужно подчищать чужие ошибки, и совсем другое — когда это действительно производственная необходимость, точнее, правовая, — объяснил он Селуянову. — Мишка Ермилов не виноват, что подозреваемый оказался любовником его жены. Он грамотный следователь и наверняка с блеском провел бы дело. Но закон запрещает, против этого не попрешь.

Выслушав сообщение Зарубина об Артеме Кипиани, Гмыря задумался.

— Как мальчик-то, ничего? — неопределенно спросил он.

— Хороший парень, — уверенно ответил Сергей. — Толковый и вообще очень симпатичный.

Оперативники понимали, о чем сейчас размышляет Борис Витальевич. Информация Ермилова о том, что Дударев часто бывает на книжной ярмарке в «Олимпийском», требовала, чтобы и в этой огромной толпе, помимо других мест, выявлялись возможные связи подозреваемого. Работы навалом, а людей не хватает. И при раскрытии преступления приходится придумывать разные хитрые фокусы, направленные на сокращение объема работ. Выход напрашивался сам собой: вместо того чтобы тупо искать неизвестно кого по всей Москве, проще выпустить Дударева из камеры, чем-нибудь припугнуть как следует и посмотреть, кого он побежит предупреждать об опасности.

— Борис Витальевич, — осторожно сказал Зарубин, — он почти слепой. Разве мы имеем право вовлекать его в наши дела?

— Сколько ему лет, говоришь? — вместо ответа поинтересовался следователь.

— Девятнадцать.

— Ну вот видишь, он совершеннолетний. И никто его никуда вовлекать не собирается. Просто мы никому не скажем, что он ничего не видит, а его попросим быть внимательным и никому из посторонних не говорить о своей болезни, вот и все.

Селуянов тихонько хмыкнул. Гмыря, как и любой другой человек, не был лишен недостатков, но оперативники любили с ним работать, потому что Борис Витальевич в прошлом сам был сыщиком и понимал проблемы розыскников. Более того, он в отличие от многих следователей частенько шел на нарушения закона, не грубые, конечно, и не наносящие ущерба правосудию.

— Надо с родителями Артема поговорить, — предложил Сергей.

— Тоже правильно, — кивнул Гмыря. — Как говорится, для поддержки штанов. Но вообще-то, ребятки, об этом распространяться не следует. Узнают — по головке не погладят.

— Понял, не дурак, — весело откликнулся Селуянов.

— Кстати, я слышал, Каменская вернулась, — неожиданно сказал следователь. — Это правда?

— Истинный крест.

— Ты можешь попросить ее, чтобы она сходила к родителям этого парня?

— Да я сам могу сходить, труд невелик, — удивленно ответил Селуянов.

— Ага, ты сходишь. С тобой даже разговаривать не станут, как посмотрят на твою дурашливую физиономию. И Серегу нельзя засылать, молодой он еще, не сможет правильно построить разговор, если они упираться начнут. А Каменская их уговорит. И потом, там же, как я понял, какой-то музыкальный вопрос, ни ты, ни Зарубин в этом ничего не понимаете, а я тем более. Зато Анастасия ваша — дамочка музыкальная, это я еще по делу Алины Вазнис помню. Она тогда с оперными либретто разбиралась.

— Нет проблем, Борис Витальевич, только вы бы сами позвонили нашему начальству, а? Моя просьба для Аськи — так, сотрясание воздуха. А вот ежели ей начальство прикажет, то она все сделает.

— Позвоню. Кто у вас там на месте сейчас?

— Коротков.

— Кто?!

Селуянов с трудом сдержал смех. Никто и ничто на свете не могло заставить его перестать шутить и веселиться, разыгрывать своих коллег или просто поднаживать их. И непередаваемым удовольствием для него было в этот момент видеть, как исполненный собственной важности следователь Гмыря будет стоять перед необходимостью обращаться с просьбой к Юрке Короткову, которого он столько раз гонял как мальчишку.

— Почему Коротков? — спросил Гмыря недовольно. — Что, никого из руководства отдела на месте нет?

— А он и есть руководство. Его неделю назад назначили.

— А Жерехова куда?

— На пенсию. По собственному желанию.

Борис Витальевич внезапно расхохотался и хлопнул Селуянова по плечу.

— Ну и жук ты, Николай! Но меня не проведешь, сам таким был, когда опером работал. Хлебом не корми, дай только следователя уесть. Ладно, позвоню, корона не свалится. Как его отчество?

— Викторович, — с готовностью подсказал Селуянов.

Гмыря набрал номер и откашлялся.

— Юрий Викторович, Гмыря беспокоит. Могу обратиться с просьбой?

* * *

К Екатерине и Тенгизу Кипиани Настя решила ехать в форме. Ей отчего-то казалось, что так будет проще разговаривать. Все-таки не мальчишка придет, а старший офицер.

Расчет оказался правильным, в форменных брюках, затянутых на тонкой талии, и в рубашке с подполковничьими погонами Настя выглядела одновременно необычно и привлекательно и вызывала доверие.

— Я не позволю втягивать своего сына в сомнительные мероприятия, — сразу же заявила мать Артема. — Он еще совсем ребенок.

— Он не ребенок, — тут же возразил Тенгиз. — Ему уже девятнадцать лет, он совершеннолетний. Если бы не зрение, он бы сейчас служил в армии и, вполне вероятно, находился там, где стреляют. Ему пора становиться мужчиной.

— Да какой он мужчина! Он только-только школу закончил! Нет, нет и нет.

Екатерина казалась непреклонной, но Настя поняла, что спорит она не с работником милиции и даже не с собственным мужем, а скорее сама с собой.

— Катенька, но ведь от Артема ничего особенного не требуется, — уговаривал Тенгиз. — Правда, Анастасия Павловна?

— Правда, — сказала Настя. — Мы не пытаемся привлечь вашего сына к своей работе. Мы могли бы вообще ничего вам не говорить, просто мы сочли, что будет неправильным не поставить в известность родителей. Мы только скажем подозреваемому, что его соучастника видели на месте происшествия и есть юноша, который его запомнил и может опознать. Ни имени этого юноши, ни тем более его адреса никому не скажут. Единственная неправда, которая будет иметь место, это утаивание информации о том, что юноша хоть и был на самом деле, но ничего не видел. И в связи с этим просьба к вашему сыну будет состоять в том, чтобы при незнакомых людях он старался не показывать, что плохо видит, вот и все. Я, честно говоря, никакой опасности здесь не вижу. Но если вы против, то я не смею настаивать.

— Нет, — снова сказала Екатерина, но, впрочем, уже совсем нетвердо, — я боюсь за сына. Лучше мы сразу его увезем куда-нибудь. Возьмем отпуск и увезем.

— Да глупости ты говоришь! — вспылил ее муж. — Для чего мы с тобой тянули его столько лет, стараясь, чтобы Артем жил среди зрячих и вел полноценную, нормальную жизнь, какую ведут все зрячие? Для того, чтобы при первой же сложной ситуации признать его инвалидом и спрятать под крыло? Он мужчина и должен совершать мужские поступки. Пора отпустить его от своей юбки.

— Но он же ничего не видит... — слабо сопротивлялась мать.

— Ну хорошо, давай рассуждать здраво, — вздохнул Тенгиз. — Если бы он был полноценно зрячим, если бы дело касалось, например, Дениски, а не Артема, что бы ты сказала?

— Я бы сказала то же самое. Преступнику все равно, зрячий он или слепой, он найдет мальчика и попытается его убить. Я боюсь.

— Резонно, — заметил он. — Что вы можете на это ответить, Анастасия Павловна?

Настя поняла, что он взял на себя роль арбитра-посредника между своей женой и человеком из милиции. Он, как истинный хозяин положения, не допускает разговора втроем, он ведет отдельные беседы с Екатериной и с гостьей и в каждой из этих бесед старается занять лидирующее положение. Настоящий глава семьи, подумала Настя с улыбкой.

— Я полагаю, что такого рода опасности нет, — мягко ответила она. — Человек, которого мы хотим освободить, будет проинформирован о том, что есть некий свидетель. Об этом ему нужно будет сообщить другому преступнику, тому, который разговаривал с вашим сыном. Мы будем следить за всеми контактами подозреваемого, и, как только он встретится со своим сообщником, оба будут задержаны. У них даже не будет времени задуматься над тем, где и как искать вашего сына.

— Вы меня убедили, — решительно сказал глава семьи.

— А вашу жену?

— И ее тоже.

— Мне так не показалось, — осторожно возразила Настя. Ей хотелось получить согласие обоих родителей, в противном случае могли возникнуть самые непредвиденные осложнения.

— Катя всегда разделяет мое мнение, — твердо произнес Тенгиз. — У нас с ней полное единодушие.

Екатерина молча кивнула в знак согласия, но взгляд у нее был какой-то затравленный.

— В таком случае мне нужно поговорить с вашим сыном. Последнее слово за ним. Может быть, он и сам откажется.

* * *

Артем стоял, прижав ухо к двери, и шепотом пересказывал другу все услышанное.

— Отец соглашается, а мама против, — сообщил он.

— А чего эта тетка хочет? — тихонько спросил Денис.

Он сидел на диване в одних шортах, влажная от пота майка висела на спинке стула перед вентилятором.

— Она хочет кому-то сказать, что я хорошо разглядел того мужика на скамейке.

— Зачем?

— Чтобы его напугать.

— А как она узнает, что это он? Ты же его не видел толком и не можешь рассказать...

— Тише! Потом обсудим, а то мне не слышно.

Какое-то время в комнате стояла тишина. Денис встал с дивана и на цыпочках подошел к вентилятору. Струи теплого воздуха обдавали обнаженное тело, и ему стало чуть полегче. Все-таки в том, чтобы не быть взрослым, есть свои преимущества. По крайней мере, в такую жару можно ходить в шортах, а взрослые, вынужденные отправляться на службу, должны напяливать на себя костюмы.

Внезапно Артем отскочил от двери и плюхнулся на диван, изобразив на лице скуку и рассеянность. В ту же секунду дверь комнаты распахнулась.

— Мальчики, идите сюда, — послышался голос Тенгиза. — С вами хотят поговорить.

Денис тут же двинулся к двери, но Артем остановил его.

— Майку надень, — шепотом подсказал он. — Неудобно, там же тетка чужая.

Денис послушно натянул непросохшую майку и поморщился. Одни неприятности от этой милиции.

Глава 3

Денис Баженов смотрел на гостью настороженно. Она ему не нравилась. Не нравилась уже по одному тому, что понимала, о чем говорит Артем. Он сам не понимал, а она понимала.

— Записи Берлинского, Венского и Большого симфонического оркестров я послушаю, — говорила женщина в милицейской форме, — но ведь наверняка существуют еще десятки других записей Шотландской симфонии. Мне нужны какие-то признаки, по которым я смогу отличить из этих десятков записей именно ту, которую ты слышал.

— А сам музыкальный текст вы знаете? — спросил Артем.

Денис приготовился злорадствовать. Он-то знает, что такое «музыкальный текст», Артем ему объяснял, а вот тетка эта может и не знать.

— Конечно, — улыбнулась она.

— Тогда я могу наиграть несколько фрагментов из первой части, по которым вы сразу отличите ту запись.

Артем открыл рояль, сел на крутящийся стул, взял несколько аккордов.

— Вот в этом месте, — он сыграл несколько тактов, — очень слышна медь. В других записях здесь ведут струнные, понимаете?

— Да, — кивнула Каменская. — Я запомню.

— И вот еще, — Артем снова заиграл, — здесь, наоборот, медной группы как будто совсем нет, слышны только скрипки.

— Я поняла. Ты давно занимаешься музыкой?

— Всю жизнь. Сколько себя помню, столько и занимаюсь.

— Значит, когда ты только начинал, ты видел лучше, чем сейчас?

— Намного. Поэтому мне нетрудно играть, пальцы все равно знают, где какая клавиша, вся проблема только в нотах.

Денис чуть не позеленел от злости. Как она смеет! Как смеет заговаривать с Артемом о его слепоте! Ни сам Артем, ни его родители, ни Денис никому не позволяли обсуждать проблемы болезни, все дружно делали вид, что вопрос не стоит того, чтобы о нем говорить. Надо жить и работать, а не думать о болячках. Так учили Артема родители, так думал сам Артем и именно так приучил думать своего друга. Но Артем тоже хорош, почему он отвечает ей, вместо того чтобы резко оборвать и поставить на место, как делал всегда с одноклассниками?

— А как же с нотами? — спросила Каменская. — Наверное, ты не можешь читать с листа, тебе приходится разбирать вещь, как в начальных классах?

— По-разному. Первые минут десять я могу читать с листа, потом нужно отдыхать примерно полчаса: глаза сильно устают, и я вообще перестаю видеть. В эти полчаса мне Денис помогает, читает партитуру вслух. Правда, это медленно получается, я же вижу все нотные знаки одновременно, а он мне их называет по очереди. Но ничего, справляемся. Больше всего я люблю из головы играть, тут никакие ноты не нужны. Играю в свое удовольствие.

— А какие перспективы? Вылечиться можно?

Нет, этого Денис стерпеть уже не мог. Даже с ним, со своим ближайшим другом, Артем никогда не говорит на эту тему, хотя Денис полностью в курсе, дядя Тенгиз еще в самом начале объяснил ему все о болезни Артема раз и навсегда и предупредил, что тема эта запретна для обсуждения. Нужно делать то, что велят врачи, но никогда не обсуждать, потому что обсуждать тут нечего. Надо жить и работать, а не языком болтать.

— Перспектив нет, — сказал Денис громко и нервно,

стараясь защитить друга, которому неприятно говорить об этом, — эта болезнь не лечится нигде в мире. Она ведет к полной слепоте. Некоторым везет, состояние стабилизируется, человек видит плохо, но с годами это не становится хуже. Просто замирает на одной точке.

Каменская внимательно посмотрела на него, и под этим взглядом Денису стало не по себе.

— Ты хорошо разбираешься в болезни Артема, — заметила она. — И как, по-твоему, есть надежда, что у него состояние стабилизируется?

Денис смягчился. Он сразу простил ее, эту чужую тетку в милицейских погонах, потому что теперь она разговаривала только с ним и задавала ему вопросы о том, чего сама не знала. Она тем самым признала его первенство и превосходство. И он готов был сейчас часами рассказывать ей о том, что такое атрофия зрительного нерва и к чему она ведет. Ведь он так много знал об этой болезни.

— Пока неизвестно, — ответил он. — Это становится понятным только годам к двадцати пяти, когда полностью заканчивается формирование организма. Если, конечно, к этому времени человек не теряет зрение полностью. У Артема в последние два года состояние не ухудшается, так что надежда есть, хоть и небольшая.

— Пусть не видят глаза, как прежде. Суть не в зрении, а в надежде, — задумчиво проговорила Каменская.

— Как вы сказали? — встрепенулся Артем.

Его глаза загорелись, он повернулся на своем вертящемся стульчике, на котором сидел перед роялем, и стал крутить головой, чтобы поймать Каменскую в то узкое поле, в котором еще мог что-то видеть.

— Это не я сказала.

— А кто?

— Ирина Астапкина, поэтесса и певица. Не слыхал?

— Нет. Я в современном искусстве не разбираюсь.

— И даже не интересуешься?

Денису не понравилось, что разговор опять шел как-то мимо него, словно его здесь и не было. Надо это исправить.

— Артему неинтересна современная эстрада, — строго сказал он. — Он классику любит.

— Что ж, это похвально. Но это вовсе не означает, что не нужно интересоваться другими течениями. А вдруг в них обнаружится то, что тебе понравится?

Денис собрался было ответить что-то грубое насчет того, что нечего им указывать, чем интересоваться, но Каменская внезапно сама перевела разговор на другое:

— Значит, договорились, Артем? Мы сегодня вечером выпускаем на свободу человека, которого подозреваем в убийстве собственной жены. Мы думаем, что он не сам взорвал машину, у него был сообщник, и мы надеемся, что он захочет найти его и предупредить об опасности. Мы скажем ему, что есть свидетель, который видел и хорошо запомнил того человека на скамейке. Твоя задача — постараться не вступать в контакт с незнакомыми людьми, а если такое случится, не подавать виду, что ты плохо видишь. Я очень надеюсь, что твой друг тебе в этом поможет, во всяком случае, лучше вам все время ходить вдвоем.

— Мы и так все время вдвоем, — резко бросил Денис.

— И прекрасно. И еще одно. Пока мы не поймаем преступника, воздержись от упражнений с шариком.

— Почему? — удивился Артем.

— Потому что это очень яркая твоя примета. Тот человек на скамейке не обязательно хорошо разглядел твое лицо, зрительная память не у всех развита, и твою внешность он может и не вспомнить. А вот шарик он наверняка увидел и запомнил. Во всяком случае, мы тебя нашли именно по этой привычке играть с шариком, тебя запомнила продавщица, у которой ты покупал воду.

— Артему нужно тренировать пальцы, — снова встрял Денис. — И вообще, ему нужно все время что-нибудь крутить в руке. Это помогает ему сосредоточиться.

Каменская встала, и Денис с неудовольствием отметил, что она почти одного с ним роста, ну, может, чуть ниже, буквально на пару сантиметров. А с каким удовольствием он посмотрел бы на нее сверху вниз.

— И все-таки я попрошу вас обоих быть внимательными к тому, что я сказала. Если уж Артем согласился нам помочь, то вам придется прислушиваться к нашим советам. Не выносите этот шарик из квартиры, так будет лучше.

* * *

Начиная с утра понедельника, когда муж вернулся с дежурства, и до утра среды Ольга Ермилова твердила себе, что будет честной женой, если Михаил сумеет ее простить. Однако звонок Георгия заставил ее забыть обо всех данных обещаниях.

— Где ты? — спросила она сразу, едва услышав его голос.

— На улице. Меня только что выпустили.

— Значит, они поняли, что ты ни в чем не виноват?

— Да нет, выпустили под подписку. Надо заниматься похоронами, я все-таки муж, а в милиции у нас большие гуманисты сидят. Оля, ты можешь со мной встретиться?

— Где и когда?

— Прямо сейчас.

Конечно, она тут же побежала к старшему администратору отпрашиваться с работы и уже через полчаса сидела на длинной полукруглой скамейке возле памятника Пушкину. Георгий подошел через несколько минут. Лицо его было осунувшимся и небритым, под глазами залегли темные круги. Он молча поцеловал ее в щеку и сел рядом, глядя в сторону.

— Как ты? — спросила Ольга, не зная, с чего начать.

— Сама не видишь? Хорошего мало.

Георгий показался ей в этот момент чужим и незнакомым, и Ольге стало страшно. Почему она так уверена в его невиновности? А вдруг?.. И в глаза не смотрит, отворачивается.

— Скажи... — Она запнулась.

— Что?

— Ты знаешь, кто это сделал?

— Понятия не имею, — он пожал плечами. — А ты что, думаешь так же, как этот придурок следователь? Думаешь, я убил жену, чтобы имущество не делить?

— Что ты, что ты, — торопливо заговорила она. — Я так не думаю, я верю тебе. Я знаю, что ты не убивал Елену.

— Вот именно. Меня в любую минуту могут засадить обратно в камеру, и вся моя надежда только на тебя. Ты должна мне верить, слышишь, Оля? Ты должна мне верить и помочь.

— Конечно, конечно, ты только не волнуйся, — Ольга ласково взяла его за руку. — Я все сделаю. Ты только скажи, что я должна делать.

— Найди хорошего адвоката. Пусть он займется моим делом.

— Но где же я его возьму? — растерялась она. — Я могу только прийти в юридическую консультацию и попросить. Я ведь не знаю, какой адвокат хороший, а какой нет.

— Не валяй дурака!

Георгий начал сердиться, и Ольга испугалась, что он сейчас встанет и уйдет.

— У тебя муж — следователь. Значит, есть друзья семьи, тоже следователи, они наверняка знают адвокатов. Ты что, спросить у них не можешь? У мужа спроси, в конце концов.

— Я не могу, — почти прошептала она.

— Почему?

— Он все знает.

— Откуда?

— Я ему сказала.

— Ты что, больная? Зачем ты это сделала?

— Я просила его помочь тебе. Это же он тебя арестовал. Я на все была готова, только чтобы тебе помочь.

Георгий наконец повернулся к ней, с трудом сдерживая изумление.

— Так это был он?

— Да.

— То-то я смотрю, меня сегодня уже другой следователь выпускал. Надо же, как бывает... Я и не знал, что это твой благоверный меня упек. А он, интересно, знал?

— Нет, он тоже не знал. Я только в понедельник ему сказала, когда он с дежурства вернулся.

— И как он? Сильно кричал на тебя?

— Да нет, — она слабо улыбнулась. — Почти не кричал. Так, немножко. Потом оделся и ушел на работу.

— А потом что?

— Ничего. Он со мной не разговаривает теперь. Молча приходит, молча уходит. Спит в комнате Валерки.

Некоторое время они сидели не разговаривая. Ольга с тоской думала о том, что теперь, наверное, все будет по-другому, а скоро и вовсе закончится. Она спешила на это свидание, представляя себе, как они будут бежать навстречу друг другу, обнимутся, Георгий будет ее целовать и держать за руки, как после долгой разлуки. А оказалось все совсем не так, он сидит чужой и далекий, разговаривает неохотно, цедит слова сквозь зубы, словно она в чем-то провинилась.

— Ты, наверное, голоден? — робко спросила Ольга.

— Не очень. Жарко, есть не хочется.

— Но ты же только что из тюрьмы. Тебе надо поесть. Пойдем куда-нибудь пообедаем, — предложила она.

Он молча встал и направился к выходу из сквера. Ольга поспешила за ним, на ходу соображая, куда бы его повести, чтобы кормили вкусно и чтобы обстановка его не раздражала.

В таком же молчании шли вниз по Тверской. Георгий не взял ее под локоть, как обычно, и от этого Ольга чувствовала себя приблудной собакой, которая увязалась вслед за прохожим и боится, что тот заметит ее и прогонит.

Возле памятника Юрию Долгорукому стояли столики под тентами. Ольга знала, что, несмотря на непритязательный внешний вид, кормили здесь хорошо, потому что кухня была от ресторана «Арагви».

— Давай присядем, — сказала она, коснувшись руки своего спутника.

Георгий, все так же не произнося ни слова, свернул к

столикам. Подошел официант, они заказали еду, и снова воцарилось молчание.

— Почему ты не разговариваешь со мной? — наконец не выдержала Ольга. — Разве я виновата в том, что случилось?

— Ты не виновата, — раздраженно ответил он. — Но я надеялся на твою помощь, ты единственный человек, на которого я могу рассчитывать. Вернее, я думал, что могу. А теперь выясняется, что ты совершенно беспомощна и не хочешь даже на пять минут напрячь мозги, чтобы придумать, как найти хорошего адвоката. Так как я могу после этого полагаться на тебя?

— Я найду тебе адвоката, — твердо пообещала Ольга. — Самого лучшего. Я сделаю все, чтобы тебя не посадили. Ты ведь не убивал Елену, правда?

Георгий отшвырнул вилку и залпом выпил сухое вино из белого пластикового стаканчика.

— Очень мило. Ты, выходит, сомневаешься? Так как я могу теперь вообще доверять тебе, если ты не доверяешь мне?

— Ну прости меня. — Ольга протянула руку, чтобы погладить его пальцы, но Георгий резко отшатнулся. — Я верю тебе, я люблю тебя, не сердись, что я спросила. Это я так, не подумала. Я не хотела тебя обидеть. Ешь, пожалуйста.

— Не хочу. Наелся. Доедай, и пойдем.

— Куда?

— Я — домой. А ты — куда хочешь. Ищи адвоката, если действительно веришь мне и хочешь помочь.

Ольга оставила недоеденное блюдо, и они направились к метро. По дороге Георгий по-прежнему молчал, а ей хотелось плакать. Она так ждала этой встречи... Лучше бы ее совсем не было.

На платформе они расстались. Георгию надо было ехать до «Красных Ворот», а Ольге — переходить на «Театральную».

— Ты больше меня не любишь? — удрученно спросила она на прощание.

— Не говори глупости, — быстро ответил он и вошел в вагон.

Двери закрылись, Георгий обернулся и посмотрел на нее через стекло. Ольга едва заметно взмахнула рукой и выдавила из себя улыбку.

По дороге на работу она с трудом сдерживала слезы. Однако к концу рабочего дня приняла решение: она сделает все, чтобы помочь Георгию, но больше не будет с ним встречаться, как встречаются любовники. С любовью покончено. Она останется с Михаилом. И даже если муж не сможет ее простить и потребует развода, она все равно не вернется к Георгию. Помочь — поможет, в лепешку разобьется, но найдет ему самого лучшего адвоката, и деньги найдет, чтобы оплатить его услуги. И даже если нужно будет дать взятку, чтобы Георгия оставили в покое, она и это сделает. Он на нее положился, и она не имеет права его подвести, как нельзя подводить людей, которые попали в беду и для которых ты — последняя надежда. Как бы еще суметь заставить себя не любить его...

* * *

Денис часто оставался ночевать у Кипиани, остался он и сегодня. Родители Артема покормили их ужином и ушли в гости, велев мальчикам на улицу больше не выходить и развлекаться дома. Денис любил такие вечера, когда они с другом оставались вдвоем, а уходящий день словно окутывал их покрывалом настоящей и недоступной другим близости.

К вечеру жара почти не спала, дышать было по-прежнему нечем, и Артем нервно метался по квартире, отыскивая место, где удавалось поймать хотя бы слабый освежающий сквознячок.

— Хочешь, почитаем? — предложил Денис.

— Нет, спасибо.

— Тогда давай музыкой заниматься.

— Не хочу.

— А чего ты хочешь?

Артем помолчал и внезапно спросил:

— Какая она?

— Кто? — оторопел Денис.

— Эта женщина из милиции.

— Каменская?

— Ну да. Как она выглядит?

— Обыкновенно. А тебе зачем?

— Низачем. Хочу знать, какое у нее лицо. Мне неудобно было близко к ней подходить. Сколько ей лет?

— Да старуха она, почти как твои родители.

— Не может быть. Ты, наверное, не разобрался.

Денис вскипел. С какой это стати Артем интересуется женщиной из милиции? Кто она ему? Что она ему? Единственный человек, которым его друг имеет право интересоваться, это он, Денис.

— Очень даже разобрался. Она старая. Она подполковник уже, как же она может быть молодой?

— Ты прав. Она красивая?

— Да ты что? — Денис деланно расхохотался. — Уродка! Ни рожи ни кожи. Была бы она молодая и красивая, она бы себе нашла миллионера и жила бы с ним на Канарских островах. Понял?

Артем снова помолчал. Потом сказал задумчиво:

— У нее голос хороший. Низкий, хрипловатый.

— Ничего хорошего, — оборвал друга Денис. — Голос как голос.

— Нет, хороший. — Артем улыбнулся мечтательно. — И говорит она хорошо, спокойно так. Как будто колыбельную поет.

— Да что ты заладил про эту тетку! Давай лучше что-нибудь поделаем. Твой папа книжки новые принес, фэнтези. Хочешь, посмотрим?

— Не хочу. Давай просто посидим и помолчим, ладно?

Артем сел на широкий подоконник, подтянув колени к груди и обхватив их руками. Денис, насупившись, уселся на полу рядом с окном. В первый раз за три года Артем отказался чем-то заниматься вместе. В первый раз за три года Денис Баженов перестал чувствовать свою постоянную, ежечасную и ежеминутную нужность Артему. Его пронзила такая душевная боль, о существовании которой он даже не подозревал. И все из-за какой-то противной тетки из милиции!

— Я пойду домой, — решительно заявил Денис, поднимаясь с пола.

Он ждал, что Артем начнет его отговаривать, ведь они условились, что сегодня ночуют вместе.

— Хорошо, — спокойно ответил Артем. — Позвони, когда дойдешь, уже поздно, я буду волноваться.

— Нечего за меня волноваться! — выкрикнул Денис, плохо контролируя себя. — За Каменскую свою волнуйся!

Он выскочил из квартиры, захлопнул за собой дверь

и помчался вниз по лестнице, не дожидаясь лифта. До своего дома, через три улицы, мчался бегом, стараясь не думать о друге. Однако стоило ему переступить порог квартиры, как все снова обрушилось на него...

У матери были гости. Как вчера и как позавчера. Как всегда. Еще одна женщина и трое мужчин, все уже прилично «взявшие».

— О, сыночек пожаловал! — радостно-удивленно завопила мать.

Она нетвердо держалась на ногах, плохо наложенная косметика поплыла, на платье виднелись пятна от какой-то жидкости — похоже, от томатного соуса. Денис попытался пройти в свою комнату, но мать преградила ему дорогу.

— Туда нельзя, миленький. Там занято.

— Опять? — недовольно спросил он.

— А что опять? Что опять? Ты же сам сказал, что не придешь ночевать. Сказал? Сказал, — ответила она сама себе. — Так чего ты вернулся? Никогда не даешь матери личной жизнью заняться. Вечно от тебя одни хлопоты. Иди лучше на кухню, покушай.

Денис побрел в тесную кухню, где было неубрано и пахло вчерашней едой. Есть ему не хотелось, он поужинал с Артемом. Но деваться все равно было некуда, его комната занята. Он налил себе остывшего чаю и стал пить, вяло откусывая кусочки засохшего печенья. Из комнаты матери доносились непристойные шутки и взрывы пьяного хохота.

«Никому я не нужен, — с тоской думал юноша. — Матери я всегда мешал, она только и думала, как бы от меня избавиться. А теперь я и Артему не нужен. Ему нужна эта тетка из милиции, она ему интересней, чем я. И почему я такой несчастный?»

На кухне появился один из гостей, Денис знал, что его зовут Володей и что он работает вместе с матерью в дэзе.

— Скучаешь? — осведомился Володя.

— Нет, — сдержанно ответил Денис. — Мне не скучно.

— А то выпей со мной, а? Ты уже взрослый, давай выпьем вдвоем, по-мужски.

— Не хочу, отстаньте, — огрызнулся Денис.

— Как это отстаньте? — возмутился гость. — Ты как со старшими разговариваешь? Алевтина! — заорал он. — Подь сюда, ну-ка построй своего пацана! Что это он себе позволяет?

Мать тут же вылетела из комнаты, путаясь в собственных ногах.

— Что у вас тут случилось? Денис, ты как себя ведешь?

Его покоробило, что мать даже не стала выяснять, что произошло, а сразу кинулась его обвинять. Конечно, для всех он плохой, никому не нужный, как брошенная старая кукла с оторванными ногами. Для матери на первом месте ее мужики и ежедневные попойки, для Артема — Каменская. А как же он, Денис?

— Да пошли вы все!

Он сорвался с места и выскочил из квартиры. Вышел на улицу и медленно пошел в сторону перекрестка. Ну и что дальше? Куда идти? Кому он теперь нужен?

В горле стоял ком, он мешал дышать и думать. Кажется, он даже двигаться мешал. Было еще совсем светло, в июне темнеет поздно, и Денису чудилось, что все прохожие видят, как ему плохо, и смеются над ним, никому не нужным и никем не любимым. Такого горя, как сейчас, он не испытывал никогда прежде и совершенно не знал, что с этим делать. Неужели на сердце теперь все время будет такая тяжесть и навсегда уйдет радость и желание жить?

В какой-то момент он перестал видеть окружающее, но даже не заметил этого.

— А ты почему плачешь? — услышал он чей-то голос и только в эту секунду понял, что слезы застилают глаза.

Он попытался вытереть лицо, но сильная рука ухватила его за запястье. Денис попробовал вырваться, но рука его не отпускала.

— Что вам надо? — всхлипнул он совершенно по-детски.

— Мне — ничего. Но я могу тебе помочь. Хочешь? Я даже не буду спрашивать, кто тебя обидел и отчего ты плачешь, я просто сделаю так, что ты перестанешь плакать и снова начнешь радоваться.

Денис наконец сморгнул слезы и снова обрел способность видеть. Перед ним стоял невероятно худой, нескладный парень в очках с толстыми стеклами.

— Наркоту будешь предлагать? — подозрительно спросил Денис.

Родители Артема тысячу раз предупреждали их о таких вот «помогальщиках», которые вроде бы протягивают руку помощи в трудную минуту, а потом подсаживают на иглу — и конец. Денис уроки накрепко усвоил. Он очень боялся за свое будущее, боялся с самого детства, когда на его глазах мать сдавала в Дом ребенка сначала младшего братишку, потом сестренку. Оба они страдали болезнью Дауна, и Денис был уверен, что это — прямое следствие того образа жизни, который вела их беспутная мамаша. Он каждый день благодарил судьбу за то, что успел родиться раньше, чем мать окончательно пропила свое здоровье, и старался сделать все, чтобы не повторить ее путь. Хорошо учиться, набираться знаний, поступить в институт и сделать свою жизнь своими руками. Вырваться из этого затягивающего бесконечного круга, когда у пьющих родителей рождаются дети, которые растут без надзора, не получают образования, не находят себя и тоже начинают пить, и у них тоже рождаются дети... Пил дед матери, пил ее отец, пила она сама, не говоря уж о том случайном мужике, которому выпало стать его отцом. Денис Баженов делал все, что только способен был придумать его детский ум, чтобы сохранить себя и чего-то добиться. И слово «наркотики» было для него поистине страшным, ибо ставило под угрозу все то, что с таким неимоверным трудом делалось все эти годы.

— Наркотики? — Казалось, парень в очках изумился очень искренне. — Нет, зачем же. Есть кое-что получше.

— Что? — недоверчиво спросил Денис.

— «Ключ».

— Какой ключ? От квартиры, где деньги лежат?

— От тебя самого. От твоей души и от твоих мозгов. Есть способ, при помощи которого ты сможешь управлять собой и никогда не будешь плакать, если сам того не захочешь. Тебе интересно?

— А это не химия? — Дениса не оставляли подозрения.

Но, с другой стороны, деваться ему все равно некуда, Артем его уже не ждет, не домой же возвращаться, где он лишний и нежеланный. Может, и правда послушать?

— Нет, это не химия. Если у тебя есть полчаса, я покажу тебе самые простые вещи, чтобы ты имел общее представление. Так как?

— Валяй, показывай, — вяло согласился Денис.

— Тогда пойдем куда-нибудь...

— Куда? — снова насторожился Денис. — Я никуда не пойду.

— Да не бойся ты! — Парень рассмеялся. — Я же не на квартиру тебя зову. Можем и здесь позаниматься, но здесь люди ходят. Тебе же самому неудобно будет. Вон там скверик есть, пойдем туда.

В скверик можно, решил Денис. Там за углом, на перекрестке, «стакан» с гаишником, если что, можно позвать на помощь.

Они дошли до скверика, и Денис сразу плюхнулся на скамейку.

— Ну давай, показывай свой ключ.

— А ты чего уселся? — насмешливо спросил парень в очках. — Думаешь, ты будешь сидеть, а я тут перед тобой буду мировые секреты раскрывать? Так не пойдет. Ну-ка вставай.

— Зачем?

— Вставай, вставай. Любое полезное дело требует труда. Поднимайся и делай разминку.

— Какую еще разминку? — опешил Денис.

— Обыкновенную. Наклоны, растяжки, приседания. Как на уроке физкультуры.

— Зачем?

— Ты хочешь получить ключ или нет? Тогда делай как я говорю.

В конце концов, в разминке не было ничего плохого и опасного. Денис поднялся и нехотя сделал несколько упражнений.

— А теперь встань прямо, вытяни руки перед собой и сосредоточься. Представь, что руки расходятся в разные стороны, как крылья.

— Зачем? — снова спросил Денис.

— Не спрашивай, а делай, если хочешь себе помочь. Только не старайся сам двигать руками. Это особые идеомоторные движения, полуавтоматические. Представляй изо всех сил, даже приказывай им расходиться, а мышцы оставляй расслабленными.

Денис вытянул перед собой руки и попытался сосредоточиться. Руки не двигались.

— И дальше чего? — недовольно спросил он.

— Ничего. Стой и приказывай рукам разойтись в разные стороны.

— У меня не получается.

— Ну и что? С первого раза ни у кого ничего не получается. Надо тренироваться. Ну-ка дай я тебя пощупаю.

Парень положил обе руки на плечи Дениса возле шеи и помял немного.

— Чего ж ты такой зажатый, а? Сделай еще пару упражнений или потрясись немного, как в рок-н-ролле, сбрось напряжение.

— Слушай, ну чего ты пристал? — сердито сказал Денис.

— Я пристал? Это ты шел по улице и ревел, как будто у тебя все близкие поумирали. И ты сам захотел себе помочь. Неужели ты так быстро сдаешься? Мне казалось, ты должен быть упорным.

Денису стало неловко. В самом деле, не годится так быстро сдаваться. Спешить все равно некуда. Он сделал несколько энергичных наклонов в стороны и вперед, потом начал приседать.

— Хватит? — спросил он после десятого приседания.

— Хватит. Теперь все сначала. Стой прямо, расслабленно, руки перед собой.

Денис снова принял стойку и вытянул руки. И через какое-то время понял, что не чувствует рук. Они стали легкими, невесомыми, и держать их в таком положении было совсем нетрудно. Он даже не успел удивиться, когда понял, что руки начали какое-то неведомое движение.

— Пошло-пошло-пошло, — заговорил парень в очках, — есть движение! Есть! Не останавливайся, продолжай, продолжай.

Руки плавно разошлись в разные стороны.

— А теперь сразу же давай им команду двигаться обратно! Руки сходятся, руки сходятся.

«Руки сходятся, руки сходятся», — повторял про себя Денис, и руки действительно пошли в обратном направлении.

— Отлично! И теперь снова команда расходиться.

На этот раз руки пошли в разные стороны легко, и Денису показалось, что движение было более сильным и быстрым, во всяком случае, в его крайней точке даже лопатки сошлись. Он не понимал, что с ним происходит, но его охватил восторг от этого легкого и в то же время широкого движения, которое происходило не мышечным усилием, а одним лишь велением его воли. Еще одно движение руками туда и обратно, и у него возникло ощущение полета. Руки плыли, как крылья, а в голове не было ничего, кроме мысли об этих летящих без его усилий руках.

— Достаточно, остановись, — скомандовал худой очкарик. — Сделай снова несколько разминочных упражнений.

— Каких именно? — уточнил Денис.

В нем проснулся интерес, и теперь ему хотелось делать все по правилам.

— Любых. Твое тело само подскажет тебе, какие нужно делать движения. Ты только прислушайся к нему и делай.

Денис приготовился и начал гнуться назад, будто пытаясь встать на «мостик». Спина гнулась легко, и он удивился этому. Никогда на уроках физкультуры он не любил гимнастику, «мостик» делал, только когда требовал учитель, сам же он с гораздо большим удовольствием играл в волейбол и бегал на длинные дистанции.

— Вот видишь, — прокомментировал его новый знакомый, — твое тело тебе подсказало, что нужно разминать позвоночник, в нем накопилась всякая гадость.

Денис выполнил упражнение несколько раз и с наслаждением стал наклоняться вперед, наклонялся глубоко, стараясь коснуться лбом колен.

— А теперь что?

— Теперь встань прямо, руки висят свободно. Сосредоточься и прикажи им подниматься. Все то же самое, что и раньше, только движение не назад и вперед, а вверх и вниз.

Это задание Денис выполнить не смог и ужасно расстроился.

— Я потренируюсь и добьюсь, у меня обязательно получится, — горячо заговорил он.

— А вот этого не надо, — неожиданно заявил очкарик.

— Как это не надо? Ты же сам сказал, что надо быть упорным.

— Не в этом смысле. Сама идея «ключа» состоит в

том, что человек делает только то, что у него получается и что доставляет удовольствие. Существует несколько видов движений, человек пробует выполнить каждое из них и решает, какое получается лучше и легче. Вот это движение и становится его «ключом». Всех нас всю жизнь насилуют, заставляя делать то, что нам не нравится или не получается, и убеждают нас, что это необходимо и воспитывает волю. А это неправильно. Жизнь должна приносить радость.

— Ну ты загнул, — фыркнул Денис. — Так не бывает, чтобы одни удовольствия. Если бы можно было себя ни в чем не заставлять, то все были бы неучами и никто бы не работал. Скажешь, нет?

— Скажу — да. Но идея в том, чтобы делать все это с радостью, чтобы то, что делать необходимо, уметь делать без натуги и без принуждения. Помнишь, как нас в школе учили? Свобода — это осознанная необходимость. Как только ты поймешь, что что-то совершенно необходимо сделать и не сделать просто нельзя, ты с легкостью это сделаешь, потому что уже не сможешь иначе. Ты сам, понимаешь, сам осознал и сам пришел к выводу, что это необходимо сделать. А это уже совершенно другой уровень принуждения. Это уже свобода. Ты сам принимаешь решение и сам его выполняешь. Но это философия. А мы с тобой сейчас говорим о «ключе» и о том, как тебе помочь. Кстати, ты заметил, что ты сейчас делаешь?

— А что я делаю?

Денис огляделся, посмотрел на свои руки, не понимая, о чем говорит этот странный очкарик, и обнаружил, что мерно покачивается из стороны в сторону. Он даже не заметил, когда начал покачиваться, это было словно естественным состоянием тела.

— Ты качаешься. Это означает, что ты достиг того состояния легкости, при котором можно осознать свою проблему и найти новый, нетривиальный путь ее решения. Надо только сесть, расслабиться и немного отдохнуть. И решение придет само.

— Свистишь! — откликнулся Денис. — Так не бывает.

— А ты попробуй. Сразу, конечно, ничего не бывает, но на третий или четвертый раз у тебя получится. Запомни последовательность: небольшая разминка, потом летаешь, потом снова разминка, снова летаешь, уже подольше, потом стоишь, покачиваясь, потом сидишь и отдыхаешь.

— А сколько нужно летать?

— Сколько хочешь. Ты сам выбираешь, что и как тебе делать. Пока хочется — летай. Пока хочется — качайся. Помни, твой организм и твой мозг сами знают, сколько чего нужно делать, ты должен научиться их слышать и понимать, они сами подскажут. Пока упражнение доставляет удовольствие, его надо делать, как только организм поймет, что уже достаточно, ты сам захочешь остановиться.

— И зачем все это? Как это может мне помочь?

— Ты научишься управлять своими эмоциями. Ты научишься не злиться и не раздражаться по пустякам, когда это мешает нормальной работе. Ты научишься не уставать. Давай договоримся: ты попробуешь позаниматься сам несколько дней, и если ты поймешь, что тебе хочется узнать побольше и научиться еще чему-то, ты придешь в одно место, где проводят специальные занятия. А если не захочешь — что ж, будешь пользоваться только тем, чему я тебя научил. Это тоже очень много, ты сам почувствуешь, когда начнешь заниматься. Я хочу, чтобы ты запомнил одну истину: если ты не научишься управлять собой, тобой будут управлять другие.

Он взглянул на часы и покачал головой.

— Половина двенадцатого. Давай-ка по домам, дружочек. Вот тебе карточка, надумаешь — приходи.

Он сунул Денису маленький картонный прямоугольник и помахал рукой на прощание.

— Эй, — крикнул ему вслед Денис, — а как тебя зовут?

— Вадим. Пока.

Он снова взмахнул рукой и заторопился к остановке троллейбуса. Денис медленно побрел к тротуару и только тут сообразил, что за время, проведенное с этим странным парнем, он ни разу не вспомнил ни о предательстве друга, ни о пьянице-матери, ни о том, что он никому не нужен. Более того, он вдруг понял, что ему вовсе не хочется об этом думать.

И куда же ему деваться? Домой он не пойдет, это очевидно. Но время близится к полуночи, оставаться на улице уже опасно. Может быть, Артем еще не лег?

Денис быстро пробежал несколько сот метров до дома, где жил его друг, и взглянул на окна. Они были темными — наверное, Артем уже спит. Он подошел к подъезду и сел на скамейку. Теперь уж точно идти некуда. Можно пересидеть здесь до утра... Он вспомнил недавнего знакомого и улыбнулся. Как смешно все это: руки сами летают, тело само качается, похоже на волшебство. И злость ушла, и горечи больше нет. Надо завтра же рассказать Артему об этой встрече и показать ему упражнение. Теперь им снова будет о чем говорить и чем заниматься вместе. Против этого никакая Каменская из милиции не удержится!

— Дениска? — услышал он совсем рядом голос Тенгиза. — Что ты здесь делаешь? Почему ты не с Артемом?

— Я... — Он растерялся и попытался на ходу придумать какую-нибудь правдоподобную ложь. — Я матери позвонил, а она попросила прийти, ей надо было помочь там... В общем, я сходил домой, а когда вернулся, было уже поздно и окна не горят. Я подумал, что Артем уже спит, не захотел его будить. Сидел тут, вас ждал.

— Пойдем, пойдем, — Екатерина потянула его за руку, — уже поздно, пора спать. Слава Богу, что с тобой ничего не случилось. По вечерам столько хулиганья по улицам шатается.

От этих слов ему стало тепло и немного грустно. Они так заботятся о нем, переживают, чтобы с ним ничего не произошло. Наверное, они действительно любят его. И как он мог совсем недавно отчаиваться и думать, что никому не нужен и никто его не любит? Дурак он.

Они вошли в квартиру. Денис на цыпочках подошел к комнате Артема и тихонько приоткрыл дверь.

— Мама, ты? — тут же позвал Артем.

— Это я, — вполголоса ответил Денис и быстро проскользнул в комнату.

— Ты вернулся? Я думал, ты обиделся на меня за что-то. Ты так быстро ушел и ничего не объяснил.

— Мне домой надо было сбегать. Пришлось задержаться. Я тебя разбудил?

— Нет, я еще не спал. Ложись. Ты какой-то не такой, Денис. Что случилось?

Денис в очередной раз подивился невероятной, просто мистической чуткости своего друга. Он плохо видел, зато чувствовал людей как локатор, по одному сказанному слову умел угадывать настроение.

— Случилась одна интересная вещь. Я тебе завтра расскажу.

— Расскажи сейчас, — потребовал Артем.

Он привстал на кровати и включил свет. Радости Дениса не было предела. Артем снова повернулся к нему, он хочет с ним разговаривать, ему интересно, что расскажет Денис. Какая там Каменская! Он сейчас вообще про нее забудет.

Денис вытащил из кармана карточку, которую дал ему Вадим. На ней было написано: «Доктор Хасай Алиев. Центр защиты от стресса. Телефон 180-27-27».

— Значит, так... — начал он, предвкушая долгий неторопливый разговор, который продлится полночи, а может быть, и до утра. Именно так бывало раньше, и именно эти часы были самыми счастливыми в его жизни.

Глава 4

На улице стояла жара, а в офисе было тихо и прохладно, работал мощный кондиционер. Варфоломеев с удовольствием приходил сюда каждый день и с неохотой выходил, стараясь сократить все встречи вне офиса. И сегодня, несмотря на риск, он тоже встречался с заказчиком здесь, хотя по уму не надо было бы этого делать. Но что поделаешь, не приспособленным к жаре в городских условиях москвичам приходилось порой идти на поводу у погоды вопреки разуму.

— И что твой козел наколотый натворил? Перед мальчишкой засветился, как салага. Выкручивайся теперь как знаешь.

Варфоломеев поежился. Он знал, что с этим типом шутить не надо, он юмор плохо понимает, а как человек в погонах — еще и неисполнение команды не приветствует. Он прав, конечно, Костик сработал плохо, ну а чего же он хотел от наркомана-то? Должен был понимать, с кем связывается. Хотя, по совести сказать, связывался заказчик вовсе не с наркоманом Костиком, а с ним, Варфоломеевым. Другое дело, что никого, кроме наркоманов, он предложить заказчику не мог... Хотя нет, врет он, сам себе врет, мог найти и нормального парня, но пожадничал, нормальному-то за выполнение работы одну сумму платить придется, а подсевшему на иглу — во много раз меньшую. Подсевшие торговаться не могут, они все деньги на дозы пересчитывают. Вся Россия на доллары, а они — на дозы. Назовешь им сумму, они прикинут, сколько недель или месяцев смогут жить без проблем, и соглашаются. Вперед больше чем на два-три месяца смотреть не могут, внутренней силы не хватает, им лишь бы только сейчас хорошо было, а насчет завтра — дело десятое, а уж что там будет через год — вообще обсуждать нечего. На этом весь наркобизнес держится, человек теоретически знает, что в конце концов деградирует и умрет, причем очень быстро, оглянуться не успеет, но желание получить кайф сейчас куда сильнее смутных и неприятных перспектив, о которых, кстати, легко забываешь, приняв дозу.

Варфоломеев еще утром, после телефонного звонка заказчика, приказал найти Костика и спросить, что он натворил. Заказчик по телефону никаких подробностей не дал, сказал только, что Костик сработал плохо и засветился. Тот и не думал отпираться, он пребывал в состоянии полной душевной благости и совершенно не понимал, что такого особенного сделал. Задание же он выполнил? Выполнил. Жарко было, пить очень хотелось, но не покидать же пост. Вот и попросил пацана, который неподалеку прогуливался. Приметы? Да черт его знает, он и не рассматривал его особо, шарик крутил в руке, да ловко так, будто циркач. Сказал, что пианистом быть хочет. Почему не рассматривал? Да потому что все внимание к машине было приковано, объект же в любую секунду мог появиться, тут отвлекаться нельзя. И потом, разве он знал, что лицо нужно запомнить? Такой команды не было. Не сваришь с Костиком каши, это Варфоломеев уже понял.

— Согласен, — выдавил он, — моя вина. Готов сделать все, чтобы исправить.

— Именно что, — хмуро кивнул заказчик. — Значит, так, уважаемый. Там мальчишка какой-то был лет семнадцати, примет никаких нет, но Костик твой, козел наколотый, должен его помнить. Мальчишка вертел в руках красный шарик, вроде пальцы тренировал. Мальчишку надо найти и успокоить. Костика, кстати, тоже. Ты понял меня, Варфоломеев?

— Понял я, понял. Сделаем.

— И чтобы на этот раз без ошибок.

Проводив гостя до двери, Варфоломеев вернулся в свое кресло, посидел некоторое время, задумчиво затягиваясь тонкой черной сигарой, потом нажал кнопку на пульте. Тут же в дверь заглянул мордастый охранник.

— Витю найди мне быстренько, — велел Варфоломеев.

Охранник исчез. Ровно через сорок минут перед Варфоломеевым стоял Виктор — человек, ответственный за подбор продавцов для розничной торговли.

— Звали, Антон Федорович?

— Звал. Прикажи всем, кто у тебя на улице работает,

пусть высматривают мальчишку лет семнадцати с красным шариком.

— Что за шарик?

— Маленький, сантиметров пять в диаметре. Он им пальцы тренирует, пианистом хочет быть. Все время в руке вертит. Кто увидит мальчишку, пусть немедленно идет за ним и выясняет, кто такой и где живет. Премию пообещай хорошую. Надо этого пианиста найти во что бы то ни стало, и побыстрее. И вот еще что, Витя. Насчет Костика...

* * *

Сводки наружного наблюдения за Дударевым регулярно ложились на стол Короткова, и становилось понятным, что работы с каждым днем прибавляется. Если бы еще и рабочие руки прибавлялись с такой же скоростью... Георгий Николаевич вел весьма активный образ жизни, он не только занимался похоронами убиенной супруги, но бывал во множестве мест и встречался со множеством людей. Один из них был тем единственным, кого хотели отловить оперативники. Но кто именно?

Коротков посматривал в список фирм и учреждений, которые посетил Дударев, и после звонков Селуянова и Зарубина отмечал галочками отработанные. Одна из этих контор была строительной фирмой, и Селуянов выяснил, что Дударев приезжал туда, чтобы расторгнуть контракт на перестройку загородного дома. Другая контора занималась оказанием ритуальных услуг, там неутешный вдовец договаривался об автобусах, которые повезут останки и провожающих от морга до кладбища. Во все остальные организации Георгий Николаевич приходил узнать насчет работы. Так, во всяком случае, утверждали сотрудники этих контор.

— В каком-то одном месте нам сказали неправду, — подытожил Коротков. — Или мы что-то просмотрели. Дударев обязательно должен был встретиться со своим сообщником, чтобы предупредить его. Давайте смотреть отчеты с самого начала. Когда и где он звонил из автомата?

Зарубин полистал сколотые скрепкой отчеты наружников.

— Об автомате только одно упоминание, сразу после освобождения, но через сорок пять минут после этого он встречался со своей любовницей Ольгой Ермиловой, так что звонил он наверняка ей. Иначе откуда бы она узнала, что его выпустили и что он ее ждет у памятника Пушкину?

— И больше ни разу автоматом не пользовался? — переспросил на всякий случай Коротков.

— Наружка не зафиксировала.

— Может, пропустили? — предположил Селуянов.

— Может, — вздохнул Юрий, — но придется исходить из того, что есть. Сережа, посмотри отчеты техников еще разочек, только повнимательней. Кому он звонил из дома?

Сергей Зарубин снова зашелестел бумагами.

— Родителям Елены Петровны — четыре раза. В ее фирму — раз, два, четыре... девять раз в общей сложности. Это все насчет похорон, все расходы берет на себя «Турелла», они там согласовывали, сколько человек будет на поминках, в каком ресторане и какое меню. Дважды звонил на службу Ермиловой, спрашивал, нашла ли она адвоката. Очень гневаться изволили, что так долго.

— Ишь ты, — присвистнул Селуянов, — грамотные стали все, прямо как в Америке. Только успел совершить преступление, а уже об адвокате позаботился.

— Еще звонил трем армейским сослуживцам, сообщал о несчастье, они собираются быть на похоронах.

— Вот это уже интересно, — поднял голову Коротков. — Дударев, по нашим сведениям, в последние годы службы имел доступ к взрывчатым веществам. Если эти сослуживцы, как и он сам, были в Чечне и с ними наше государство обошлось так же сурово, как и с Дударевым, то они вполне могли заняться криминальным бизнесом, в частности, брать заказы на убийства. Они все будут на похоронах?

Зарубин пробежал глазами текст сообщения и кивнул:

— Да, все трое.

— Отлично. Похороны у нас, как я понимаю, завтра в одиннадцать. Коля, Сережа, это ваш участок. Посмотрите, как там и что. А конторами, которые посетил наш уважаемый фигурант, придется заняться тебе, подполковник.

— Минуточку-минуточку! — закричал Селуянов. — А как же я? У меня же завтра свадьба, вы что, забыли? Какие могут быть похороны?

— Ну Коля, свадьба-то у тебя когда? В три часа. Похороны наверняка раньше закончатся. А в ресторане, где будут проходить поминки, я тебя сменю. Мы там с Серегой вдвоем управимся.

— Нет, ребята, так не пойдет, — упрямо сказал Селуянов. — Вы завтра будете до позднего вечера торчать возле этих поминок, а кто же у меня на свадьбе будет?

Аська, ты же здесь старшая по званию, употреби власть хоть раз в жизни на пользу общему делу.

Настя улыбнулась и, протянув руку, взъерошила волосы на голове Николая.

— Коленька, ситуация у нас пиковая, и изменить ничего нельзя. Мы же не можем потребовать, чтобы Дударев отменил похороны собственной жены, правильно? И предложить тебе перенести бракосочетание на другой день мы тоже не можем. Единственный выход, который существует только теоретически, состоит в том, чтобы найти еще двух оперативников, которые завтра будут весь день заниматься Дударевым вместе с Сережей, а ты и Юрик будете гулять на свадьбе.

— А ты? — тревожно спросил Николай.

— Ну и я, конечно, куда ж я денусь. Так что вопрос нужно задавать не мне, а нашему с тобой общему начальнику Короткову. Есть у него в отделе двое оперативников, которых можно снять со всех заданий и направить завтра на кладбище и в ресторан?

— Размечталась, — усмехнулся Юра. — Где ж их взять? Наш подполковник Аська права, выход существует чисто теоретически. Но по опыту могу сказать, что если похороны начинаются в одиннадцать и проходят без гражданской панихиды, то к часу дня процедура захоронения обычно заканчивается, после чего все дружной толпой двигают к поминальному столу, и длится все это часов до семи вечера. Это максимум. Так что ты, Николаша, вполне успеваешь к трем часам под венец, а я не позже восьми прибываю к праздничному застолью.

— Но ты же у меня свидетелем должен быть! — в отчаянии воскликнул Селуянов. — Ну ребята, ну я не знаю прямо... Садисты вы! Человек наконец женится после стольких лет мучений, а вы все хотите порушить.

— Коленька, давай я буду твоим свидетелем, — предложила Настя. — Какая тебе разница?

— Это неприлично! Ты что? У невесты свидетелем выступает женщина, а у жениха — мужчина.

— Кто это сказал? — осведомилась она. — Где это написано?

— Так принято, — безапелляционно заявил Коля. — Так все делают.

— А ты сделаешь иначе. Правил на этот счет никаких нет.

— Валюшка расстроится, — он печально махнул рукой. — Она любит, чтобы все было по правилам.

— Коля, не надо себя обманывать, — сказал Коротков, — твоя Валентина сама работает в милиции и наши трудности понимает, как никто другой. В конце концов, молодая девушка, которая научилась водить машину раньше, чем ходить и разговаривать, и которая гоняет на ней не хуже заправского автогонщика, это тоже не по правилам. Кстати, друг мой, почему бы ей не пойти работать в ГАИ? Ей же нарушителя догнать и задержать — раз плюнуть. А она у тебя в паспортной службе отсиживается.

— Еще чего! — возмущенно откликнулся Селуянов. — Так я и пустил ее в ГАИ. Пусть в паспортном сидит, мне спокойнее, а то ведь испереживаюсь весь, не случилось ли с ней чего. Ладно, гады, уломали вы меня. Только если похороны к двум часам не закончатся, я все равно оттуда слиняю, мне еще переодеться надо перед регистрацией.

— Закончатся, не волнуйся, — успокоил его Коротков.

* * *

Взяв список фирм и учреждений, которые посетил выпущенный из-под стражи Георгий Дударев, Настя Каменская составила график, согласно которому она будет эти места отрабатывать. В первую очередь она обзвонила их и узнала, кто работает в субботу и в воскресенье, кто — только в субботу, а какие из них открыты лишь по будним дням. Закрытыми по выходным дням оказались государственные структуры, и с ними нужно было успеть разобраться еще сегодня, в пятницу. Посмотрев на часы, она поняла, что ехать домой краситься и переодеваться бессмысленно, она потеряет уйму времени и после этого мало куда успеет. Но появляться в конторах в том виде, в каком она привыкла ходить на работу, тоже глупо. Имидж не тот. Еще раз взглянув на адреса, где ей необходимо было сегодня побывать, она решила, что целесообразнее всего воспользоваться помощью Дашеньки. Если съездить к ней переодеться и подкраситься, то можно сэкономить по меньшей мере час, а это уже хорошо.

— Ты найдешь, во что меня одеть? — спросила она жену брата по телефону.

— Смотря для чего.

Даша была существом необыкновенно обстоятельным и к вопросам одежды и внешнего вида относилась более чем серьезно. По образованию она была стилистом, в вопросах моды, макияжа и приличий разбиралась прекрасно, а кроме того, до замужества работала продавцом женской одежды в дорогом бутике.

— Я должна быть женщиной, которая хочет найти работу секретаря-референта и стремится выглядеть соответственно.

— А во что ты сейчас одета?

— Как обычно: джинсы, майка, теннисные туфли.

— Джинсы какие?

— «Грекоф».

— Черные?

— Нет, синие.

— Не пойдет, — решительно заявила Даша. — Я спросила, потому что думала, что на тебе надето что-нибудь приличное и нужно просто кое-что добавить. Но тут и добавлять нечего, надо все целиком подбирать. Ты через сколько приедешь?

— Минут через сорок — сорок пять.

— Жду, — по-деловому коротко ответила она.

Через сорок пять минут Настя стояла перед широченной супружеской кроватью в квартире своего сводного брата. На кровати аккуратно были разложены блузки-топы, легкие пиджаки и узкие юбки. Даша, как заводная, носилась по огромной квартире, присматривая одновременно за готовящимся обедом, трехлетним сыном Сашенькой, который своей энергичностью и любознательностью превзошел обоих родителей, вместе взятых, и за Настей, которая, по ее мнению, «обязательно оденется как-нибудь не так, если за ней не проследить».

— Снимай этот топ, — командовала Даша, держа в руке поварешку, которой она только что снимала пробу с борща. — У тебя из него грудь вываливается. Примерь вон тот лучше.

— Тот мне не нравится, — возражала Настя.

— А тебя никто не спрашивает, нравится тебе или нет. Ты должна понравиться своему работодателю, а не блузка — тебе, ясно? Саша! Отойди от плиты, ничего там не трогай!

Она пулей умчалась на кухню и уже через несколько секунд снова стояла рядом с Настей.

— К этому топу нужна бордовая юбка.

— Но я хочу черную, — сопротивлялась Настя.

— Мало ли чего ты хочешь. С черной будет слишком мрачно, ты же не в похоронное бюро идешь наниматься на работу. Бордовый цвет элегантный, строгий и в то же время нарядный. И вообще запомни, этот цвет называется «моченая брусника».

— Твоя моченая брусника очень короткая. Я буду выглядеть в ней как непотребная девка.

— Не выдумывай, пожалуйста. Девки выглядят непотребными не оттого, что на них юбки короткие, а оттого, что у них глаза проститутские.

Настя от души расхохоталась.

— Какие, какие у них глаза?

— Ну Настя, не заставляй меня произносить вслух неприличные слова. Ты сама знаешь, какие у них глаза. Вот видишь, юбка смотрится на тебе просто замечательно. У тебя же такие красивые ноги, а ты их вечно в джинсы укутываешь. Теперь давай пиджак подбирать.

— Может, не надо? — с сомнением спросила Настя. — Куда пиджак-то в такую жару, я же умру в нем.

— Интересно ты рассуждаешь! Приличный секретарь-референт в приличном офисе должен всегда выглядеть прилично, в любую погоду. И ты должна одним своим внешним видом показать, что ты это понимаешь и разделяешь. А то явишься в майке с полуголой грудью — и там сразу подумают, что ты и на работу так ходить собралась. Это несерьезно.

Тяжело вздохнув, Настя примерила пиджаки и выбрала один, с короткими рукавами.

— Пойдет?

— Пойдет, — одобрительно кивнула Даша. — Иди делай макияж, и будем обедать. Перед уходом босоножки тебе подберем, и полный вперед.

— Дашуня, с обедом, боюсь, не выйдет. У меня времени совсем нет.

— Ничего не знаю и слушать не хочу, — Даша отчаянно замотала головой, отчего ее густые, медового цвета волосы буквально взвихрились вокруг нежного личика с огромными синими глазами.

Настя посмотрела на часы и прикинула, что можно попытаться сэкономить время на косметике, но все-таки пообедать, чтобы не расстраивать Дашеньку. В конце концов, она же не делает сложный грим, чтобы ее нельзя было узнать. Она всего лишь приводит лицо в порядок, чтобы оно не выглядело блеклым и невыразительным.

— Уговорила, — улыбнулась она, — только в хорошем темпе.

* * *

— Что вы умеете? — спрашивали ее.

Настя старательно отвечала:

— Пять иностранных языков, в том числе английский и французский, владею компьютером на уровне пользователя, есть основы программирования, могу работать со статистикой, могу редактировать.

Она выглядела женщиной в «хорошем возрасте» — не юная свистушка, но и не старуха, привлекательная и элегантно одетая.

— На какой оклад вы претендуете?

— Не меньше шестисот долларов, — отвечала она, понимая, что цифра выглядит по меньшей мере смешно.

Но ей и нужно было, чтобы выглядело смешно, она должна казаться непритязательной и не ценящей своих достоинств. Потому что ей нужно было задать свой главный вопрос, а для этого требовалось, чтобы с ней по крайней мере начали разговаривать и заинтересовались. Когда наступал подходящий момент, она говорила:

— Вы знаете, мы с мужем беженцы из Казахстана, там русских не жалуют, мы оба сейчас без работы. Может быть, у вас найдется что-нибудь для него?

— Что он умеет?

— Он профессиональный военный, недавно уволился в запас, в прекрасной физической форме. Воевал в Афганистане и в Чечне, владеет единоборствами, специалист по организации охраны.

И чаще всего слышала в ответ:

— К сожалению, такие работники нам не нужны.

Или:

— Мы недавно нашли подходящего человека на такую работу, вы немного опоздали.

Что ж, это понятно, уволенных из армии или из милиции профессионалов, которые хотят найти работу в коммерческих структурах, куда больше, нежели молодых привлекательных женщин с длинными ногами, знающих пять иностранных языков и владеющих компьютером.

К восьми часам вечера, когда закрылось последнее из намеченных Настей учреждений, она была совершенно вымотанной. Ноги, отекшие на жаре, срослись с босоножками, казалось, навсегда, а шелковый пиджак весил, по ее представлениям, никак не меньше трех пудов и всем этим немаленьким весом давил на плечи.

Переступив порог своей квартиры, она швырнула на пол пакет, в котором таскала полдня джинсы, майку и теннисные туфли, проковыляла на кухню и плюхнулась на стул, не в силах пошевелиться.

— Это что такое? — в изумлении спросил Алексей, выходя из комнаты. — Как ты выглядишь?

Он даже снял очки, чтобы лучше разглядеть жену. У Чистякова была дальнозоркость, и очки он надевал, когда читал или работал на компьютере.

— А как я выгляжу? По-моему, прилично.

— Весьма, весьма. — Он задумчиво оглядел ее с ног до головы. — Только помнится мне, утром ты выглядела как-то иначе. Или я заблуждаюсь?

— Нет, солнышко, ты никогда не заблуждаешься, ты до такой степени всегда бываешь прав, что иногда даже противно.

— Понятно. — Он усмехнулся и присел за стол. — И чьи это тряпочки? Уж точно не твои.

— Дашунькины. У меня не было времени ехать домой переодеваться, я к ней заскочила, это намного ближе.

— По какому поводу маскарад?

— На работу устраиваюсь. Леш, есть хочется. И босоножки было бы неплохо снять. Поможешь?

— Помогу, конечно, инвалидка ты моя любимая.

Он нагнулся, чтобы расстегнуть ремешки, и расстроенно охнул.

— Ты ноги в кровь стерла. Неужели сама не чувствуешь?

— Чувствую, что больно. Ладно, Бог с ними. Завтра что-нибудь попроще надену.

— А что, завтра снова устраиваться на работу?

— Боюсь, что и послезавтра тоже. А может быть, и в

понедельник, если не повезет. И завтра мы с тобой идем на свадьбу к другу Селуянову. Ты не забыл?

— Забыл, — честно признался Чистяков. — А подарок у нас есть?

— Нету. Но завтра еще целых полдня, можно успеть.

— Ну да, я так полагаю, что успевать придется мне, поскольку ты идешь на работу устраиваться.

— Лешенька, — простонала Настя, — я несчастная, уставшая, голодная и со стертыми в кровь ногами. Пожалей, а?

Конечно, Алексей пожалел ее, как жалел всегда. Аккуратно отсоединив кожу босоножек от кожи ног, он обработал стертые места лекарством, помог Насте переодеться, не вставая со стула, и приготовил ужин. Покормив жену, он снова внимательно осмотрел ее ноги и покачал головой.

— Пожалуй, завтра ты много не прошагаешь, это до утра не заживет.

— Выхода нет, — ответила Настя равнодушно, — все равно придется.

— Может, машину возьмешь? — предложил он. — Завтра ездить будет легко: все с утра на дачи рванут, и после одиннадцати дороги опустеют.

— Да ну ее, — Настя вяло махнула рукой, — я на метро как-нибудь.

— Не как-нибудь, а возьмешь машину, — строго сказал Алексей. — Иначе послезавтра ты даже в домашних тапках ходить не сможешь.

Она понимала, что Чистяков, как всегда, прав. И тот факт, что она терпеть не может водить машину, ни в коей мере не умаляет его правоты.

* * *

Наконец-то Ольге Ермиловой удалось найти адвоката. Конечно, не того, который был ей нужен, но по крайней мере того, кто поможет советом. Телефон адвоката дала ей коллега по работе, сказав, что он вообще-то специализируется на делах несовершеннолетних, но поскольку работает в адвокатуре Бог знает сколько лет, то может посоветовать, к кому ей лучше обратиться.

Адвокат оказался представительным пожилым мужчиной с хорошими манерами и приятным голосом. Он согласился принять Ольгу и проконсультировать ее.

— Вам нужен хороший специалист или деловой человек? — спросил он без обиняков.

Ольга подавленно молчала, она не могла заставить себя вслух произнести то, о чем все время думала. Даже мысли эти она старалась гнать от себя, но они все время возвращались.

— Понятно, — улыбнулся старый адвокат. — Вы не уверены в невиновности вашего друга?

Она слабо кивнула.

— Тогда вам нужен тот, кто может развалить дело. Я правильно вас понял?

Ольга снова кивнула, испытывая неимоверный стыд. Сомнения в невиновности Георгия грызли ее все сильнее, и от этого она становилась неприятна сама себе.

Старый адвокат полистал записную книжку и продиктовал ей имя и номер телефона.

— Я думаю, это то, что вам нужно. Поговорите с ним, он занимается адвокатской практикой недавно и может показаться вам не очень опытным, но дело в том, что раньше он работал в милиции и отлично знает, какие прорехи бывают у следствия.

— Спасибо, — поблагодарила его Ольга. — Можно я от вас позвоню ему? Не хочется терять время.

Ей повезло, она дозвонилась с первого же раза, и невидимый человек с высоким мальчишеским голосом согласился встретиться.

Ехать пришлось на другой конец Москвы, но Ольга не замечала дороги, все мысли ее вертелись вокруг Георгия. Зачем она ввязалась в этот роман? Почему не подумала о том, что Михаил может узнать и для него это будет огромным ударом? Как получилось, что минуты нежных романтических свиданий смогли перечеркнуть все то, что связывало ее с мужем?

Дверь ей открыл молодой человек совершенно несерьезного вида. Волосы его были мокрыми, капли воды блестели на загорелых руках. Видно, он только что принимал душ. Поймав ее взгляд, он весело улыбнулся.

— Единственный способ борьбы с жарой в условиях квартиры — это принимать душ и не вытираться. Хватает минут на сорок. Не пробовали?

— Нет. — Она не удержалась и тоже улыбнулась в ответ.

— Проходите, пожалуйста. Ольга Васильевна, я не ошибся?

— Не ошиблись. А вы — Анатолий Леонидович?

— Он самый. Присаживайтесь, рассказывайте, что у вас случилось.

Ольга сильно волновалась, но старалась изо всех сил, чтобы рассказ получился связным и понятным. Анатолий слушал, как ей казалось, невнимательно, смотрел куда-то в сторону и ничего не записывал. Он ей уже не нравился, казался ненадежным и слишком малоопытным, слишком молодым и легкомысленным, но, с другой стороны, его рекомендовал такой солидный человек...

— Я понял вас, — Анатолий прервал ее на полуслове. — Дальше можете не рассказывать. Пока. Скажите-ка мне, только честно: ваш Дударев — убийца? Это он убил жену?

Ольга запнулась. Теперь Анатолий смотрел на нее внимательно и не отрываясь. Она поняла, что хочет того или нет, а отвечать придется.

— Я не знаю, — с трудом выдавила она. — Он говорит, что не убивал.

— А вы ему верите?

— Я не знаю. Иногда мне кажется, что верю, иногда — нет. Я не знаю. Но я должна ему помочь, понимаете? Я должна сделать все, чтобы его не посадили.

— А что будет, если его все-таки посадят? Вы не переживете разлуки с ним? — спросил Анатолий.

— Переживу. Но его не должны посадить. Он на меня надеется, и я не могу его подвести. У него в Москве нет никого, кроме меня, на кого он мог бы положиться.

— Знаете, — Анатолий снова улыбнулся, на этот раз вовсе не по-мальчишески, а как-то очень серьезно, — у меня есть твердое убеждение, что женская интуиция — лучший источник знания. Если вы сомневаетесь в невиновности вашего возлюбленного, то скорее всего он действительно преступник. Сомнения в любящую душу закрадываются не по пустякам, а только тогда, когда к этому есть серьезные основания. Поэтому давайте исходить из того, что вашего Дударева есть за что посадить, а наша с вами задача этого не допустить. Сделать это очень просто, если вы мне поможете.

— Как? — встрепенулась Ольга.

Она никак не ожидала такого ответа, она готовилась услышать слова о том, что защитить Георгия будет трудно, почти невозможно.

— У нас с вами есть два пути, Ольга Васильевна. И идти мы будем обоими одновременно. Какой главный аргумент у следствия? Мотив. У Дударева был мотив для убийства жены. Она завела серьезный роман и намеревалась расторгнуть брак, оставив вашего друга у разбитого корыта, поскольку вся недвижимость принадлежит ей, а у него даже жилья своего в Москве нет. В этой логической посылке мы видим два звена. Первое звено — вопросы собственности — мы оспорить никак не можем, поскольку они закреплены официально. Второе звено — наличие у покойной жены любовника и намерений развестись и вступить в новый брак — можно подвергнуть сомнению. Это не может быть зарегистрировано официально ни в каком виде, это существует только на словах, то есть в показаниях свидетелей. А такие вещи всегда можно опровергнуть. И если нам с вами удастся это сделать, то окажется, что браку ничто не угрожало. Таким образом, исчезнет мотив для убийства. И это будет наш с вами первый путь. Согласны?

— Согласна, — быстро ответила Ольга, радуясь, что адвокат без лишних слов приступил к делу и уже придумал, как и что нужно делать. Нет, пожалуй, он не такой уж неопытный и легкомысленный, как ей показалось вначале. — А какой второй путь?

— Второй путь может показаться вам куда менее приятным, но его тоже необходимо будет пройти, если вы хотите попытаться спасти своего друга. Мы с вами докажем, что ваш муж давно знал о вашей измене, более того, он точно знал, с кем именно вы ему изменяете.

— Но это же неправда, — возмутилась она. — Он ничего не знал до тех пор, пока я сама ему не сказала.

— Ну мало ли что неправда! А нам с вами нужно, чтобы это оказалось правдой. И мы этого добьемся.

— Зачем? Что вам это даст?

— Очень многое, дорогая Ольга Васильевна. Как вы думаете, почему ваш муж вынужден был отдать дело другому следователю? Из личных побуждений? Да ничего подобного. Закон требует. В законе четко прописано, что человек, ведущий предварительное расследование, не должен находиться в каких бы то ни было отношениях с подследственным. Ни в родственных, ни в приятельских. А уж тем более не в таких пикантных, как оказался ваш супруг. Следствие должно быть беспристрастным, а какое же может быть беспристрастие, если следователь — обманутый муж, а подследственный — счастливый соперник? В этих случаях следователь обязан заявить самоотвод, что ваш муж и сделал. Но до этого момента он целые сутки работал по делу, собирал доказательства, допрашивал свидетелей, выдвигал версии и их обосновывал. Мы с вами знаем, что он был при этом совершенно беспристрастен, поскольку не ведал, кто перед ним сидит. Но это знаем мы с вами и ваш муж. А все остальные должны думать, что это не так, что он с самого начала знал, как обстоит дело, и вел следствие неправомочно и, что самое главное, предвзято. У нас есть основания подозревать, что следователь Ермилов, зная о том, что муж потерпевшей Дударевой является любовником его жены Ольги Ермиловой, скрыл этот факт и вел следствие, имея намерение собрать или даже фальсифицировать доказательства вины Дударева, чтобы отомстить ему. Иными словами, мы можем подозревать следователя Ермилова в обвинительном уклоне. Вам понятно то, что я сказал?

— Не совсем, — призналась Ольга. — Какое отношение это имеет к обвинению Георгия? Как это может помочь доказать, что он не убивал?

— Отношение самое прямое. Мы подвергаем сомнению материалы предварительного расследования. Если в суде выяснится, что огромная часть доказательств собрана неправомочно, дело направят на дополнительное расследование. То есть вернут обратно следователям. Времени пройдет много, пока это случится, и собрать заново свидетельские показания точно в том же виде, в каком это успел сделать ваш муж, уже никому не удастся. Кто-то уедет, кто-то что-то забудет, что-то обдумает и преподнесет в совершенно другом виде. Ну и мы, со своей стороны, этому процессу поспособствуем, идя по первому из намеченных путей.

— Значит, нужно ждать до суда? — испуганно спросила она. — Неужели ничего нельзя сделать, чтобы все прекратилось прямо сейчас?

— Дорогая Ольга Васильевна, вы требуете от меня невозможного. Дело уже возбуждено, следствие уже идет, ваш Георгий уже числится подозреваемым, и остановить это не может никто и ничто, кроме человека, который придет в милицию и напишет явку с повинной, признавшись в совершении преступления. Как я понимаю, такой человек вряд ли существует в природе. Если бы вы сказали мне, что убийство госпожи Дударевой совершил не ее муж, а кто-то третий, и вы точно знаете, кто он или хотя бы из каких побуждений он это сделал, я бы действовал по-другому. Тогда моя задача была бы в том, чтобы доказать, что ваш друг убийства не совершал, и не допустить осуждения невиновного. А поскольку преступление совершил все-таки Дударев, то моя задача — не дать осудить конкретно Дударева, иными словами — развалить дело. Я не могу оспаривать его виновность, я могу только поставить под сомнение материалы следствия и приложить максимум усилий, чтобы повторное следствие не смогло собрать доказательств его вины. Так что решайте, будем мы с вами вместе работать или нет. Выбор за вами.

Выбор... Как будто у нее есть выбор! Она и этого-то адвоката с трудом нашла, нет у нее связей и знакомств в юридическом мире. И хоть не нравится ей то, что предлагает этот молоденький Анатолий Леонидович, умом она понимает, что это правильно. Только через какое унижение и позор придется пройти, публично доказывая в суде, что Михаил давно знал о ее измене! Она не только вынесет на всеобщее обсуждение семейное грязное белье, но и навредит служебной карьере мужа. Он ведь не знал ничего, а она будет стараться его оболгать. Ему-то за что такое испытание? Он-то чем провинился? Она сама — ладно, она сама виновата, за это и будет наказана, да что там будет — уже наказана, но Михаил...

— Знаете, — неуверенно начала Ольга, — я бы не хотела вредить мужу. У него будут неприятности по службе, если все будут думать, что он с самого начала знал про Георгия, но не отказался от дела?

— Да что вы, — рассмеялся Анатолий, — никаких неприятностей. Во-первых, все отнесутся к этому с пониманием и будут во всем обвинять подлеца-адвоката и перестраховщиков-судей, а вовсе не вашего мужа. Милиция вообще не жалует адвокатуру и суд и готова свалить на них все смертные грехи. Во-вторых, ситуация по-житейски очень понятная и, кроме сочувствия, ничего не вызовет. В-третьих, следователи на дороге не валяются, а особенно такие, как ваш супруг, с многолетним стажем работы. Чтобы такого уволить или вообще хоть как-то помешать его карьере, нужно знаете сколько всего? Куча. За него будут руками и ногами держаться, только чтобы продолжал работать. И простые человеческие чувства в форме банальной ревности ему наверняка простят. Но закон — это не сослуживцы, он к таким сантиментам не приспособлен. Так что собранные вашим супругом материалы будут считаться недействительными, опороченными, а этого нам с вами и надо.

Ольга чувствовала, как сердце ее разрывается. Надо спасать Георгия, это обсуждению не подлежит, но такой ли ценой? Быстрого решения не получалось.

— Я должна подумать, — сказала она. — Можно?

— Ну конечно. Думайте. Надумаете — звоните, начнем работать.

Он проводил ее до двери и, судя по быстро удаляющимся шагам, снова побежал принимать душ. Ольга побрела к метро, пытаясь собраться с мыслями. Двое мужчин — муж и любовник. Один нуждается в помощи, другой в ней не нуждается. Казалось бы, все просто. Но приходится защищать одного, нанося вред другому. Защищать мужа — означает не спасти Георгия. Защищать Георгия — подставить Михаила. Кому отдать предпочтение? Неизвестно. Конечно, можно было бы вести расчет исходя из любви. Муж от нее отвернулся, во всяком случае сейчас, и неизвестно, собирается он ее прощать или нет. Георгий бросился к ней за помощью, но он такой... Чужой. Отстраненный. Он стал грубым и жестким. И он, кажется, убийца. Она не сможет больше относиться к нему с той же теплотой и нежностью, как раньше. Но она не может не помочь мужчине, которого любила, а может быть, и до сих пор любит, если он попросил ее о помощи. Но ведь Михаил тоже ее любил, а может быть, и до сих пор любит. И он ничем не заслужил то, что она собирается на него обрушить. Хотя Михаил такой сильный, уверенный в себе, у него есть жилье, есть работа, есть будущее, а у Георгия нет ничего, ни работы, ни будущего. Ну что это за жизнь, пусть и в роскошной квартире или в просторном загородном доме, но без дела, без жены, без детей. Он остался богатым вдовцом, но ведь он так одинок, и сама Ольга собирается его бросить.

Как все запуталось! И как трудно принять верное решение. Она села на скамейку, не дойдя до метро, вытащила сигареты, закурила. Обычно она курила совсем мало, даже не каждый день, но после того, как все случилось, выкуривала по полторы пачки в сутки. Именно в сутки, а не в день, потому что почти не спала.

Что двигало ею, когда она давала себе слово помочь Георгию во что бы то ни стало, хотя и решила прекратить любовные отношения с ним? Ею двигало понимание того, что нельзя обмануть доверие, нельзя обмануть надежду, которая на тебя возлагается. Георгий ей верит и на нее надеется. Михаил ей все равно больше не верит и ни в чем на нее не надеется. Так что мужа она не обманет. Вот и решение.

Она выбросила окурок и вошла в вестибюль метро. Найдя автомат, вставила телефонную карту и, глядя в зажатый в руке листок бумаги, набрала номер. Когда сняли трубку, она сказала:

— Это Ольга Васильевна. Я согласна.

Глава 5

Субботние походы в попытках устроиться на работу успеха тоже не принесли. Настя честно отработала около десятка фирм, мысленно благодаря мужа, который заставил-таки ее взять машину, и к трем часам помчалась на Плющиху в Хамовнический загс. Она очень старалась не опоздать и приехала без двух минут три. Селуянов в светлом легком костюме беззаботно покуривал на улице перед дверью, а Валентина в роскошном свадебном платье нервно прохаживалась взад-вперед, оглядывалась и кусала губы. Увидев Настю, она бросилась к ней.

— Ну слава Богу, наконец-то!

— Вот дурочка, — добродушно бросил Николай, — и чего ты волновалась? Я же тебе сто раз говорил, что наша Ася никогда никуда не опаздывает.

— Да я не этого боялась. А вдруг с ней что-то случилось, а мы тут жениться собираемся.

— Ничего с ней не случилось, жива-здорова. Зови свою подружку, и пойдем.

Настя честно отстояла торжественную церемонию и расписалась в качестве свидетеля со стороны жениха, вспоминая, как сама три года назад выходила замуж. И чем все это кончилось. В тот самый момент, когда они с Алексеем ставили свои подписи в регистрационной книге, в том загсе убили невесту. И весь ее «свадебный» отпуск прошел в поисках таинственного убийцы. Конечно, в конце концов они его вычислили и нашли, но слишком поздно...

Когда молодые вместе со свидетелями и гостями вышли на улицу, Селуянов во весь голос заявил:

— Прежде чем свадебный кортеж двинется к накрытому столу, предлагается двадцатиминутный перекур на свежем воздухе.

Гости, собравшиеся к половине третьего и добросовестно ожидавшие церемонии в холле, где курить было запрещено, радостно защелкали зажигалками. Родители невесты тут же призвали дочь к себе и о чем-то оживленно заговорили с ней, а Селуянов поманил Настю в сторонку.

— Ну что у тебя? — спросил он вполголоса.

— Пусто — пусто, как в домино. А у тебя?

— Похоронили мы Елену Петровну, — деловито сообщил Николай. — Коротков оказался прав, к часу дня все закончилось, он меня сменил и поехал надзирать за поминками.

— А контакты Дударева?

— Отследили. Во-первых, трое его армейских друзей, во-вторых, у Дударева какие-то подозрительно тесные связи с сотрудниками фирмы, которую возглавляла его убиенная супруга. Знаешь, у меня возникла бредовая идея, что в ее смерти был заинтересован не только Дударев, который хотел остаться богатым вдовцом, но и работники фирмы. И это была их совместная акция. Две заинтересованные стороны договорились и устранили третью, которая обеим сторонам мешала.

— Может быть, — задумчиво кивнула Настя. — Тогда понятно, почему мы не заметили тот контакт Дударева, при котором он должен был предупредить сообщника. Сообщники находятся в «Турелле», а с ними он общался неоднократно по телефону и даже пару раз ездил туда.

— Якобы решать вопрос с организацией похорон и поминок, — добавил Николай.

— Якобы. Любопытно... Надо Гмыре сказать, пусть подумает в этом направлении.

— Коля! — раздался звонкий голосок Валентины. — Народ уже обкурился весь и хочет застолья.

— Все, Ася, поехали, — Николай решительно взял Настю за плечо.

— Коленька, давай я попозже подъеду, ладно? Я бы еще две-три фирмы объехала, пока они не закрылись.

— Валяй, — кивнул Селуянов. — Адрес помнишь?

— Конечно, — засмеялась она. — Я же у тебя много раз была.

— Только не поздно, — попросил он. — Постараешься?

— Как только закроется последняя контора, я вся твоя.

Она уже садилась в машину, когда услышала голос Селуянова:

— Эй, профессора своего не забудь привезти!

Настя снова начала походы по организациям, указанным в списке. «Нет, для вашего мужа, к сожалению, у нас ничего нет... Нет, референты нам не нужны... Мы рассмотрим ваше предложение...»

— Ой, это как раз то, что нам нужно, — горячо заговорила женщина, к которой направили Настю в очередной фирме, — мы никак не можем найти подходящего начальника охраны. У нас же склады огромные, и нам нужен человек, который знает, как расставлять посты, куда ставить сигнализацию и все такое. Вашему мужу это подошло бы?

— Разумеется, — Настя изобразила радость, впрочем, почти не наигранную. Неужели нашла? — Просто удивительно, что у вас проблемы с такими сотрудниками.

Я обошла уже два десятка фирм, и нигде не нужны бывшие военные. Я уж ни на что и не надеялась... Знаете, мой муж тоже ездит повсюду, ищет место, так он говорит, что такие, как он, в каждую фирму по три раза в день приходят.

— Может быть, куда-то и приходят, только не к нам, — женщина вздохнула. — Военные отчего-то сторонятся торговых фирм, им, наверное, кажется, что торговать — стыдно. Во всяком случае, к нам они не заходят.

— Ну что ж, значит, мне повезло, — Настя улыбнулась. — Хотя именно в вашей фирме я действительно ни на что не надеялась. То есть надеялась, что, может быть, у вас найдется работа для меня, но уж для мужа — точно нет.

— Да почему же?

— Дело в том, что здесь, в Москве, много ребят из нашего гарнизона, мы все время перезваниваемся, обсуждаем, кто нашел работу, кто — нет. И вот как раз вчера один из сослуживцев мужа сказал, что был в вашей фирме и ему отказали.

— Не может быть! — уверенно откликнулась женщина. — Я всю неделю работала, никакой военный ко мне не приходил. Может быть, он перепутал название, он не у нас был?

— Нет, название точное и адрес тоже. Может быть, он не с вами разговаривал?

— А с кем же еще? Хотя, впрочем... Погодите-ка! Я сейчас проверю, если эта вертихвостка опять все перепутала, я ей уши надеру.

Она стала набирать номер телефона.

— Есть у нас такая свистушка, которая обожает строить из себя жутко информированную, дает всем подряд справки по всем вопросам, даже если не знает толком, вместо того чтобы отправить к компетентному сотруднику. Алло, Алена? А где Галя? Позови-ка ее. Галя, в последние дни военные не обращались насчет работы? Нет? Точно? Я имею в виду бывшие армейские. Ты же знаешь, нам нужен начальник охраны. Не было? Ну ладно.

Она положила трубку и недоуменно взглянула на Настю.

— Ваш знакомый что-то перепутал, он был явно не у нас.

— Да ладно, какое это имеет значение, — Настя беззаботно махнула рукой. — Может, и перепутал. Главное, что я работу для мужа нашла. А сколько вы платите?

Она задала еще несколько вопросов, чтобы продемонстрировать заинтересованность, спросила, когда муж может приехать для собеседования, поблагодарила и откланялась. Все. Можно ехать к Селуянову.

Выйдя на улицу, она нашла автомат и позвонила домой.

— Лешик, что у нас с подарком?

— Купил. А ты где, собственно говоря?

— У черта на рогах где-то в Чертанове, но я уже освободилась. Какие будут указания?

— Я вот думаю, может быть, тебе заехать домой оставить машину, — предложил Чистяков. — И вместе поедем к Коле.

— А зачем? — глупо спросила она.

— Ну как зачем? Ты что, на свадьбе друга ни грамма не выпьешь? Ты же нормальная. И я выпью. А как потом машину вести?

— И то верно. Я как-то не подумала. Давай я не буду

пить, я же не любитель этого дела, а тут и повод есть. В такую жару пить — это самоубийство.

— Ты права. Говори, куда мне подъехать.

— Двигай на «Площадь Революции». Я буду ждать на парковке у Манежа.

Повесив трубку, Настя тут же вновь набрала номер. Она звонила следователю Гмыре.

— Борис Витальевич, я нашла фирму, куда Дударев приходил не по поводу работы. Да, ее отрабатывал Зарубин, и ему сказали, что он интересовался работой. А мне только что заявили, что никакой военный устраиваться на работу в ближайшие дни к ним не приходил.

Она продиктовала название фирмы и адрес. Вот теперь действительно все. Можно отдыхать.

* * *

В жаркие дни это случается со многими: человек не выдерживает и пьет ледяную воду или, что еще хуже, ледяное молоко из холодильника. И в результате получает ангину. Именно это и произошло с Артемом Кипиани. К вечеру температура поднялась до 38,8, а горло болело так, словно в него запихнули рулон наждачной бумаги, пропитанной перцем. Пришедшему с утра пораньше Денису Екатерина оставила подробнейшие указания, какие таблетки и когда давать, из чего готовить полоскания, не выходить на улицу, не устраивать сквозняк и желательно не разрешать Артему вставать, поскольку ангина с температурой может дать осложнение на сердце. Мать без колебания оставила сына на попечение товарища, ибо была абсолютно уверена: ответственный и обязательный Денис ни на йоту не отступит от указаний и сделает все в лучшем виде. За три года их дружбы она сумела убедиться в этом неоднократно.

Как только за родителями закрылась дверь, Артем тут же откинул одеяло и спустил ноги на пол.

— Куда ты? Тетя Катя сказала, что тебе вставать нельзя, — всполошился Денис.

— Подумаешь! Я отлично себя чувствую.

— У тебя температура.

— Ну и что? Я не могу лежать все время как бревно. Давай заниматься. Что мы сегодня будем пробовать?

Денис решил не спорить. Конечно, было бы лучше, если бы Артем был совершенно беспомощным и лежал в постели, а он, Денис, мог бы за ним преданно ухаживать, и тогда Артем понял бы, что его товарищ незаменим. Но предложение позаниматься его тоже устроило, ибо предполагалось, что заниматься они будут именно тем, чему научил Артема сам Денис. Вот уже три дня они беспрерывно экспериментировали сами с собой, сначала выполняя те ключевые идеомоторные упражнения, которые показал очкарик Вадим, а потом стали пробовать самые разные движения, чтобы лишний раз убедиться в собственном могуществе. Стоит только приказать любой части тела и расслабиться, и она покорно выполнит приказ. Это приводило юношей в неописуемый восторг и пробуждало жажду пробовать еще и еще.

— Давай попробуем ноги поднимать. А вдруг получится? — предложил Денис.

Они улеглись на пол и занялись упражнениями. С ногами пока получалось плохо, и Артем вскоре устал. Давала себя знать температура, хоть он и бодрился, стараясь казаться здоровым. Денис уложил его в постель и присел рядом в кресло.

— Хочешь, я тебе почитаю?

— Не надо. Давай лучше помолчим, — попросил Артем.

Денис снова напрягся. Неужели опять начинается? Выходит, интересных фокусов, показанных случайным знакомым, хватило ненадолго, и Артем вновь стремится уйти от него в свои мысли. Денис надулся и взял книжку. Ну и ладно, он сам почитает.

— Суть не в зрении, а в надежде, — тихо проговорил Артем. — Правда, здорово? Только это не про меня.

— Почему?

— Мне не на что надеяться. Даже если я не ослепну полностью, лучше, чем сейчас, все равно не будет. Надеются обычно на чудо, на то, что что-то само по себе сделается или кто-то для тебя это сделает. А мне нужно упорно работать и радоваться каждому прожитому дню, радоваться, что я еще хоть немного вижу и прожил этот день не в полной темноте. Есть такие компьютеры, которые сами записывают ноты, если их подсоединить к инструменту. Ты играешь, а он записывает. Мне нужен такой компьютер, я буду писать музыку.

— Я думал, ты хочешь быть пианистом, — сказал Денис удивленно.

— Ну что ты, какой из меня пианист? Ты сам подумай. Я, конечно, хорошо играю, но ты же не можешь всю жизнь сидеть около меня и разбирать со мной ноты.

«Я буду, буду сидеть около тебя! — хотелось крикнуть Денису. — Я готов сидеть с тобой день и ночь и помогать тебе. Ну почему ты не хочешь этого?»

— Это займет массу времени, — продолжал Артем. — Только на то, чтобы выучить партитуру, уйдут месяцы, я ведь не смогу читать ее с листа. Зато я настолько хорошо владею роялем, что могу сыграть из головы все, что угодно. Папа говорит, что экспромты у меня получаются неплохо. Если я буду много заниматься, то смогу, наверное, стать композитором, как ты думаешь?

«А я? — мысленно спросил Денис. — А как же я? Ты будешь пользоваться компьютером, и я больше не буду тебе нужен».

— Чтобы стать композитором, надо учиться в консерватории, — авторитетно заявил он, стараясь, чтобы голос звучал уверенно и непререкаемо. — Ты же не сможешь там учиться.

— Смогу.

— Так же, как в школе? — с надеждой спросил Денис.

— Вряд ли. Ты ведь не сможешь мне помогать, так что придется приспосабливаться как-то по-другому.

— Почему это я не смогу помогать? Думаешь, я тупой совсем? Я тебе все время помогал, даже когда ты на класс старше учился. Я же справлялся с твоей программой.

— Да не в этом дело, Дениска, — мягко сказал Артем, и Дениса покоробило это уменьшительное имя. — Ты не можешь постоянно быть рядом со мной.

— Почему это? Я смогу, вот увидишь.

— Нет. У тебя должна быть своя жизнь и своя работа. Ты не можешь быть нянькой при мне. И не должен.

— Скажи сразу, что я тебе надоел, — вспыхнул Денис. — Ты что, хочешь от меня отделаться?

Артем привстал в постели и закрутил головой, стараясь поймать товарища в фокус.

— Зачем ты так говоришь? — с упреком сказал он. — Ты мой друг, самый близкий и единственный. Но скоро все будет по-другому. В сентябре ты снова пойдешь в школу, а я уже нет. До сентября мы с тобой еще вместе, а потом нам придется начинать жить отдельно друг от друга, понимаешь? Пройдет еще год-два, и у тебя появится девушка, тебе понадобится много свободного времени, чтобы с ней встречаться. Тебе нужно будет где-то учиться, чтобы получить профессию. Тебе нужно будет жениться и заниматься своей семьей. Ты, наверное, пока еще этого не понимаешь, но так обязательно будет. И я превращусь для тебя в обузу.

— Никогда! — горячо заговорил Денис. — И думать так не смей. Не нужна мне никакая девушка, и семья мне не нужна. Ты никогда не будешь мне обузой, я всегда с радостью...

— Хватит об этом, — прервал его Артем. — Жизнь такова, какова она есть. Лучше скажи, тебе не попадались диски или кассеты с песнями Ирины Астапкиной?

«Ну вот, — удрученно подумал Денис, — снова Астапкина. Сейчас он и про Каменскую вспомнит. Ничего не помогает, он отдаляется от меня, он думает, что может без меня обойтись. Как же его убедить?»

— Нет, — буркнул он, — я про такую певицу вообще не слышал.

— Я бы хотел послушать ее песни. Ты не мог бы сходить поискать, а? Может, ее записи где-нибудь продаются.

— Да нет их нигде, я даже имени такого не слышал.

— Не может быть, — упрямо покачал головой Артем. — Я позвоню Каменской и спрошу у нее, она наверняка знает, где можно послушать эти песни. Или хотя бы стихи почитать. Каменская ведь оставляла свой телефон, вот я и позвоню ей.

Денис запаниковал. Как это так — звонить Каменской? Он-то надеялся, что Артем уже выбросил ее из головы, а он, оказывается, все еще думает о ней.

— Это неудобно, — решительно сказал он. — Человек на такой ответственной работе, а ты по пустякам беспокоишь. Она рассердится.

— Она не рассердится. — Артем мечтательно улыбнулся. — У нее такой голос... Необыкновенный. И сама она необыкновенная. Я ее не видел толком, но я чувствую, что она не такая, как все милиционеры. Знаешь, на что похож ее голос?

— Голос как голос, — проворчал Денис, внутренне холодея.

Ну вот, началось, так он и знал. Артем вспомнил про Каменскую и готов разговаривать о ней часами. И что он в ней нашел? Старая тетка, родителям ровесница.

— Ее голос похож на «Лунный свет» Дебюсси. Помнишь, я в прошлом году часто его играл.

— Ничего общего, — громко заявил Денис.

— Ну как же ты не понимаешь, в «Лунном свете» нет ничего яркого, громкого, ни одного оформленного образа, все как будто приглушено и вот-вот растает. И голос у Каменской точно такой же. Будь добр, поищи на моем столе бумажку с ее телефоном, она где-то там должна лежать.

Нет, этого Денис допустить уже не мог. Артем не должен разговаривать с Каменской, он вообще не должен заводить какие бы то ни было отношения помимо Дениса и за его спиной.

— Да ладно, чего там, — как можно небрежнее сказал он, — она действительно занятой человек, зачем дергать ее по пустякам. Я схожу и поищу записи Астапкиной, если тебе уж так хочется.

— Сходи, — кивнул Артем. — И дай мне какую-нибудь таблетку от температуры, а то меня опять знобит.

Денис заботливо принес растворенный в горячей воде порошок, оставленный Екатериной, и дал выпить другу.

— Ты поспи, пока меня не будет, ладно?

— Ладно. Мне правда что-то спать хочется.

Артем завернулся в одеяло, а Денис посидел в кресле некоторое время, пока товарищ не уснул. Убедившись, что Артем дышит ровно и спокойно, он собрался уходить. Взгляд его упал на красный шарик, лежавший на письменном столе. Вот что надо сделать. Правильно. И тогда Артем поймет, что Денис может даже то, чего не смогла сделать Каменская. Денис докажет, что он умнее, сильнее и лучше этой тетки из милиции, которая, может быть, сама того не желая, стала вытеснять его из мыслей и сердца Артема.

С самого детства Денис Баженов знал, что мать его не любит. Вернее, как-то по-своему она, наверное, его любила, но такая любовь его не устраивала. Он постоянно чувствовал, да и не только чувствовал — знал точно, что он ей мешает. Алевтине было семнадцать, когда появился на свет ее сын, и ей, разумеется, было не до пеленок и детских кашек. К двадцати годам алкогольно-разгульный образ ее жизни уже сложился прочно, в двадцать два она родила еще одного ребенка, в двадцать пять — третьего. Второй и третий ребенок были ее слабыми попытками удержать возле себя мужчин и обрести наконец семейный очаг. Однако мужчины все равно ее бросали, а дети родились больными. И тогда Алевтина, сдав больных детей на попечение сердобольного государства, пустилась во все тяжкие, сочтя, что Дениска уже достаточно большой и ухода не требует, а когда нужно — с пониманием отнесется и пойдет погулять или поиграть к товарищу.

Денис, несмотря на юный возраст, принял вполне взрослое решение «сделать себя сам», старательно учился, а поскольку готовить уроки зачастую было негде, торчал допоздна в школе — то в библиотеке, то в группе продленного дня, куда его всегда пускали, а то и просто в пустом классе, на что школьные уборщицы смотрели сквозь пальцы. Учителя знали о его семейной ситуации и сочувствовали, хотя реально ничем помочь не могли. Именно поэтому завуч и назвала его имя, когда к ней обратился отец Артема.

Денис принял предложение помочь Артему с энтузиазмом. Во-первых, это хоть какие-то карманные деньги, которых у матери никогда не допросишься, она последнюю копейку готова была истратить на выпивку и закуску для своей компании. Во-вторых, это возможность заниматься не в классе, где галдят оставленные на продленку малыши, а в нормальных условиях. В-третьих, ему предоставлялась возможность заниматься по программе старшего класса, и Денису это казалось существенным. Он ведь стремится быть отличником. А то, что было в-четвертых, как-то незаметно, но очень быстро стало главным, единственным и определяющим. Он видел, что его любят, и знал, что он нужен. Без него невозможно обойтись. Артем без него скучает. Артем без него практически беспомощен. Артем нуждается в нем, как нуждаются в нем тетя Катя и дядя Тенгиз. Его балуют. Его берегут. Его лечат, когда он простужается. Его не забывают (в отличие от пьяницы матери) поздравить с днем рождения и подарки дарят не лишь бы какие, а выбранные любовно и с учетом его вкусов и интересов. Здесь, в семье Кипиани, он обрел свой дом, вторых родителей и старшего брата. И в этом доме он не жалкий приживалка, а человек, без которого не могут обойтись. Ощущение собственной важности и нужности радовало Дениса. Оно делало его счастливым.

И вдруг это ощущение собираются у него отобрать.

Душа его болела под наплывом неведомого ранее острого, раздирающего чувства. Он еще не знал, что у этого чувства есть очень простое название: ревность.

* * *

— Не все пристойно в Датском королевстве, — изрек следователь Гмыря. — А уж в фирме «Турелла» — тем более.

Туристическое агентство «Турелла» было закрытым акционерным обществом. Пайщики числом восемь (они же сотрудники фирмы) на собрании акционеров избрали совет директоров. Генеральным директором стала Елена Петровна Тумакова, впоследствии сменившая фамилию на Дудареву в связи с замужеством. Ей же принадлежал и контрольный пакет акций. Дивиденды по акциям начислялись в соответствии с полученной прибылью, а прибыль, как всем понятно, исчислялась исходя из финансовых документов. Однако с некоторого времени акционеры стали замечать, что уважаемая Елена Петровна, любящая поиграть в демократию и сама, лично, ведущая некоторых наиболее важных или престижных клиентов, увлекается черным налом и часть денег по документам не проводит. А коль по финансовым отчетам проходят меньшие суммы, стало быть, и прибыль исчисляется меньшая, и доходы акционеров не таковы, какими должны были бы быть. Акционеры, естественно, таким положением вещей не могли остаться довольны. Елене Петровне дали понять, что маневры не остались незамеченными, на что она на голубом глазу объяснила, что ей нужны наличные в интересах самой же фирмы. Взятки пожарным, например, давать нужно? Нужно. А санэпидемслужбе? Тоже нужно. Осуществлять срочный ремонт путем вызова дяди Пети — сантехника или Саши-электрика нужно? Нужно. Быстро съездить куда-нибудь по делам фирмы, когда служебная машина в разгоне и приходится брать такси. Покупать мелкие, а также не очень мелкие подарки для умасливания соответствующих сотрудников, от которых зависит бронирование билетов на нужный рейс или выдача визы, когда возникают проблемы, но нельзя потерять лицо перед важным клиентом. Она перечислила три десятка причин, по которым ей постоянно нужны наличные. Спорить с этим было трудно, причины были настоящими, не выдуманными, и акционеры это понимали, но вот проконтролировать, сколько из этого черного нала Елена Петровна тратит реально на дела фирмы, а сколько кладет себе в карман, было невозможно. Ропот поутих, и это прибавило госпоже Дударевой бодрости и энтузиазма. Она распоясалась вконец, господствовала в «Турелле» и потихоньку стала выживать самых строптивых. Люди терпели подолгу, ибо одним из уставных условий была принадлежность всего пакета акций только тем, кто работает в фирме. Если кто-то уходил, он обязан был продать свои акции «Турелле», чтобы они не ушли на сторону. Терять акции люди не хотели, но условия работы становились все более невыносимыми. Елена Петровна буквально травила тех, кто наиболее громко протестовал против черного нала, борясь за свои доходы.

Россия — страна пока еще, к сожалению, диковатая, только опытные и грамотные финансисты умеют бороться с врагами экономическими методами, а огромное большинство людей, после совковой нищеты дорвавшееся до приличных денег, но не обретшее экономических и правовых знаний, пользуется старым доморощенным, но многократно проверенным способом. Понятно, каким. Если кто-то мешает тебе, от него нужно избавиться. Если нельзя избавиться, произнеся заветные слова «уйди, пожалуйста, будь любезен», то можно просто уничтожить. Убить, одним словом.

— Можно предположить, что в «Турелле» задумали убийство ненавистной Дударевой и мягко подсказали Георгию Николаевичу, что ежели супруга его «кинет» и потребует развода, то он останется у разбитого корыта. Избавиться от Елены означало бы решить проблемы и мужа, и акционеров. На этой почве они и спелись, — высказался Селуянов, который, против ожидания, вовсе не выглядел помятым и похмельным. Вероятно, Валентина за два с половиной года знакомства окончательно отучила его напиваться в стельку и даже по случаю бракосочетания поблажки не дала.

— А как же акции? — спросил Сергей Зарубин. — Ведь если Дударев наследует покойной жене, то акции переходят к нему. Где гарантии, что он не воспользуется контрольным пакетом, чтобы навести на фирме свои порядки?

— Хороший вопрос, — кивнул Гмыря. — Постараемся на него ответить. Люди из «Туреллы» подъезжают к мужу Елены Петровны с предложением решить свои проблемы одним махом. Они устраивают ему знакомство с теми, кто возьмет на себя исполнение плана или поможет в его осуществлении, при этом сводят Дударева с ними напрямую, сами оставаясь в стороне. И заключают джентльменское соглашение: Дударев гарантирует им возврат акций, в противном случае они подставляют его. Или ты нам акции, или мы тебя — милиции. Поэтому работаем в следующих направлениях. Первое: сам Дударев, наружку пока не снимаем. Второе: фирма «Турелла», разрабатываете всех сотрудников подряд с целью выявления неформальных контактов с Дударевым и неким третьим лицом. Третье: та контора, где ваша Каменская нашла прореху. Необходимо выяснить, к кому и зачем приходил Дударев и почему они солгали, что он приходил устраиваться на работу. Четвертое: ищем фигуранта неизвестной наружности, у которого есть какая-то призрачная запись какой-то призрачной музыки. Правда, у фигуранта есть еще и голос, который якобы может опознать этот слепой мальчик, но его опознание в суде вряд ли пройдет, хотя для нас с вами это будет существенным подспорьем. Селуянов, я тебя поздравил или забыл?

— Забыли, Борис Витальевич. Но я не в обиде.

— Еще не хватало, — пробурчал Гмыря, — тебе ли на меня обижаться, тем более что я все-таки вспомнил. Ладно, Николай, прими поздравления и вперед с песнями.

Оперативники поднялись и направились к двери.

— Коля, — послышался голос Гмыри, — послушай-ка...

— Да, Борис Витальевич, — обернулся Селуянов.

— А что, ваша Каменская действительно сможет отличить эту призрачную запись от любой другой, исходя только из объяснений мальчика?

— Сможет, — твердо ответил Николай. — Даже не сомневайтесь.

Гмыря задумчиво почесал щеку и почему-то сказал:

— Черт-те что...

* * *

В воскресенье, на следующий день после свадьбы Селуянова, Настя вместе с Алексеем добросовестно объезжала места, где продаются компакт-диски и аудиокассеты. Она искала записи Шотландской симфонии Мендельсона. Классическая музыка нынче особой популярностью не пользуется, на уличных прилавках в огромных количествах лежали записи современной эстрады, как отечественной, так и зарубежной, классика там попадалась редко. Были, правда, места в Москве, где выбор записей симфонической музыки был более чем приличным, но главенствовали там Бах, Бетховен, Чайковский, Рахманинов, Шопен, а также диски с концертами Паваротти. Найти Мендельсона оказалось совсем непросто.

— Что мы ищем? — наконец не выдержал Чистяков. — То ты смотришь кассеты, то диски.

— А я сама не знаю, что это было, — призналась Настя. — Тот мальчик, который слышал музыку, не разглядел, какой был плейер. Так что это может быть с равным успехом и кассета, и диск.

Вернулись домой они с небогатым уловом. Шотландскую удалось отыскать только в одном варианте, это был компакт-диск, а исполнял ее оркестр Берлинской филармонии под управлением Джеймса Левайна. Правда, Настя при этом не отказала себе в удовольствии и накупила огромное количество дисков Паваротти и Шопена.

Дома она сразу же распечатала с трудом найденное приобретение и стала прослушивать. Она хорошо помнила, на какие фрагменты обратил ее внимание Артем, и напряженно вслушивалась в музыку, но с огорчением признала, что это, пожалуй, не то. Конечно, нужно, чтобы послушал сам Артем, но скорее всего он подтвердит ее мнение. Жаль.

В понедельник прямо с утра Настя связалась с сотрудниками, которые с недавнего времени занимались борьбой с разного рода пиратством, как видео, так и аудио. Они предложили ей прийти самой и покопаться в кучах изъятых кассет, поскольку специалистов в симфонической музыке среди них нет и сказать навскидку, есть ли среди этих записей Мендельсон, вряд ли кто сможет. Потратив два часа на добросовестное перебирание кассет, Настя искомого не обнаружила. Она взяла лист бумаги и написала синим фломастером крупными буквами: «Феликс Мендельсон-Бартольди. Шотландская симфония».

— Куда вам это приколоть? — спросила она.

— Куда-нибудь на видное место приткни, — сказали ей. — Чтобы в глаза бросалось, а то забудем. Если появится, мы тебе свистнем.

Пришлось удовлетвориться обещаниями.

* * *

Жара, духота и палящее солнце обрушились на вышедшего из прохладного подъезда Дениса с такой силой, что у него чуть в глазах не потемнело. Все-таки в квартире было намного комфортнее, и, когда он рано утром бежал из дома к Артему, он даже не предполагал, что к двенадцати дня на улице станет невозможно находиться. Первой трусливой мыслью было вернуться назад и объяснить Артему, что он никуда не поехал из-за жары и лучше съездит в другой раз, когда станет немного прохладнее. Но эту мысль Денис Баженов тут же отогнал от себя. Как это он вернется? Артем должен понимать, что Денис — его правая рука, его второе «я». Сам Артем наверняка не испугался бы жары и поехал искать нужный ему диск. Значит, Денис должен поступать точно так же. Кроме того, есть опасность, что, если он не найдет запись и не привезет ее, Артем позвонит-таки Каменской, а это крайне нежелательно. Стало быть, надо ехать и нечего тут рассусоливать.

Ближайшим местом, где стояли прилавки с кассетами, было метро. Денис, демонстративно поигрывая красным шариком, подошел и поинтересовался записями Ирины Астапкиной. Продавец смурного вида даже глаз на него не поднял, буркнув себе под нос, что такого у них нет. Проехав одну остановку на метро, Денис вышел наверх и снова пошел к прилавку. Потом поехал на следующую станцию, и еще на одну, и еще... В принципе можно было бы сразу поехать в ДК имени Горбунова, в просторечье именуемый «Горбушкой», где можно достать все или почти все, а чего нет — можно заказать. Но это далеко, и, двигаясь в направлении «Горбушки», Денис тем не менее выходил на всех промежуточных станциях в надежде найти нужную Артему запись. Он преследовал еще одну цель, именно поэтому думал не только об Астапкиной и ее песнях, но и о том, чтобы побывать в как можно большем числе мест. Он хотел, чтобы его заметили.

Денис уже отходил от очередного прилавка и двигался к спуску в тоннель метро, когда его окликнули.

— Эй, на минутку!

Он обернулся и увидел парня лет двадцати пяти, довольно хилого на вид, но с наглой мордой. Решив не церемониться, Денис откликнулся не особо вежливо:

— Что нужно?

— Ты запись какую-то ищешь? — спросил парень.

— Ищу.

— Какую?

— Ирина Астапкина. Слыхал о такой?

На лице у парня отразились какие-то непонятные Денису чувства.

— Астапкина... — медленно повторил парень. — Это редкая запись. Ее почти не спрашивают, поэтому мы на прилавок не выставляем. А ты что, выходит, интересуешься?

— Интересуюсь, — дерзко ответил Денис. — Где ее можно купить?

— Сейчас нигде. Был всего один тираж, очень маленький, в Германии сделан, знатоки разобрали понемножку, а поскольку спроса нет, то мы и не заказываем. Но если тебе очень надо, я достану, только выйдет чуть дороже. Ты как?

— Конечно, — загорелся Денис, — мне очень нужно. Я заплачу, сколько скажешь.

— Лады, — кивнул парень. — У меня есть знакомый, он в беду попал, совсем без денег остался и потихоньку распродает все имущество, чтобы с голоду не помереть. Любой копейке рад. У него есть диск Астапкиной, я точно знаю. Он его продаст. Ты где живешь?

— На «Красных Воротах», а что?

— Давай вечером встретимся, я тебе диск привезу. Часов в одиннадцать, годится?

— Это поздно очень, — неуверенно ответил Денис. — А нельзя пораньше?

— Пораньше я не успею. Я здесь торгую до девяти вечера, потом сдаю товар, потом мне надо еще к этому знакомому съездить за диском, тоже не ближний свет, а потом к тебе на «Красные Ворота». Раньше одиннадцати никак не успею.

— Ладно. Говори, где тебя ждать и сколько денег надо.

— Стоить будет полтинник, потянешь?

— Пятьдесят тысяч? — уточнил на всякий случай Денис.

— Это по-старому, а по-новому просто пятьдесят рублей. Или тебе дорого?

— Нет-нет, я найду. А где?

— Знаешь за метро, чуть в глубине, двор?

— Знаю.

— Вот там и встретимся. Слушай, а что это за шарик ты все время крутишь?

Еще есть возможность отступить, еще есть путь назад или в обход опасного места. Можно сказать, что шарик ты полчаса назад нашел в вагоне метро. Или что вчера ты купил его в магазине...

— Так, пальцы разрабатываю.

— Зачем? Хочешь в цирке выступать?

— Нет, хочу стать пианистом. Ну ладно, до вечера.

— Пока, — рассеянно бросил торговец музыкой.

«А может быть, он так просто спросил, — размышлял Денис по дороге к дому, где жили Кипиани. — Нормальный интерес, я бы тоже спросил, если бы увидел человека, который так играет с шариком. И любой бы спросил. Этот парень даже не поинтересовался, как меня зовут и где я живу. И потом, он же видел, что я — это я, а не Артем. Или Каменская права, и он действительно лица не запомнил, а одеты мы с Артемом очень похоже, белые майки, светлые шорты. Шорты у нас вообще одинаковые, тетя Катя нам вместе покупала».

Сердце его замирало и холодело от страха. Денис не был уверен, что поступает правильно, разум ему подсказывал, что за такой самодеятельностью могут последовать крупные неприятности. Но сердце говорило о другом. Он должен сделать что-нибудь такое, чтобы Артем понял: лучше Дениса никого нет. И никто не будет ему предан больше, чем Денис. И никто не будет любить его и уважать больше, чем Денис. И никто не станет заботиться о нем больше и лучше, чем Денис. Сердце говорило громко и требовательно, да что там говорило — кричало во весь голос, вопило, рыдало, заглушая спокойный, рассудительный голос разума.

«Я знаю, что надо сделать, — думал Денис, поднимаясь в квартиру, где его ждал больной Артем. — Я попрошу у Артема диктофон и запишу, как этот парень разговаривает. Артем послушает и скажет, он это или нет. А потом я сам позвоню Каменской и скажу, где этого парня можно найти. Раз он работает в торговой точке, значит, он там или каждый день, или через день. И тогда Каменская придет к Артему и скажет ему, какой я молодец. Вот именно, я сам ей позвоню. И сам ей все скажу».

* * *

— Да черт его знает, вроде по описанию похож, майка, шорты светлые, на вид лет семнадцать, как Костик и говорил. И шариком играл красненьким, сказал, что хочет быть пианистом.

— Где, говоришь, он живет?

— В районе «Красных Ворот».

— «Красные Ворота»... очень может быть. Как раз там он и должен жить. Как ты с ним договорился?

— В одиннадцать в тихом месте.

— Молоток. Действуй.

— Витя...

— Да не волнуйся ты, у нас в стране каждый труд почетен и хорошо оплачивается. Не обижу.

Глава 6

Хозяин комнаты был мертв, пожалуй, уже около получаса. Наружный осмотр давал основания говорить о том, что скончался он в мучениях, хотя никаких следов истязаний или повреждений не было.

— Что ж вы «Скорую»-то не вызвали? — с упреком спросил молоденький милиционер у вызвавшей их пожилой соседки.

— Да вызывала я, вызывала, — заторопилась соседка, — только смотрю — час прошел, второй, а их все нету. Я к Косте-то захожу, посмотреть хотела, как он там, а он уж и не дышит. Вот я и кинулась вам звонить.

— А у вас что же, ключи были от его двери?

— Нет, откуда? Он часа в четыре ко мне в квартиру позвонил, на ногах прямо еле стоит, говорит: «Тетя Клава, вызовите мне «Скорую», плохо мне, помираю». У него самого телефона-то нету. Я говорю, мол, сейчас позвоню, вызову, а ты иди к себе, ложись, да дверь не запирай, оставь открытой, чтобы войти можно было, а то вдруг сам открыть не сможешь. Он пошел к себе, а я, значит, позвонила и стала ждать. Врачей все нету и нету.

Я к Косте раз зашла, другой, гляжу, ему все хуже и хуже делается, он уже глаза не открывает, белый весь, прям ужас какой-то, смотреть невозможно. А потом уж, на третий-то раз, я испугалась, что он помер совсем, и в милицию позвонила.

Милиция приехала сразу только благодаря тому, что находилась на соседней улице. В пятницу после пяти вечера проехать по Москве было невозможно, все двигались за город, не желая оставаться на выходные в раскаленном городе и надеясь хоть на какое-нибудь облегчение среди деревьев и возле водоемов. Понятно, что «Скорая» приедет еще не скоро. Пробки всюду многочасовые, так что ничего удивительного, особенно если учесть, что к юношеской Олимпиаде городские власти судорожно кинулись приводить в порядок хотя бы основные трассы, как раз те самые, по которым москвичи двигались за город. Из-за ремонтных работ на широких дорогах оставались лишь узкие горловинки, в которые с трудом протискивались не умеющие двигаться по очереди автовладельцы, не желающие считаться с элементарными законами механики и пропускать друг друга.

Оглядев комнату, милиционеры переглянулись.

— То ли склад, то ли подпольное производство, — сказал один из них, показывая на множество коробок, часть из которых была пустой, другая же часть заполнена аудиокассетами.

— Скорее производство, смотри, сколько техники. И кассеты, судя по надписям, одинаковые, — ответил другой. — Саундтрек «Титаника». Ты чуешь, чем пахнет? Фильм только-только на экраны вышел, а у них уже саундтрек в немереных количествах. Наверняка пиратская запись.

Оба сошлись на том, что труп скорее всего не криминальный, поскольку исколотые донельзя руки и бедра покойного красноречиво свидетельствовали о его пристрастии к наркотикам. Однако коллег, занимающихся видео- и аудиопиратством, вызывать надо, тут, совершенно очевидно, их поле деятельности.

Вечером в понедельник сотрудник, сортировавший и составлявший опись кассет, изъятых у скоропостижно скончавшегося Константина Вяткина, наткнулся на знакомые слова. Где-то он их уже видел, причем совсем недавно. Кассет было много, глаза устали, внимание рассеивалось, и он зажмурился и откинулся на спинку жесткого стула, чтобы отдохнуть. Потом покрутил головой в разные стороны, чтобы размять затекшие мышцы шеи, и скользнул глазами по прилепленной скотчем к стене бумажке, на которой толстым фломастером были выведены те самые слова. Феликс Мендельсон-Бартольди, Шотландская симфония. И ниже — номер телефона и фамилия человека, с которым нужно связаться.

— Я насчет Мендельсона, — невнятно произнес он в трубку, когда ему ответил женский голос.

— Да-да, я вас слушаю.

— Тут появилась кассета, если интересуетесь — заходите.

— Как долго вы еще пробудете на месте?

— Часа полтора как минимум.

— Спасибо, я обязательно зайду.

Нельзя сказать, чтобы сотрудник, сортировавший кассеты, был образцом исполнительности, и в иной ситуации он, может быть, и не стал бы звонить насчет кассеты. Но он ужасно устал, ему требовалась передышка, а в качестве таковой вполне подойдет выполнение чьей-то просьбы. И тебе полезно, и человеку приятно.

Он еще немного посидел с закрытыми глазами и, вздохнув, снова принялся за длинную бесконечную опись.

* * *

Когда Денис вернулся, Артем уже не спал. Он лежал в постели, закинув руки за голову, и мечтал о чем-то, судя по улыбке, приятном.

— Нашел запись? — сразу же спросил он, едва Денис вошел в комнату.

— Кажется, да. С парнем одним познакомился, он сказал, что знает, у кого есть эта запись, и вечером принесет.

— Правда? — обрадовался Артем. — Вот здорово.

— Как ты себя чувствуешь?

— Нормально.

— Сейчас будешь пить лекарство, — строго сказал Денис. — И горло полоскать. И температуру надо измерить.

— Да ну ее, Дениска, чего ее мерить? Я и так чувствую, что ее нет, — сопротивлялся Артем.

— Нет, — твердо сказал Денис, — тетя Катя сказала, что измерять надо с четырех до шести вечера, она придет с работы и спросит. Что я ей скажу?

Сердце его пело от радости. Он вновь безраздельно властвовал над другом, подавал ему лекарства и градусник, руководил им, проявлял строгость, всеми своими действиями демонстрируя собственную необходимость Артему. Он даже сумел выполнить, казалось бы, невыполнимое: нашел для него редкий диск, которого уже давно нет в продаже. Но он нашел его, потому что так захотел Артем. Артем такой умный, такой взрослый, такой необыкновенный, талантливый, быть рядом с ним, дружить с ним, помогать ему — нет в жизни большего счастья.

Температура, конечно, была, но уже не такая высокая, как накануне. Подняв подушки и усадив Артема в постели поудобнее, Денис отправился на кухню разогревать еду. Артем встал к столу, но к концу обеда вновь почувствовал слабость и лег.

— Дай мне шарик, пожалуйста, — попросил он Дениса. — Пальцы немного разомну.

Шарик лежал у Дениса в кармане. Юноша не спеша отошел к столу, сделав вид, что ищет его среди книг и тетрадей, где он и лежал с утра, и пытаясь незаметно извлечь шарик из кармана.

— Там не ищи, — заметил Артем, — его там нет. Я уже искал, пока тебя не было. И куда я его девал?

— Наверное, в другой комнате, — с облегчением предположил Денис.

Он вышел и через минуту вернулся с шариком в руках. Артем взял любимую игрушку, сделал несколько движений пальцами, потом остановился и недоуменно поднес шарик к лицу.

— Как странно он пахнет.

— Чем пахнет? — не понял Денис. — Ничего он не пахнет.

— Он пахнет чем-то сладким... Мороженым. И липкий немножко. Ты что, брал его с собой, когда уходил?

Денис собрался соврать, но подумал, что это бессмысленно. Артема трудно обмануть, у него чутье просто невероятное. Он все равно поймет, что Денис лжет, даже если отпираться до последнего, и обидится.

— Ну брал. А что? Ты же все равно спал, когда я ушел, вот я и подумал, что он тебе не понадобится.

— Но Каменская же сказала, чтобы мы с шариком на улице не играли. Ты что, забыл?

Артем разволновался, и Денису это было приятно. Он беспокоится о друге, боится, как бы с ним чего не случилось. С другой стороны, он опять вспомнил про эту Каменскую... Черт возьми, как ни повернешься, кругом на нее натыкаешься! Придется поделиться с Артемом своим планом.

— Я специально его взял. А вдруг тебя действительно ищут? Ищут тебя, а найдут меня, вот тут мы их и заловим, — возбужденно заговорил он. — Мне кажется, тот парень, который обещал принести диск Астапкиной, заметил шарик, он даже спросил, почему я его в руках верчу. Вечером я с ним встречусь, запишу его голос на диктофон и дам тебе послушать. Если это тот, с которым ты разговаривал тогда, мы его сами выследим и поймаем. Правда, здорово получится?

— Ты с ума сошел! — Артем захрипел и закашлялся. — Что ты придумал? Как это мы его выследим и поймаем? Мы что, сыщики? Надо позвонить Каменской и все ей рассказать.

— Вот еще! — возмутился Денис. — Рассказывать пока нечего. Надо сначала убедиться, что это действительно он, а потом уже звонить. Люди серьезным делом заняты, а мы будем их по пустякам отрывать.

Аргумент, которым он уже однажды успешно воспользовался, показался ему вполне надежным, и Денис решил пустить его в ход еще раз. Расчет оказался верным, Артем и на этот раз к нему прислушался.

— Вообще-то правильно, — задумчиво сказал он. — Может быть, тебе показалось и этот парень заинтересовался шариком просто так. Надо проверить. Только, пожалуйста, будь очень осторожным.

— Не беспокойся, — уверенно заявил Денис, — все будет в порядке. Так ты дашь мне диктофон?

— Конечно, бери.

Они решили, что Денис около половины одиннадцатого уйдет как будто домой и к Кипиани возвращаться после встречи не будет. Иначе трудно объяснить такие странные вечерние походы родителям Артема.

— Я переночую дома, а с утра прибегу к тебе, — пообещал Денис. — Только...

— Что?

— Он просит за диск пятьдесят рублей. У меня столько нет.

— Ничего, родители придут — я у них попрошу.

В половине седьмого с работы пришла Екатерина, чуть позже появился Тенгиз. Родители с удовлетворением отметили, что под умелым и ответственным руководством Дениса их сын идет на поправку, накормили мальчиков ужином и без единого вопроса выдали требуемую сумму на приобретение нужного Артему диска.

Измотанный температурой и лекарствами Артем с трудом боролся со слабостью и желанием уснуть, и Денису пришлось уйти раньше, чем он планировал. В самом деле, раз он не остается ночевать, то нечего тут отсиживать, если Артем спит.

Домой идти не хотелось, и Денис бесцельно бродил по кривым улочкам в районе Садового кольца, думая о предстоящей встрече и о том, как он сам поймает преступника. Артем после этого будет еще больше уважать его, и тогда уж никакая Каменская не страшна.

* * *

Заехав за кассетой, Настя отправилась домой. Ее одолевало любопытство, поэтому, едва войдя в квартиру, она немедленно вставила кассету в магнитофон.

— Ты что, сегодня отказываешься от ужина? — удивленно спросил Алексей.

— Тсс, — она прижала палец к губам, — сейчас я быстренько послушаю, пойму, что это опять не то, и накинусь на еду со зверским аппетитом.

— А что это?

— Мендельсон.

— Погоди, мы же вчера какого-то Мендельсона покупали.

— Того же самого. Только оркестр другой, и дирижер другой. Вчера был Левайн, а сегодня Зубан Мета.

— И в чем смысл? Ты мне вчера так ничего и не объяснила толком.

— Человек, которого мы ищем, слушал Мендельсона. И мы думаем, что это убийца. Нужно найти такую же запись, как та, которую он слушал, и попытаться очертить круг людей, у которых она есть.

— С ума сойти, до чего дошел прогресс, — Чистяков ехидно покачал головой. — Убийцы слушают симфоническую музыку. А я думал, что Мендельсон — это в основном свадебный марш.

— Нет, солнышко, Мендельсон — это в основном вот это, а свадебный марш — так, шутка гения, саундтрек.

Алексей озадаченно взглянул на нее:

— Не понял. Почему саундтрек?

— Потому что это музыка к пьесе Шекспира «Сон в летнюю ночь».

— Да? Не знал.

— Леш, давай помолчим, — быстро и тихо сказала Настя. — Мне нужно два фрагмента прослушать внимательно.

Да, кажется, все именно так, как описывал Артем. В этом фрагменте на первый план выходят скрипки... А в этом — медная группа. Надо сравнить поточнее.

Настя достала две другие записи Шотландской симфонии и стала слушать их. Пожалуй, сходится. Теперь остается Артем. Он должен своими ушами услышать и сказать, такое исполнение доносилось из наушников незнакомца или нет. Она посмотрела на часы. Пять минут одиннадцатого. Еще вполне прилично позвонить.

— Ты закончила? — донесся из кухни голос Алексея. — Можно разогревать?

— Сейчас, солнышко, еще один звоночек по телефону — и я вся твоя.

* * *

Артем то проваливался в тяжелую дремоту, то выныривал из нее и лежал в темноте, не зажигая света и не открывая глаз. Телефон стоял здесь же, прямо у изголовья, и, когда раздался звонок, он тут же схватил трубку. Ему казалось, что проспал он довольно долго, сейчас, наверное, уже почти полночь. Может быть, звонит Денис? Хорошо бы это был он, все-таки у Артема на душе неспокойно.

— Добрый вечер, — услышал он ровный хрипловатый голос, от которого у него вдруг бешено заколотилось сердце, — это Каменская. Я не очень поздно вас беспокою?

У Артема перехватило дыхание, и он даже не смог сразу ответить, но в это время раздался голос матери, которая, полагая, что сын давно спит, сняла трубку в другой комнате.

— Добрый вечер, Анастасия Павловна. Я вас слушаю.

— Можно мне поговорить с вашим сыном?

— Вы знаете, он нездоров и сейчас спит...

— Я не сплю! — судорожно выкрикнул Артем. — Я здесь.

— Здравствуй, Артем.

— Здравствуйте, — пробормотал он, боясь, что Каменская услышит, как дрожит его голос.

— Мы могли бы завтра встретиться с тобой? Ты не занят?

— Нет-нет, пожалуйста, я целый день буду дома.

Внезапно его пронзила острая тревога. Почему Каменская звонит ему поздно вечером? Неужели с Денисом беда? Он чувствовал, что не надо было все это затевать! Протянув руку, Артем схватил со стола электронные часы-будильник и поднес поближе к глазам. Зеленые светящиеся цифры показывали 22.10. Неужели еще так рано? Значит, Денис пока не встречался с тем типом и никакой беды еще быть не могло. Его немного отпустило.

— А что случилось? — спросил он уже спокойнее.

— Мы нашли одну запись Мендельсона, мне кажется, она подходит под то описание, которое ты мне давал. Но я бы хотела, чтобы ты сам прослушал ее. Так я могу подъехать к тебе завтра часам к десяти утра?

— Да, конечно... — Он помолчал немного. — Скажите, а где вы достали эту запись? Она очень необычная, я бы хотел, чтобы она у меня была. В каком магазине вы ее купили?

— Не в магазине.

— А где?

— У одного человека.

— А можно у него спросить, где он покупал?

— Артем, мне не хотелось бы тебя пугать, но этот человек умер. Он был наркоманом, ты очень точно описал его речь. Только ты решил, что он пожилой, а он на самом деле был молодым, это наркотики дают такой эффект, если их сочетать с транквилизаторами.

Умер... Артему показалось, что сердце провалилось куда-то в бездну. Умер. Неделю назад был жив, сидел на лавочке, разговаривал, слушал музыку. Молодой. И умер. Ему стало страшно. Но в следующее мгновение он вспомнил о Денисе. Как умер? А с кем же будет встречаться Денис? Чей голос он собирается записывать? Кто назначил ему свидание поздно вечером в безлюдном грязном дворе? Страх за друга моментально перерос в панику.

— Анастасия Павловна...

— Да? Я слушаю тебя, Артем.

Ее голос, похожий на колыбельную и одновременно на музыку Дебюсси, успокоил его, как прохладная мазь успокаивает горящую кожу.

— Наверное, это не он, — неуверенно начал он.

— Кто — не он?

— Ну тот, который умер... Это, наверное, не тот человек, который сидел тогда на скамейке.

— Почему? — Каменская насторожилась, он явственно почувствовал это по ее напрягшемуся голосу. Он вообще хорошо чувствовал интонации, даже малейшие изменения в голосах яснее любой мимики рассказывали ему об изменениях эмоций людей.

— Потому что сегодня Денис ходил по улицам с шариком. Он искал для меня диск Астапкиной... Ну вот, один парень сказал, что у него такой диск есть, и назначил Денису встречу в одиннадцать вечера. И еще он поинтересовался, что это за шарик и почему Денис с ним играет. А он ответил, что хочет быть пианистом. Вот я и подумал, что если тот человек и правда умер, то с Денисом ничего плохого не случится. Но если он назначил Денису встречу, то, значит, он не умер.

— Погоди, погоди, — теперь голос Каменской был жестким и ледяным. — Что значит «Денис ходил по улицам с шариком»? Я же запретила это делать.

— Я знаю, но он не послушался. Он ушел на улицу, когда я спал. Я не видел, что он взял шарик.

— Он что, специально это сделал?

— Кажется, да... Он сказал, что пусть преступники его найдут, он не боится, он сильный и тренированный, он их сам поймает. И сдаст в милицию. Анастасия Павловна, я боюсь за него...

— Так. — Она сделала паузу, видимо, что-то обдумывая. — О том, что твой друг поступил неправильно, мы поговорим в следующий раз. Где назначена встреча?

Артем объяснил, стараясь быть как можно более точным.

— В котором часу?

— В одиннадцать.

— Спасибо, что сказал.

Она бросила трубку, не попрощавшись, но Артем не

обиделся. Он понимал, что они с Денисом задумали непростительную глупость, и отчаянно ругал себя за то, что не понял этого раньше, когда друг еще был здесь и когда еще можно было удержать его, не пустить, отговорить. Он поддался на уверенный тон и мальчишеский азарт, да что греха таить, этот же азарт охватил и его самого при одной только мысли о том, что они вдвоем смогут поймать преступника. Настоящего преступника! Господи, и о чем он думал? Непростительно! Ну ладно Дениска, ему всего шестнадцать, с него какой спрос, но Артему-то уже девятнадцать, правильно отец говорил: если бы не слепота, он бы сейчас в армии служил и, может быть, даже воевал. Он-то куда смотрел? И, главное, спать улегся, как будто ничего не происходит. Как хорошо, что Каменская позвонила. Как хорошо, что она есть на свете. Она обязательно что-нибудь придумает, она не допустит, чтобы с Дениской случилось что-то плохое.

* * *

Встреча с Георгием Николаевичем Дударевым адвокату Храмову не понравилась, но он еще со времен своей милицейской жизни научился не обращать внимания на то, что кто-то любит его меньше, чем хотелось бы. Конечно, клиенты, иными словами — люди, обратившиеся за помощью, обычно ведут себя с адвокатами несколько иначе, но, надо заметить, все-таки не все, далеко не все. Есть такие (и в последние годы они попадаются все чаще), которые считают адвоката своей собственностью, наемной рабочей силой, которая как скажут — так и сделает и личное мнение которой никого особо не интересует. Дударев оказался почти таким же. Конечно, у него не было замашек, присущих некоторым бизнесменам, он не говорил слов вроде «как я скажу, так и делайте», но позиция его была заявлена четко и недвусмысленно: вас наняли, вот и делайте то, для чего вас наняли, меня не интересует, какими способами вы собираетесь это делать, получили команду — исполняйте, как в армии, где приказы не обсуждают, а выполняют. И обязательно добросовестно.

Но встреча эта тем не менее была Храмову необходима, ибо только сам Георгий Николаевич мог назвать имена людей, которые были в курсе любовных похождений его покойной жены. Более того, из всех этих людей нужно было с помощью Дударева отобрать тех, с кем имело смысл попытаться договориться. Дударев не сразу понял, какой план собирается осуществить адвокат, пришлось объяснять ему это три раза, пока до него дошло, и Храмов отдал должное гибкости ума Ольги Васильевны, которая прониклась ситуацией сразу же. Все два часа, пока они беседовали в зале тихого безлюдного ресторана «Пальма», Анатолий Леонидович исподтишка наблюдал за любовниками, не переставая удивляться небесным силам, которые смогли свести их вместе. Они были совершенно разными людьми и, по мнению адвоката, абсолютно друг другу не подходили. Ольга Васильевна была, как ему казалось, женщиной тонкой, эмоциональной, нервной, склонной переживать все глубоко и драматично. Дударев же производил впечатление человека простоватого, резкого, негибкого и не очень воспитанного. Впрочем, одернул себя Анатолий Леонидович, это может оказаться наносным и даже искусственным, недаром же в Дударева влюбилась не только умная, интеллигентная Ольга Ермилова, но и — несколькими годами раньше — яркая красавица и удачливая бизнесменша Елена Тумакова. Наверное, что-то в нем есть такое...

Во всяком случае, то, что он видел своими глазами, вызывало в Храмове чувство легкого недоумения. Ольга старалась во всем угодить Дудареву и чуть не в рот ему смотрела, Георгий же Николаевич держался со своей дамой сухо и сдержанно, будто она была в чем-то перед ним виновата.

Однако цель встречи была достигнута, и из ресторана Анатолий Леонидович Храмов уходил, унося в своем «дипломате» адреса, телефоны и имена людей, которых он будет стараться обработать в нужном для защиты направлении, дабы помешать осуждению господина Дударева. Все время, пока длился деловой обед, Храмов пытался ответить сам себе на вопрос: действительно ли его клиент невиновен или он все-таки убийца. Задавать вопрос напрямую он не стал, но разговор поворачивал таким образом, чтобы вынудить Дударева высказаться на этот счет определенно. Дударев же произносил непонятные Храмову фразы:

— Вы же понимаете, что я этого убийства не совершал.

— Разумеется, — кивал адвокат.

— Вы же понимаете, что у меня не было причины убивать Елену.

— Разумеется, — соглашался Храмов.

— Вы же понимаете, что все это — бред больного воображения.

— Понимаю, — отвечал Анатолий Леонидович.

Но понимал он только одно: построенная таким образом фраза обычно означала скрытое, завуалированное признание в совершении преступления и одновременно содержала в себе указание защитнику добиваться оправдания. Если бы ситуация была иной, Дударев сказал бы: «Поверьте мне, я не убивал свою жену». Но он этого не сказал.

Вечером того же дня Анатолий Леонидович Храмов нанес свой первый визит свидетелям, которых назвал Дударев. Результатами он остался неудовлетворен, ибо приятельница покойной Елены Петровны ничего внятного о поведении следователя и его попытках видоизменить ее показания сказать не смогла.

— Да нет, что вы, — говорила она чуть удивленно, — следователь на меня не давил и мои слова не переиначивал, я же читала протокол и подписывала. Там все именно так, как я ему говорила.

— Значит, вы уверены, что Елена Петровна вела за спиной мужа бурную личную жизнь?

— Я точно это знаю, — твердо ответила женщина.

Как ни бился Анатолий Леонидович, ему не удалось поколебать уверенность свидетельницы в своих знаниях. Он не хотел действовать грубо и прямолинейно, предлагая ей деньги за изменение показаний, это был не его стиль. Он еще по работе в милиции хорошо знал, что результаты любого допроса на девяносто восемь процентов зависят от того, как формулируются вопросы и в какой последовательности задаются, недаром существует целая наука о тактике допроса. Наукой этой Анатолий Храмов владел весьма неплохо и широко применял свои умения в адвокатской практике. «Что ж, — подумал он, покидая квартиру свидетельницы, — это не последний шанс, будем пробовать дальше. Время грязных методов пока не пришло».

Часы показывали только половину девятого вечера, и Храмов подумал, что может вполне успеть нанести еще хотя бы один визит. Сев в машину, он позвонил по мобильному телефону еще по одному из продиктованных Дударевым номеров и договорился о встрече.

Через тридцать пять минут он вошел в подъезд и поднялся на третий этаж, а еще через час вышел на улицу крайне озадаченным. Такого поворота он не ожидал.

* * *

Без пяти одиннадцать Денис Баженов уже стоял в оговоренном месте встречи. Совершенно неожиданно он почувствовал, что боится. В течение нескольких часов, которые прошли с первой встречи с продавцом компакт-дисков и до нынешнего момента, он испытывал острое возбуждение от предстоящего приключения, казался себе умным, хитрым и сильным и совершенно не думал об опасности. Однако теперь, стоя в сумерках посреди грязного двора, он впервые почувствовал что-то вроде тревоги. Да, он плечистый, сильный и тренированный, он несомненно справится с продавцом дисков в случае чего, но кто сказал, что он придет один? И почему он раньше об этом не подумал?

Впрочем, может быть, он сам себя накручивает. Продавец тоже придет один, ему нужно присмотреться к Денису, чтобы убедиться, что это именно он — тот самый парень, который был тогда рядом с домом, где взорвалась машина. Он ведь тоже не может быть на сто процентов уверен, ему тоже необходимо проверить свои подозрения. Даже если он придет не один, совсем не обязательно, что его будут бить или что-то в этом роде. Денис старался себя успокоить, но получалось у него плохо. С каждой минутой, проведенной в ожидании, страх все больше овладевал им. Даже мелькнула постыдная мысль уйти отсюда, пока никто не пришел. Но мысль эту Денис Баженов от себя отогнал. Если он струсит, Артем больше никогда не сможет уважать его, а это равносильно катастрофе.

Продавец дисков появился около половины двенадцатого, когда стало уже почти совсем темно. Он был один, и Денису сразу стало спокойнее.

— Привет! — нарочито громко произнес он, стараясь выглядеть спокойным и уверенным в себе. — А я уж думал, ты забыл, что мы договорились.

Сунув руку в висящую через плечо сумку, он вытащил пятидесятирублевую купюру, одновременно нажав кнопку диктофона.

— Принес диск?

— Принес, — коротко ответил продавец. — Деньги давай, а то знаю я вас, малолеток. Сейчас диск схватишь — и бегом.

— Ага, как же, — Денис приободрился, — ты сначала диск покажи, а то я тебе деньги отдам, ты их схватишь — и бегом.

Он ужасно гордился тем, что сумел пошутить даже в такой непростой ситуации. Кажется, опасности нет, парень ничего такого не говорит, наоборот, ведет себя спокойно и вполне оправданно.

Продавец вытащил диск из пакета, который нес в руках. В темноте было плохо видно, что написано на коробке, и Денису пришлось поднести ее прямо к глазам. Да, действительно, Ирина Астапкина. Нужно быстрее отдавать деньги и уматывать отсюда. Но, с другой стороны, парень еще так мало слов сказал. А вдруг Артему этого будет недостаточно, чтобы узнать голос? Нужно как-то затянуть разговор.

— А почем я знаю, что внутри диск именно Астапкиной, а не другой какой-нибудь? — подозрительно спросил он.

— Это же диск, болван, а не кассета, — презрительно бросил парень. — На нем написано, и надпись заводская. Посмотри, если не веришь.

Денис открыл коробку, вытащил диск и начал осматривать его с двух сторон. Он был еще очень юн и неопытен и не знал, что в ситуации, когда опасаешься нападения, нельзя занимать обе руки. Хотя бы одна рука должна оставаться свободной. В левой руке он держал открытую коробку, в правой — диск. И именно в этот момент получил удар ножом.

Его спасла разница в росте и крепкие мышцы. Удар, конечно, достиг своей цели, Денис почувствовал острую жгучую боль, отшатнулся и согнулся пополам, понимая, что сейчас его просто-напросто добьют. «Вот дурак, ведь думал же...» — пронеслась в голове мысль. И уже в следующее мгновение он услышал топот ног и чьи-то голоса.

Потом вспыхнул яркий свет, Денис зажмурился.

— Денис, — раздался совсем рядом знакомый голос. — Денис, ты меня слышишь?

Он не смог вспомнить, чей это голос, и приоткрыл глаза. Это был уже не темный грязный двор. Он находился в каком-то крошечном помещении размером с каморку, и рядом с ним сидела Каменская. О Господи, неужели он никогда от нее не избавится!

— Где я? — спросил он, удивляясь тому, что губы шевелятся с огромным трудом.

— Пока в машине. Скоро будешь в больнице. Ты как?

— Нормально. Я в порядке.

— Ну, не в таком уж порядке, — заметила она спокойно. — Нож в живот ты все-таки получил. Что за парень был с тобой?

Ну да, конечно, так он ей и расскажет! Сейчас в больнице ему перевяжут рану, он вернется домой, а завтра даст Артему послушать запись. И только потом он, может быть, скажет Каменской. А может, и нет...

В голове мутилось, подступала тошнота, и он испугался. А вдруг его тяжело ранили?

В это время рядом с лицом Каменской возникло другое лицо. Человек был в белом халате. Он взял Дениса за руку и стал считать пульс. Юноша понял, что находится в машине «Скорой помощи».

— Я умру? — спросил Денис шепотом.

— Еще чего! — улыбнулся врач. — Ты нас всех переживешь.

Денис тут же вспомнил подобные сцены из всех прочитанных им книг и виденных фильмов. Смертельно раненных и неизлечимо больных врачи всегда утешают и говорят, что они проживут еще долго.

— Вы меня обманываете...

— Никогда. Ранение глубокое, но кровопотеря пока незначительная, потому что тебе оказали помощь практически моментально. Внутреннего кровоизлияния, кажется, нет, рана широкая, нож, наверное, был туповатый. Если бы ты пролежал с таким ранением час-полтора, ты потерял бы много крови, и тогда нам было бы труднее.

— А сколько я пролежал?

— Меньше минуты. Спасибо Анастасии Павловне,

она тебя правильно перевязала. Я тебя убедил? Тогда все, молчок до самой операционной.

Денис прикрыл глаза. Его охватило глубокое отчаяние. Он так хотел поймать преступника сам, чтобы доказать всем, и в первую очередь Артему, что он умный, сильный и смелый. А теперь он умрет, да еще так бездарно. И преступника не поймал, так что Артем его добрым словом не вспомнит. И еще вдобавок ко всему на глазах у Каменской, у той Каменской, которая отнимает у него Артема. Ну почему жизнь так несправедлива?

* * *

Задержанного по фамилии Лыткин доставили в ближайшее отделение милиции. Отпираться от того, что он нанес Денису Баженову удар ножом, он никак не мог, поскольку его взяли здесь же, на месте преступления. Но на вопрос, почему он собирался убить Дениса, он отвечал однообразно и вполне убедительно: убивать не собирался, хотел только попугать, защищая интересы своей собственности.

— Он диск взял, а деньги платить не хотел. А у меня карман казенный, да? Это что же я, каждому встречному-поперечному должен за бесплатно диски поставлять, да? Я говорю ему, мол, давай деньги, а он мне говорит, сейчас, мол, как вмажу — по стенке размажу. Он же здоровенный, стал меня мускулами пугать.

— Малолетки испугался, да? — насмешливо спросил Сергей Зарубин, невольно передразнивая манеру Лыткина.

— А я чего, знал, что ли, что он малолетка? — окрысился Лыткин. — Он вон здоровый какой, он меня одним пальцем зашибить мог. Я говорю, мол, давай деньги, а он не отдает. Диск взял, а деньги не отдает...

И все сначала.

— Ладно, начальник, я согласен, шей мне легкие телесные, только малолетке этому не забудь пришить покушение на грабеж. Он диск хотел забрать, а деньги не отдавать, физической расправой меня пугал. Это же чистый грабеж. Что, нет?

— Да, да, успокойся, правовед. С легкими телесными повреждениями ты, правда, погорячился, удар нанес в жизненно важный орган.

— А я что, думал, куда бить, да? Ночь, пусто кругом, никого нет, а он мне угрожает физическим насилием, кулаками машет. Я себя защищать должен или как?

Лыткину, разумеется, не сказали, что в сумке у Дениса лежал включенный диктофон, на котором записан весь разговор, и никаких угроз в адрес незадачливого продавца дисков там не зафиксировано. Зачем ему говорить? Пусть поет свою песенку и пусть думает, что ему верят. Завтра утром эту запись прослушает Артем Кипиани и скажет, такой ли голос он слышал за несколько минут до взрыва автомобиля. Если да, то задачу поиска соучастника убийства Елены Дударевой можно считать решенной. Если же нет, то придется вернуться к кандидатуре Константина Вяткина, в квартире у которого была найдена запись Мендельсона. Если, конечно, завтра утром Артем, прослушав симфонию, признает, что это то самое исполнение. А если нет...

Многовато «если». Но в любом случае это лучше, чем ни одного. Потому что наружное наблюдение за Дударевым пока ничего не принесло, а так есть хоть какие-то отправные точки для поиска.

Глава 7

— Наше счастье, что Колобок в отъезде, а то получили бы мы за Баженова все, что причитается, чтобы до конца жизни хватило, — с облегчением вздыхал молодожен Селуянов, который боялся полковника Гордеева до дрожи в ногах и ничего не мог с этим поделать.

— Ничего мы не получили бы, — успокаивал его Юра Коротков. — Ты сам посуди, мы о встрече Баженова с Лыткиным узнали меньше чем за час до назначенного времени. И вообще, скажи спасибо, что хоть узнали. А кабы Аська не позвонила Артему? Лежал бы Денис во дворе всю ночь и кровью истекал. Так лучше, что ли, было бы?

— Ты меня не уводи в дебри, — не сдавался Николай. — Если б мы не знали — с нас один спрос. Но мы ведь знали! Мы же успели на «Красные Ворота» вовремя, а нападение предотвратить не сумели. Что мы за менты такие неудалые?

— Колян, не преувеличивай. Представь себе, что мы подбежали бы к ним и схватили Лыткина. И дальше что? У него в руках диск, у Баженова — деньги, факт договоренности о купле-продаже подтверждают оба. И мы попадаем в интересное положение, а все кругом в белом. Ты же опер, не вынуждай меня объяснять тебе очевидные вещи. Расчет был на то, что Лыткин только завяжет знакомство с Денисом и они мирно разойдутся, а мы бы потом отработали этого торговца по всем правилам. Кто ж мог предположить, что Лыткин сразу за нож схватится! Если бы они хотя бы драться начали...

— Да понимаю я все, не маленький, — огрызнулся

Селуянов. — Не первый год замужем. И все равно мне каждый раз бывает не по себе. Будто я в чем-то виноват.

— Ни в чем ты не виноват, — продолжал убеждать друга Коротков. — Ребятам сказано было русским языком: шарик — это поисковый признак, не ходите с ним по улице, не светитесь. А если к вам кто-нибудь проявит интерес, немедленно сообщите — и телефоны все оставили. Мы же с тобой не няньки им, не можем водить их за ручку. Если бы Баженов еще днем сообщил нам о встрече, мы смогли бы организовать все так, что с него ни один волосок не упал бы. Колян, хватит рвать на себе волосы, надо делом заниматься. Ну-ка вспомни, что я теперь твой начальник, и доложи по всей форме, что происходит в той конторе, куда наш друг Дударев ходил якобы на работу устраиваться.

— Пока ничего не происходит, — признался Селуянов, понурив голову.

— Это почему же?

— Я там не был.

— Я понял, что не был. Почему?

— Ну Юр, ну поимей же совесть! Вы мне чуть свадьбу не сорвали, хотя в приличном обществе молодоженам полагается трехдневный отпуск. Я что, железный, что ли? У меня тоже чувства есть. Или ты думаешь, если я второй раз женюсь, то мне это так, по фигу?

— Нынче принято говорить «по барабану», — заметил Коротков. — Коля, давай мы с тобой один раз договоримся и больше к этому возвращаться не будем. Тебе нравится, что замом у Колобка сделали меня, а не пришлого варяга?

— Нравится, еще бы.

— Тогда не напрягай меня попусту. Можешь мне поверить, быть начальником над теми, с кем вчера работал в одной упряжке, — это не самый сладкий сахар, который существует. Так что не дави на мои дружеские чувства, а то я начинаю думать, что я монстр какой-то и людям жизни не даю.

Николай надулся и замолчал. Коротков решил попробовать не обращать внимания на обиду давнего друга. Что толку копаться в этом? С самого начала он знал, что так и будет, так всегда бывает, когда на руководящую должность назначают кого-то из своих. Знал и пошел на это с открытыми глазами, так что теперь придется терпеть. Колька пока первый, кто сделал попытку сыграть на старой дружбе и обидеться. Но потом будет и второй, и третий. Игорь Лесников, Миша Доценко, Ася... Хотя Аська, пожалуй, не станет, у нее характер не тот.

— А кстати, где наша подполковница? — спросил он совершенно некстати.

— Не знаю, наверное, в больнице у Дениса, — ответил Селуянов. — Мы с ней вчера там сидели, пока операция не закончилась, потом я ее домой отвез, она говорила, что с утра туда вернется.

— Зачем? — удивился Коротков. — С ним же, наверное, еще разговаривать нельзя.

— Ну и что? Она просто там посидит, подежурит.

— Больше некому?

— Некому. У Дениса мамаша та еще, она, по-моему, и не собирается к нему ездить. А ты Аське все равно отгул обещал за два прошлых воскресенья, вот она и использует его.

— Ладно.

Коротков вздохнул и в очередной раз подумал, а прав ли он был, соглашаясь на это повышение в должности?

На уровне старшего опера ему и в голову не приходило, о какой ерунде постоянно должна болеть голова у начальника. Даже такая, казалось бы, мелочь, как ежечасное и ежеминутное точное знание, кто из подчиненных где находится. Он должен быть во всеоружии, ежели кто из вышестоящих начальников вздумает сказать: «А где твой имярек?» Подставить оперативника — много ума не надо, зато желающих найдется немало. Сколько раз бывало, раздается Колобку-Гордееву телефонный звоночек со словами: дескать, твой сотрудник уличен в коррупционных связях и в данный момент парится в баньке в приятном обществе известного авторитета. Или «пьянствует водку» в ресторане, известном и популярном среди криминалитета. Или иные какие «безобразия нарушает». Такие сообщения всегда малоприятны и заставляют начальника дергаться и судорожно оправдываться в попытках прикрыть подчиненного. Или нагло врать, что человек находится на спецзадании, и чувствовать себя при этом полным идиотом. Но это в том случае, если начальник на самом деле не знает, где сейчас находится злополучный подчиненный и что он там делает. А хороший начальник всегда должен это знать и давать злобным клеветникам и послушным чужой воле дуракам достойный отпор. Вот Каменская, например, один раз попалась, дело дошло до отстранения от должности и служебного расследования, а все почему? Потому что пошла в ресторан на встречу с крупным мафиози, Колобку не доложилась, а доброжелатели-то — они всегда тут как тут. Сфотографировали и снимки руководству ГУВД направили. Руководство Гордеева на ковер — и снимочки перед ним разложили, вот, мол, Виктор Алексеевич, полюбуйтесь, ваша любимая Каменская за одним столом с известным преступником, вот он ей ручку целует, а вот он ей прикурить дает, а вот они мило общаются. Если бы Гордеев заранее об этой встрече знал, он бы тяжелой артиллерией запасся на такой случай, а так пришлось краснеть в начальственном кабинете и грубить. Нехорошо вышло. Гордеев из тех начальников, которые своих подчиненных считают своими детьми и вышестоящему руководству никогда не сдают, всю вину берут на себя, да и грех обмана тоже. Правда, деткам после этого влетает — мало не покажется. Конечно, если детки и вправду нашкодили. А ежели это все происки горячо любящих доброжелателей — так он может и вовсе не сказать ничего, чтобы зря человека не нервировать.

Гордеева нет в Москве, так что отвечать за каждого должен он, майор Коротков. Стоило ли столько лет совершенствовать свой профессионализм сыщика, чтобы в итоге оказаться надсмотрщиком? Вот что беспокоило Юрия. Но, честно говоря, беспокоило пока не очень часто, даже не каждый день.

* * *

Вся семья Кипиани была в больнице с восьми утра. Когда Настя около девяти часов пришла в хирургическое отделение, она сразу увидела Артема, который нервно ходил взад-вперед по лестничной площадке перед дверью, забавно крутя головой. Конечно, он ее не узнал и просто посторонился, чтобы пропустить. С расстояния в два метра он не мог различить детали лица, видел только общий контур человека.

— Ты давно здесь? — спросила она, останавливаясь рядом с ним.

Артем повернулся к ней.

— Это вы? Я вас по голосу узнал. Мама сейчас с врачом разговаривает.

— Вы здесь вдвоем? — удивилась она.

— Папа тоже пришел. Его за минеральной водой отправили. Врач сказал, что, когда Денису можно будет пить, нужно много минералки. Как вы думаете, он поправится?

— Наверняка, — твердо сказала Настя. — Даже не сомневайся. Но сюда ты напрасно пришел.

— Почему?

— Потому что еще вчера ты меня уверял, что у тебя ангина. Уверял или нет?

— Да какая разница! Подумаешь, ангина... Денис тяжело ранен, и я должен быть здесь. И вообще я уже почти поправился.

— Это никого не интересует, Артем. Ты — вирусоноситель, и в палату к тяжелому послеоперационному больному тебя никто не пустит.

— А никто и не узнает, я же не скажу.

— И плохо сделаешь, если не скажешь. Денису сейчас только твоих бактерий не хватает для полного комплекта. Неужели твои родители этого не понимают?

В этот момент на лестницу вышла Екатерина.

— Артем, папа еще не приходил?

Она заметила Настю и рассеянно кивнула ей, не узнавая. Потом, видимо вспомнив ее, резко повернулась.

— Вы видите, на что вы толкали моего сына? Вы же уверяли меня, что опасности никакой нет. Неужели вам не стыдно? Вы, милиционеры, готовы на что угодно, вы даже детей подставлять готовы под пули, чтобы решить свои служебные задачи. Ни стыда у вас, ни совести. И не смейте разговаривать с Артемом, я вам запрещаю!

— Мама!

Артем попытался вмешаться, но мать даже не услышала его, в ней кипела ярость, вызванная безумным страхом за сына.

— Прошу меня извинить, — вежливо, но холодно сказала Настя, — мне вы ничего запретить не можете. Если вы не хотите, чтобы ваш сын со мной разговаривал, вам следует запрещать ему, а не мне. Денис попал в беду исключительно потому, что не послушался меня. Он сделал как раз то, чего делать нельзя было, и я его предупреждала об этом. Ваш сын оказался рядом с местом преступления, и его там видели. Более того, по стечению обстоятельств вышло так, что он общался с преступником. Ни вы, ни я не могли повлиять на этот факт или отменить его, правда? Моей задачей было обезопасить Артема на тот случай, если кто-нибудь начнет его искать. И я подробнейшим образом проинструктировала мальчиков о том, как себя вести. А Денис мои инструкции нарушил. Ваш сын делал так, как я советовала, и сейчас он цел и невредим. У вас еще есть ко мне претензии?

— Мама, ты же ничего не знаешь... Анастасия Павловна права, все было так, как она говорит.

— Не хочу ничего слышать! — почти выкрикнула Екатерина. — И не смей ее выгораживать. Ты что, тоже на больничную койку захотел? Мы немедленно едем домой, слышишь?

— Я не поеду, — Артем упрямо наклонил голову. — Я останусь здесь.

— Нет, поедешь.

Послышались шаги снизу, и через секунду в лестничном пролете показалась черноволосая голова Тенгиза

Кипиани. Он шел быстро, несмотря на тяжелую сумку с бутылками нарзана.

— О, и вы здесь? — улыбнулся он Насте. — Здравствуйте. Катюша, что сказал врач?

— Я тебе дома расскажу. Отнеси воду в палату, и едем. Екатерина демонстративно взяла Артема за руку и потянула вниз по лестнице. Юноша вырвал руку и отступил назад.

— Мама, пожалуйста, разреши мне остаться. Ты должна понять, Денис мой друг, и, когда к нему будут пускать, я должен быть первым, кого он увидит.

— К нему сегодня еще не пускают. А завтра папа тебя привезет сюда. Идем, сыночек.

Тенгиз поставил сумку с бутылками на пол и строго посмотрел на жену и сына.

— Я не понял, что здесь происходит? Что за истерика в общественном месте?

Настя заметила, что при этих словах Екатерина как-то стихла. Пожалуй, действительно в этой семье главенствует Тенгиз, решающее слово принадлежит ему.

— Никакой истерики, что ты, тебе показалось, — Екатерина сделала попытку улыбнуться. — Просто я объясняю Артему, что сегодня к Дениске еще не пускают, поэтому мы должны ехать домой.

— Артем останется здесь, — отрезал Тенгиз. — Он должен вести себя как настоящий мужчина, а не как маменькин сынок. Здесь находится его друг, и я перестал бы уважать своего сына, если бы сейчас он поехал домой. Иди в машину, Катюша, и жди меня, я отнесу воду, и мы поедем.

Настя с нескрываемым любопытством наблюдала за этой сценой. Глава семьи мгновенно расставил все по своим местам, ни на полтона не повысив голос. Артем стоял пунцовый не то от гнева, не то от стыда, и Настя ему от души сочувствовала. В девятнадцать лет, наверное, уже не бывает все равно, когда родители делят влияние на тебя, да еще в присутствии постороннего. Екатерина послушно пошла вниз, успев кинуть на Настю уничтожающий взгляд, Тенгиз скрылся за дверью, ведущей в отделение, и они с Артемом остались вдвоем.

— Ужасно, да? — Он слабо улыбнулся и снова закрутил головой, стараясь поймать Настю глазами.

— Ничего ужасного, со всеми это бывает. Родители с трудом мирятся с тем, что их ребенок перестает быть ребенком и становится взрослым. Им почти всегда этого очень не хочется, просто такое нежелание принимает самые разные формы. К этому надо быть готовым и относиться с пониманием. И ни в коем случае не стесняться.

— Как же не стесняться... Неудобно так получается... Я даже не знаю, что сказать.

— Не нужно ничего говорить. — Настя мягко взяла Артема за руку. — Никогда не нужно стесняться собственных родителей, это грех. Родителями нужно гордиться, какими бы они ни были. Они дали тебе жизнь, и они для тебя самые лучшие. И ведут они себя совершенно естественно, все другие родители сделали бы в точности то же самое.

— Значит, вы не сердитесь на маму?

— Нисколько. Я ее понимаю. Может быть, тебе кажется, что я излишне резко ей ответила?

— Ну да, я и подумал, что вы рассердились.

— Это разные вещи, Артем. Не согласиться с человеком, когда он не прав, — одно. Сердиться на него за то, что он не прав, — совершенно другое. Наверное, я была резка с твоей мамой, но я на нее не обиделась.

Открылась дверь, снова появился Тенгиз.

— Сколько ты хочешь здесь пробыть? — спросил он сына.

— Я не знаю, — растерялся Артем. — Я думал, пока к Денису пускать не начнут. Но мама сказала, что пускать будут только завтра.

— Хорошо, — кивнул отец. — Ты остаешься здесь, это решено. Мало ли что понадобится. Когда за тобой приехать?

— Я сам доеду на метро.

— Ладно. Не забывай звонить матери, она волнуется.

Он легко хлопнул Артема по плечу и сбежал по ступенькам вниз. Настю он, казалось, не замечал, хотя и поздоровался с ней вначале. Что это, демонстрация согласия с позицией жены? Он тоже считает Настю в чем-то виноватой? Наверное, так. Только у него в отличие от супруги хватает выдержки не устраивать ей сцен.

Они молчали, пока не стихли шаги и не хлопнула дверь на улицу.

— Хорошо, что я тебя здесь встретила, — сказала Настя. — Ты подождешь, пока я переговорю с врачом?

— Конечно, — с готовностью ответил Артем.

* * *

Она еще спрашивает, подождет ли он! Да он готов ждать ее часами, если она рада встрече с ним. А она рада, она же сказала: «Хорошо, что я тебя здесь встретила». Артему казалось, что он может без конца слушать ее голос, похожий на колыбельную.

Каменской не было долго, так, во всяком случае, ему показалось, и Артем начал беспокоиться. Может быть, с Денисом что-то неладно? Он решил подождать еще немного и сам идти в отделение, но спустя несколько минут одумался. В помещении за этой дверью он ни разу не был, он не знает, где что расположено, а для того, чтобы прочитать надписи на дверях, ему придется утыкаться в эти двери носом. Ничего себе картинка! И каждому объяснять, что он ничего не видит и ищет женщину из милиции. Глупость какая-то! Нужно набраться терпения и ждать, Каменская обязательно придет. Он спустился на один пролет и присел на подоконник.

Ближе к десяти часам больница стала оживать, по лестнице сновали люди, и двери хирургического отделения все время открывались и закрывались, заставляя Артема вздрагивать. Он не мог различить, кто выходит на лестницу, только по контуру фигуры определял, что идет человек в халате или без него. Каменской все не было, и Артем стал думать о музыке, чтобы время шло быстрее. Для него это был испытанный способ скоротать минуты и часы. В голове начинали звучать музыкальные фразы, и он тут же мысленно перекладывал их на нотные знаки, произнося в уме: правая соль четверть с точкой, пауза восьмушка, триоль ля—си-бемоль—ля, левая ми—соль-си-бемоль... Интересно, сможет ли Денис научиться записывать партитуры? Впрочем, отец обещал со временем купить тот самый компьютер, который может записывать ноты, если подключить его к электронному инструменту. Интересно, получится ли из него композитор? Отец говорит, что обязательно получится, если много и упорно работать, отец вообще свято верит в силу труда и упорства и считает, что они помогают преодолеть любые сложности.

Дверь снова открылась, и Артем даже удивился, что в тот же момент понял: это она. Это действительно была Каменская.

— Ты меня заждался?

— Немножко. Как там Денис?

— Ничего. Состояние средней тяжести, это всегда бывает после полостных операций. Если все будет благополучно, завтра его переведут в общую палату. Но тебе лучше к нему не ходить, пока ты сам окончательно не выздоровеешь. Это ненужный риск.

— Я здоров... — начал было Артем, но Каменская прервала его:

— Пойдем на улицу, там есть где поговорить.

Вокруг больницы не было настоящего парка, было лишь некое подобие сквера, где прогуливались или просто сидели на свежем воздухе ходячие больные. Сейчас время утреннего обхода, все пациенты находились в палатах, и им удалось без труда отыскать свободную скамью.

Каменская достала из сумки плейер и кассеты.

— Я хочу, чтобы ты это прослушал. Здесь три варианта Шотландской симфонии.

Артем надел наушники. Запись на первой кассете он отмел сразу, вторую слушал чуть дольше. Конечно, это она, та самая запись, которая доносилась из наушников незнакомца в то воскресное утро. Он хотел было сказать об этом Каменской, но решил подождать и дослушать первую часть до конца. Музыка завораживала его своим суровым холодом, даже мурашки по коже побежали. Он слушал эту симфонию много раз, но никогда музыка

Мендельсона не звучала так, как сейчас. Перед глазами вставали скалистые горы и глубокие озера, наполненные ледяной водой, в этих озерах отражалось свинцовое тяжелое небо, на котором собирались грозовые тучи, налетал ветер, порывы его делались все сильнее и сильнее, пока не превращались в ураган, ломающий деревья, сметающий все на своем пути и заливающий искореженные обломки холодным проливным дождем... А потом все закончилось, ветер стих, дождь прекратился, но солнце так и не выглянуло.

— Это она, — сказал он, снимая наушники.

— Хорошо, — Каменская убрала кассету в сумку, — теперь послушай вот это. Это запись разговора Дениса с тем человеком, который его ранил. Я хочу, чтобы ты попробовал вспомнить, не с ним ли разговаривал тогда, когда слышал музыку.

Нет, этого голоса Артем не слышал никогда, он мог бы в этом поклясться. Тот человек на скамейке разговаривал совсем иначе, и тембр был другим, и интонации.

— Нет, — покачал он головой, снимая наушники, — не он.

— Хорошо, — повторила Каменская, и Артем не понял, что же здесь хорошего, если человек оказался не тем.

— А почему он хотел убить Дениса?

— Не знаю. Может быть, ему действительно показалось, что твой друг хочет забрать диск и не заплатить.

— Неужели за это можно убить? — изумился Артем. — Это же всего пятьдесят рублей каких-то...

— Сегодня и за меньшее убивают. Теперь расскажи мне как можно подробнее, слово за словом, шаг за шагом, что говорил Денис вчера.

Артем начал рассказывать, стараясь ничего не упустить. Он плохо видел лицо Каменской, но чувствовал запах ее духов и хотел запомнить их надолго. Неужели ей и в самом деле столько лет, сколько его родителям? Наверное, у нее есть дети такого же возраста, как и он сам. Чем они занимаются, какой у них характер? А вдруг у нее есть дочка, и у этой дочки такой же голос, как у Каменской?

Мысли текли параллельно, одной частью мозга Артем следил за деталями собственного рассказа, другой — думал о женщине, которая сидела рядом с ним, о ее духах и ее голосе. Он давно уже научился думать о нескольких вещах одновременно, не теряя нити размышлений, не сбиваясь и не путаясь.

— О чем ты думаешь? — внезапно спросила Каменская.

Артем вздрогнул и почувствовал, как начинают гореть щеки. Неужели так заметно?

— Неужели так заметно? — произнес он вслух, прежде чем успел прикусить язык.

— Заметно. Твои глаза где-то... не со мной. Вроде бы разговариваешь со мной, а думаешь о чем-то другом. Верно?

— Верно. — Он улыбнулся. — А у вас есть дети?

— Нет.

— Значит, вы не замужем?

— Замужем. Почему ты спросил?

— Просто интересно. Я подумал, что, если у вас есть дочка, у нее обязательно должен быть такой же голос, как у вас. А как называются ваши духи?

— Артем, откуда такие странные вопросы? Мы с тобой говорим о преступнике, который напал на Дениса, а не обо мне.

От ее голоса повеяло прохладой, Артем сразу это почувствовал. Минуту назад голос Каменской был похож на тихую фортепианную элегию, а теперь в нем явственно проступала партия трубы. Холодный острый металл.

— Извините, — пробормотал он, — я больше не буду отвлекаться.

* * *

В среде сотрудников фирмы «Турелла» единодушия не было, Сергей Зарубин понял это сразу. Интриги процветали, сплетни были основной темой разговоров, и каждый имел собственную версию организации убийства Елены Дударевой. Однако в том, что один из инициаторов убийства работает в «Турелле», все дружно сомневались. Или, по крайней мере, так говорили.

Коля Селуянов, подувшись на своего начальника минут десять, отправился в организацию, вызвавшую наибольшие подозрения, и быстренько свел знакомство с той самой Галочкой, на которую указала ему Анастасия. Галочка действительно знала все и обо всех, но самое главное — любила об этом рассказывать. За первые два дня знакомства Николаю удалось узнать о сотрудниках торгово-закупочной фирмы массу интересного, но не относящегося к делу. Задавать вопрос о Дудареве впрямую ему не хотелось, но время шло, а Галочка рассказывала о чем угодно, только не о нем. Наконец он решил пойти ва-банк.

Встретив свою новую знакомую после работы, Селуянов предложил где-нибудь поужинать. Галя с восторгом согласилась.

— А куда мы пойдем? — с любопытством спросила она.

— Есть такой симпатичный кабачок, называется «У Тимура». Слыхала?

— Но это же далеко, — удивленно протянула девушка. — Неужели поближе ничего нет?

— Поближе есть, но мне нужно в те края. Сегодня годовщина смерти одного человека, которому я был очень обязан, и мне хотелось бы положить цветы на могилу. А ресторан как раз рядом с кладбищем.

— А-а, — разочарованно протянула Галя. — Ну ладно, поехали.

Всю дорогу до кладбища Селуянов мысленно хвалил себя за странную привычку собирать информацию «на всякий случай, авось пригодится». Во время похорон Елены Дударевой он внимательно осмотрел находящиеся рядом могилы и постарался запомнить имена и даты: он хорошо знал по опыту, что это бывает очень полезным и часто помогает заводить нужные, но с виду вполне естественные знакомства.

Купив цветы у бабульки, торгующей перед входом на кладбище, Николай уверенно повел Галю по дорожке вдоль могил. Топографическая память у него была отменная, и что такое «забыть дорогу», а уж тем более «заблудиться», он не знал. Свежую могилу Дударевой, накрытую ворохом венков с быстро увядшими на жаре цветами, он нашел быстро, но прошел мимо к тому захоронению, которое было ему нужно. Он отчетливо помнил, что Дудареву похоронили рядом с человеком, на памятнике которого было высечено: «Кошелев Федор

Иннокентьевич, 19.02.1929 — 10.06.1992». Умер он, стало быть, шесть лет назад в этот самый день, 10 июня. Николай положил цветы, постоял минутку молча.

— Смотри-ка, кого-то недавно похоронили, — он сделал вид, что только сейчас заметил могилу Дударевой. — А я думал, что в этой части больше не хоронят, здесь места нет. Еще шесть лет назад, когда Федор Иннокентьевич умер, помнится, это место с огромным трудом выбили, все связи подняли. Уже тогда здесь не разрешали новые захоронения. Ан нет, смотри-ка, еще кому-то удалось. Наверное, какой-нибудь финансовый воротила из «новых русских».

Он наклонился над могилой, будто читая надпись на табличке.

— Дударева Елена Петровна... Надо же, молодая совсем, тридцать шесть лет всего.

Галя стояла рядом бледная, с дрожащими губами.

— Ты что, расстроилась? — спросил Селуянов. — Тебя пугает, когда молодые женщины умирают?

— Не в этом дело, — резко сказала девушка. — Пошли отсюда. Терпеть не могу кладбища.

— Ну пошли, — покладисто согласился Николай.

Он не торопясь повел Галю к выходу, но не той дорогой, которой привел к могиле, а другой, более длинной, надеясь на то, что она не вспомнит маршрут.

— Представляешь, каково мужу этой Дударевой, если он у нее был, — продолжал он как ни в чем не бывало. — Он, наверное, примерно ее возраста, молодой мужик, остался один с ребенком или даже с несколькими детьми. И как ему дальше жить?

— Да перестань ты о ней говорить! — раздраженно бросила Галя, пытаясь ускорить шаг.

Но идти быстрее ей не удавалось, потому что дороги она не знала и вынуждена была у каждого поворота ждать Николая, который вовсе не торопился.

— Неужели ты так равнодушна к чужому горю? — укоризненно покачал головой лицемер Селуянов. — Вот ты только представь себе, молодой мужчина и молодая женщина жили вместе, любили друг друга, растили детей, строили планы на будущее, может быть, собирались в этом году ехать в отпуск. Они думали о том, какое образование дать детям, как отремонтировать квартиру, что подарить на день рождения друзьям. И вдруг — раз! — и все переломилось. Жены больше нет, остается молодой вдовец с детьми на руках. Я уж не говорю о том, как сильно он переживает, но ведь есть и другие моменты. Например, он работал на двух или трех работах, чтобы обеспечивать семью, а что ему сейчас делать, когда дети требуют ухода и присмотра? Уходить со всех работ сразу и умирать с голоду? Или нанимать прислугу? Но ей платить надо. Самый тривиальный выход — найти новую жену, которая будет присматривать за детьми и хозяйством бесплатно, а много ли желающих найдешь? Поэтому жениться он вынужден будет не по любви, и очень скоро этот брак превратится в пытку. Дети будут ревновать и закатывать истерики, для них это станет моральной травмой, сам вдовец будет мучиться рядом с нелюбимой, но необходимой ему женщиной, и в результате лет через пятнадцать-двадцать это обернется для него еще одной трагедией. Холодный вымученный брак высосет из него всю кровь, жена тоже будет чувствовать себя нелюбимой и превратится в истеричку или в сварливую бабищу, а дети постараются как можно быстрее смотаться от них, потому что им невыносимо жить в такой атмосфере. Они никогда не будут испытывать к отцу благодарность за то, что он загубил свою жизнь ради них. И останется этот вдовец у разбитого корыта, всеми брошенный и никем не любимый. А ведь еще неделю назад все было так радостно, и ему казалось, что впереди длинная и счастливая жизнь с любимой женой и прелестными детками...

Селуянов рассуждал пространно и неспешно, зорко следя за реакцией своей спутницы. Галя, поняв, что не заставит его идти быстрее, шагала рядом с видом великомученицы и демонстративно смотрела в сторону, никак не поддерживая разговор. Но в конце концов не выдержала.

— Да заткнись ты! — грубо выкрикнула она. — Не хочу ничего слышать про этого вдовца!

Селуянову не составило большого труда разыграть обиду и ловко повести дальнейший разговор таким образом, что, когда они подошли к его машине, Галя сухо сказала:

— Знаешь, я не хочу в ресторан. Отвези меня домой, я устала.

Николай с удовольствием выполнил просьбу, с трудом сохраняя обиженную мину. Не очень-то ему и хотелось в этот ресторан. А уж если совсем честно, то и вовсе не хотелось. Дома его ждала Валюшка, отменная кулинарка, и приготовленный ею ужин даст фору любому ресторанному меню. Валюшка, его свет в окошке, его девочка любимая, которая встретилась Николаю, когда он был на полпути к тому, чтобы окончательно спиться. Валюшка, отчаянная автогонщица и прирожденная милицейская подруга, готовая ждать Николая с работы до самого утра, периодически подогревая ужин, чтобы был горячим в любой момент, преданная и любящая. Валюшка, тоненькая как тростинка, с талией, которую можно обхватить кистями рук, и с ногами, которые растут прямо от шеи. Конечно, Валюшка не сравнится ни с какой Галочкой и вообще ни с кем.

Селуянов уже понял, что встречаться с Галей ему больше не требуется, но хотелось добавить к общей картинке завершающий штрих, чтобы уж наверняка. И он слегка изменил маршрут.

— Через Садовое кольцо не поедем, там сейчас пробки — жуть, попробуем объехать переулками, — сказал он, переезжая перекресток насквозь, вместо того чтобы свернуть налево на Садовую-Каретную.

Ближе к площади у «Красных Ворот» он сделал еще несколько маневров и выехал прямо на улицу, где жил Дударев. Точно в том самом месте, где стояла когда-то его фиолетовая «Шкода-Фелиция», у Селуянова благополучно забарахлил движок. Николай открыл капот и занялся имитацией ремонта. Выдержки у Галины хватило ненадолго. Первые три-четыре минуты она нервно поглядывала на дверь подъезда, потом выскочила из машины и яростно хлопнула дверцей.

— Только такой кретин, как ты, может возить даму на сломанной машине. Вот и возись с ней до завтра, а я поймаю такси.

Николай помахал в воздухе грязными руками и изобразил воздушный поцелуй.

— Счастливой дороги, моя принцесса! Ищи дураков в лимузинах, они обожают подвозить таких красавиц, как ты.

Галя умчалась, сердито стуча каблучками, и Николай облегченно вздохнул. Пусть она думает, что он невоспитанный и неотесанный мужлан. Пусть думает, что они поссорились навсегда. Пусть считает, что это она его бросила. И совсем ей не нужно понимать, что на самом деле это Николай Селуянов, оперативник из уголовного розыска, ловко избавился от нее, как только она стала не нужна.

А она действительно больше не нужна. Ибо совершенно понятно, что в ее контору Георгий Николаевич Дударев приходил именно к ней. И судя по тому, как нервно она восприняла рассуждения о семейной жизни и молодом вдовце, приходил он к ней не по «убойному» делу, а исключительно по сердечному. Дамочка плохо владеет собой и явно не особенно умна, маловероятно, что господин Дударев привлек ее к убийству собственной жены в качестве помощницы. Не в меру болтлива наша Галя, этого даже полный идиот не сможет не заметить. Полагаться на нее нельзя. Конечно, Галочку еще проверят по всей форме, и, может быть, Селуянову еще придется с ней помириться, правда, ненадолго. Но скорее всего здесь нет ничего, кроме флирта или даже некоторого романа. Ай да Дударев, ай да дамский угодник, иметь красивую богатую жену и как минимум двух любовниц — это надо суметь. Это не каждому дано.

В этот момент Селуянов почему-то подумал об Ольге Ермиловой. Ведь это именно ее, а вовсе не пустую, болтливую Галочку, Дударев просил по телефону найти хорошего адвоката. И, судя по отчетам наружников, Ермилова нашла адвоката и даже встречалась с ним вместе с Дударевым. Отчего-то Дударев вторую свою подружку этим заданием не загрузил. Почему? Считал, что Ольга лучше справится? Точно знал, что Галя не сумеет ничего толкового сделать? Или по еще каким-нибудь соображениям?

Все просто, как сказка про репку, решил Селуянов, подъезжая к дому. Ольга знает, что его подозревали и продолжают подозревать в убийстве жены, так что с ней скрытничать глупо. Ольга узнала об этом от мужа. А Галя этого может и не знать. Сказать ей об этом не мог никто, кроме самого Георгия Николаевича, а он, по всей вероятности, этого не сделал. Почему? Опять же все просто. Финансовое положение Дударева не из завидных, Елена Петровна наличные в доме не держала, а те, что находились в сейфе в офисе, никто ему не отдаст. Дураков нет. Офис — собственность фирмы, и все, что в нем находится, тоже. Ты сначала докажи, что эти деньги твои, а не фирме принадлежащие, а потом, может быть, ты их получишь. И то не сразу. Те же вклады, которые находятся в банках, переходят по наследству, и на это требуется немалое время. А жить уважаемому Георгию Николаевичу на что? Недаром он кинулся судорожно искать себе работу. Но с работой не все так просто, а кушать хочется каждый день, и не по одному разу. Галочка женщина небедная и принадлежит к той категории людей, которые, влюбившись, готовы кинуть к ногам возлюбленного все, что имеют. Вероятно, Дударев одалживает у нее некоторые суммы, рассказывая о временных трудностях с обналичиванием денег. Естественно, в долг, и точно так же естественно, не говоря ни слова о том, что может в любой момент снова оказаться в камере, и на этот раз уже надолго. Кто ж тебе даст в долг, если тебя посадить могут?

Приехав домой, Николай с удовольствием стащил с себя влажную от пота одежду и залез под прохладный душ. Запахи Валюшкиной стряпни разносились по всей квартире и проникали даже в ванную. Намыливая волосы шампунем, он пытался по запаху угадать, с какой начинкой будут пироги, с мясом или с грибами. Но в том, что будут именно пироги, он не сомневался ни секунды. «Какое счастье, — думал он, смывая мыльную пену, — что можно быть дома и гадать о том, с чем твоя жена испекла пироги, а не о том, пойдет она сегодня на свидание с любовником или вернется с работы вовремя. Тьфу, опять я про первую жену думаю. Надо же, до какой степени она мне мозги отравила! Сейчас даже вспомнить страшно, в каком кошмаре я тогда жил...»

Пироги оказались с яблоками, и Селуянов признался себе, что угадыватель из него получился никудышный.

* * *

Когда раздался телефонный звонок, Ольга Ермилова загружала бельем стиральную машину. Едва услышав в трубке голос адвоката Храмова, она почувствовала, как сердце болезненно сжалось. Голос у него был таким, что Ольга сразу поняла: он скажет что-то плохое. Неужели с защитой Георгия ничего не получается? Неужели он действительно виновен и доказательств его вины столько, что увернуться никак не удастся? Впрочем, в том, что он виновен, Ольга была почти уверена, только надеялась все время, что адвокат что-нибудь придумает и вытащит Дударева из беды.

— Ольга Васильевна, мне очень жаль вам это говорить, но вам придется подыскать себе другого адвоката, — сказал Храмов.

— Почему? — оторопела Ольга.

Она ожидала чего угодно, только не этого.

— Видите ли, я не могу больше заниматься вашим делом.

— Но почему?

— По семейным обстоятельствам. Мне нужно уехать как минимум месяца на два, а может быть, придется задержаться и подольше. Вы уж извините, что так получилось, но я действительно не могу заниматься вашим делом сейчас. Найдите себе другого адвоката, а аванс, который вы мне выплатили, я вам верну. Полностью.

— Нет, зачем же, — вяло ответила Ольга, — вы же работали, тратили время... Оставьте себе хотя бы часть денег, вы их заработали.

— Нет, Ольга Васильевна, у меня есть свои правила. Я беру деньги только в том случае, если довел дело до конца, то есть сделал все, что от меня зависело. Давайте не будем это обсуждать, аванс я верну. Поверьте, мне очень жаль, но я вынужден отказаться. Если вы найдете другого адвоката, можете рассказать ему о той линии защиты, которую я избрал. Может быть, она покажется ему перспективной. Хотя, возможно, он сможет придумать что-нибудь получше.

Ольга обессиленно присела на диван в гостиной. На нее навалилась давящая усталость, руки и ноги, казалось, оцепенели и уже никогда больше не смогут двигаться. Нужно искать другого адвоката... Где его искать? Снова идти к тому старому юристу и просить еще об одной консультации? Ну и кого он посоветует? Опять какого-нибудь молокососа, который возьмется за дело, а потом откажется, не устояв перед перспективой поехать в отпуск на теплое море. В том, что Храмов отказался от дела как раз по этой причине, Ольга не сомневалась. Лето, невыносимая московская жара, какой уважающий себя человек будет торчать в городе, если есть хоть малейшая возможность плавать в прохладной воде и дышать горным или морским воздухом, а не тяжелыми выхлопными газами, от которых першит в горле и слезятся глаза. Одни, богатые и счастливые, поедут отдыхать, а другие, на которых обваливается неожиданная беда, будут сидеть в московских квартирах, не спать ночами, плакать и ждать чуда. Которое так и не случится.

На всякий случай Ольга, достав записную книжку и найдя нужный номер, позвонила тому старому адвокату. Ей вежливо ответили, что он уехал из Москвы и до середины сентября не вернется. Ну конечно, с горечью подумала Ольга, богатые и счастливые могут себе это позволить.

Она услышала, как из комнаты сына вышел Михаил и направился на кухню. И Ольга решилась. В конце концов, она должна сделать все, что от нее зависит, чтобы спасти человека, который ей доверился. И плевать на самолюбие.

— Миша, можно мне поговорить с тобой?

— Поговори, — равнодушно бросил Михаил.

Он стоял посреди кухни в джинсах и с обнаженным торсом и заваривал себе чай. Ольга невольно залюбовалась его широкими плечами, даже небольшой жирок на талии не портил его. Хотя у Георгия и этого жирка не было, он весь состоял из одних мускулов. «Да что я их сравниваю, — сердито одернула она себя. — Михаил — мой муж, и я буду отныне ему верна. Каким бы замечательным ни казался мне Георгий».

— Миша, я наняла адвоката для Дударева. Ну вот, он проработал неделю, собрал какой-то материал, а теперь отказывается от дела.

Ольга сделала паузу, ожидая реакцию мужа.

— Ну и что? — все так же равнодушно спросил Михаил.

— Пожалуйста, помоги мне найти другого адвоката. Только не такого сопляка, как этот, а серьезного человека, который возьмется за дело и уже не откажется от него из-за пустяка.

— Совсем с ума сошла? — Глаза Ермилова мгновенно налились гневом. — Ты что себе позволяешь? Ты сначала изменяешь мне, а потом, когда твой любовник убивает свою жену, а я его почти сажаю, ты просишь сначала, чтобы я его отпустил, а теперь требуешь, чтобы я ему адвоката искал? Ты за кого меня принимаешь? За тряпку безвольную, которая будет плясать под твою дудку? Не будет этого. Ни-ког-да. Так и запомни.

Он взял большую чашку с чаем и повернулся, чтобы выйти из кухни, но Ольга перегородила ему путь.

— Миша, пожалуйста... Я все понимаю, и ты не представляешь, как сильно я чувствую свою вину. Я проклинаю себя за то, что сделала. Но я это уже сделала, и изменить это невозможно. Ты можешь обойтись со мной как угодно, только не бросай меня в беде, я прошу тебя. Я должна помочь этому человеку, потому что он попросил меня о помощи. Он тоже в беде, и я не могла ему отказать. Я обещала. А пообещать человеку помощь и бросить его на произвол судьбы — это подло. Я так не могу. Я никогда больше не буду с ним встречаться, я даже не вспомню о нем, но свои обещания я должна выполнить.

— Изменять мужу тоже подло, но тебя это соображение почему-то не остановило, — холодно заметил Ермилов.

— Это было помрачение рассудка. Миша, поверь, такое помрачение рассудка бывает хоть раз в жизни с каждым человеком, только с одними это происходит раньше, когда они еще не состоят в браке, с другими позже. Но это бывает с каждым. Это как корь или ветрянка, этим болеют все, только одни в детстве, и тогда это проходит легче, а другие — когда становятся старше, и болеют они тяжелее. Мишенька, я все понимаю, я себя казню, ты даже представить себе не можешь, как я себя казню. Это было и прошло. Остался только моральный долг, чисто человеческий. Нельзя бросать людей в беде, даже если эти люди тебе никто.

— Ну хорошо, и чего ты хочешь от меня? — устало спросил Ермилов.

Он вернулся к столу, поставил чашку и сел.

— Помоги найти адвоката. Нормального.

— А тот, которого ты нашла сама, чем тебя не устраивает?

— Он меня всем устраивает, но он только что позвонил и сказал, что больше не будет заниматься этим делом.

— Почему?

— Я не знаю. Он сказал, что должен по семейным обстоятельствам куда-то уехать надолго. Я думаю, он врет, просто он молоденький, ему хочется приятной жизни и развлечений. Я так на него надеялась, он ведь сам раньше работал в милиции и сразу сказал мне, как и что нужно делать, и вот теперь... Наверное, его девушка пригласила куда-то на отдых, и он не счел нужным отказываться от этого ради какого-то дела. Мне нужен серьезный адвокат, а не вертопрах. Ты можешь мне помочь?

— Скажи мне, а как ты его нашла?

— Кого? — не поняла Ольга.

— Ну этого... как его...

— Храмова?

— Не знаю я, как его зовут. Ты мне не сказала.

— Храмов Анатолий Леонидович. Мне его порекомендовал один старый адвокат.

— Ну так обратись к нему еще раз, пусть он порекомендует тебе кого-нибудь другого.

— Я пыталась. Он уехал из Москвы и до середины сентября не вернется. А больше у меня никаких связей нет.

— Ну да, конечно, — усмехнулся Михаил, — зато у меня они есть, и ты бесстыдно хочешь этим воспользоваться. Нет уж, дорогая моя, когда ты бегала на любовные свидания к Дудареву, ты не спрашивала ни советов моих, ни помощи. Ты была очень умная и самостоятельная и сама решала, как тебе строить свою семейную жизнь. Что же ты, резко поглупела за последние дни? Шагу теперь без мужа ступить не можешь?

— Миша, я прошу тебя...

— Да не проси ты меня! — вспылил Ермилов. — Ты думаешь, у меня камень вместо сердца? С того момента, как ты мне призналась, у меня все время черно перед глазами! Я не знаю, как жить дальше, а ты требуешь, чтобы я помогал твоему любовнику. Господи, как у меня сердце еще не разорвалось, не понимаю!

Он резко встал и выскочил из кухни. Хлопнула дверь маленькой комнаты. Ольга неподвижно стояла, уставившись глазами на нетронутую чашку с чаем. Внутри у нее разливалась мертвенная чернота.

Глава 8

Ситуация стала проясняться быстро, с каждым днем находились все новые и новые улики, подтверждающие первоначальную версию: Георгий Дударев организовал убийство собственной супруги при помощи третьего человека. Претендентов на роль «третьего» было пока двое: задержанный при нападении на Дениса Баженова Василий Лыткин, который, разумеется, ни в чем не признался, кроме самого нападения, и ныне покойный Константин Вяткин, наркоман, прочно сидевший на героине и устроивший у себя дома подпольный цех по изготовлению пиратских записей.

Судебные медики после вскрытия тела Вяткина заявили, что Константин уже не довольствовался чистым героином, а сочетал его с барбитуратами для усиления эффекта. Барбитураты и могли стать причиной того, что речь его была не плавной, как у тех, кто колет чистый героин, а замедленной и словно затрудненной. Артем Кипиани именно так характеризовал речь того мужчины, с которым разговаривал воскресным утром незадолго до взрыва. И симфонию Мендельсона нашли у Вяткина. Все указывало на него, только совершенно непонятно, что общего могло быть у бывшего офицера Дударева и молодого наркомана.

— Надо искать связку, — горячо убеждал Настю Юра Коротков. — Не мог Дударев ни с того ни с сего познакомиться с первым попавшимся наркоманом и привлечь его к убийству. Он же нормальный человек, разумный, он не стал бы так глупо рисковать. Привлекать к убийству непроверенного сообщника — это вообще головы не иметь надо. А голова у Дударева есть, это точно.

Настя была согласна. На одной кассете с Шотландской симфонией далеко не уедешь, запись существует не в единственном экземпляре, и тот факт, что она оказалась в квартире Вяткина, может рассматриваться только как подкрепляющая улика, но не как доказательство его причастности к убийству. Что еще есть на Вяткина? Есть человек, который может достаточно уверенно опознать его голос, ну а толку-то? Человек есть, а голоса, который нужно опознавать, нет. Вяткин больше не разговаривает ни с кем. И наконец, самое главное: то обстоятельство, что несчастный Константин случайно находился вблизи места убийства, само по себе ничего не означает, Артем Кипиани тоже там находился, между прочим. Ох, не зря все следователи любят приговаривать, что целый состав, груженный косвенными уликами, всегда весит меньше, чем одно доказательство. Доказательство, правда, при этом должно быть безупречным, то есть иметь отношение к предмету разбирательства, и добыть его следует только тем путем, который определен в законе, и никаким иным. А где ж его взять, такое доказательство? Искать надо.

Итак, связка. Через кого Дударев мог познакомиться с Вяткиным? Самое вероятное предположение — он с Константином вообще знаком не был, передал заказ через третье лицо, а может быть, там были еще четвертые и пятые. И их непременно нужно вычислить и отыскать, иначе подозрения в адрес Дударева так и останутся одними лишь подозрениями. Подкрепить их будет нечем.

Двигались, как обычно, с разных сторон. От связей Дударева, от фирмы «Турелла» и от контактов так не вовремя умершего Кости Вяткина. А заодно и от окружения Василия Лыткина, ибо не могло быть простым совпадением, что Вяткин изготавливал на дому аудиозаписи, а Лыткин ими торговал. Торговал от фирмы с красивым названием «Мелодия-Плюс».

Коллеги, пытавшиеся бороться с «пиратством», старались установить, кто забирал у Вяткина готовую продукцию и привозил ему «сырье», и для этого трясли всех соседей покойного наркомана: кто к нему приезжал, на каких машинах, может быть, номера запомнили? Первой и самой устойчивой версией была прямая связь Вяткина с фирмой «Мелодия-Плюс», но это еще нужно было доказать. Фирма, конечно же, от всего открещивалась, там тоже не дураки сидели.

— Если бы нам найти хотя бы по одной точечке соприкосновения между Дударевым и этими двумя фирмами, туристической и музыкальной, мы бы их в момент раскрутили, — вздыхал Селуянов, глядя на огромное бумажное полотно, на котором Настя размечала квадратиками и стрелками связи всех интересующих их объектов.

Количество стрелок и квадратиков росло с каждым днем, но соприкасаться они пока что не торопились. Что же касается свидетелей, которые могли бы рассказать хоть что-нибудь о посетителях квартиры Кости Вяткина, то их число было катастрофически малым. Просто, можно сказать, ничтожным. Никто никем не интересовался и никто ни о ком ничего не знал. Огромный многоподъездный и многоквартирный дом, в котором жил Вяткин, походил на муравейник, битком набитый отчужденными друг от друга людьми. Сергей Зарубин с тоской вспоминал тихие пятиэтажки у «Красных Ворот», где совсем недавно он проводил поквартирные обходы сразу после убийства Елены Дударевой. По две квартиры на этаже, по десять на подъезд, все друг друга знают, одно удовольствие работать. А в новостройках всегда сплошное мучение, а не работа.

Единственным более или менее сносным источником информации о Вяткине оказалась все та же тетя Клава, соседка, к которой Константин, почувствовав себя плохо, обратился с просьбой вызвать ему «Скорую». Клавдия Никифоровна оказалась дамой словоохотливой и о Косте рассказывала с удовольствием. Правда, рассказывала она не совсем то, что хотелось бы. К примеру, никаких постоянных визитеров, которые приносили бы и уносили от Кости целые ящики продукции, она не заметила.

— Они, верно, по ночам приходили, — высказала она соображение. — Я иногда слышу, как по ночам у него дверь хлопает. А днем ничего такого не замечала.

Что ж, вполне могло быть и такое. По ночам мало кто бежит к окнам смотреть на подъехавшую машину, люди в основном спят. Хотя если это бывало не глубокой ночью, а очень поздним вечером, то имеет смысл поговорить с владельцами собак. Они гуляют, как правило, в одно и то же время и почти всегда замечают, если кто-то с завидным постоянством грузит ящики у одного и того же подъезда.

— С ящиками не видала, — безапелляционно заявила Клавдия Никифоровна.

— А без ящиков? — на всякий случай спросил Зарубин, почти ни на что не надеясь.

— Без ящиков видала, а как же.

— Кого?

— Так разве ж я знаю, кто он? Представительный такой мужчина, подтянутый, выправка как у военного.

— Поподробнее расскажите о нем, пожалуйста, — попросил Сергей, еще не смея верить своей удаче.

Неужели все так просто? Они ищут связь через третьих лиц, а Георгий Николаевич Дударев является к Косте Вяткину собственной персоной. С ума сойти! Бабка его опознает — и с этого можно начинать раскрутку Дударева по всему фронту. Не отвертится.

— Так чего подробнее... — Клавдия Никифоровна задумалась, прихлебывая чай из красивой фарфоровой чашки. — Высокий, значит, он такой, волосы темные, седины совсем мало. Красивый мужчина. Брови густые, на переносице почти срослись.

— Надо же, — льстиво похвалил ее Зарубин, — вы даже такую мелочь, как брови, запомнили. Вы очень внимательный свидетель, Клавдия Никифоровна. Еще что вспомните?

— Еще? Шрамик у него на щеке, рядом с ухом, вот здесь, — она показала пухлым пальчиком на то место, где у нее висела крупная серьга.

— Какой шрам? Круглый, длинный?

— Длинненький такой, вот столько примерно, — тетя Клава развела большой и указательный пальцы на расстояние трех сантиметров.

— Во что он был одет?

— Да как все, я особо не всматривалась.

— Ну, Клавдия Никифоровна, не может такого быть, — снова подлизался к ней Сергей, — вы такие детали замечаете, а на одежду внимания не обратили? Никогда не поверю. У вас прекрасное зрение и превосходная память, вы меня просто покорили своей наблюдательностью. Давайте-ка опишем его одежду поподробнее.

Тетя Клава возвела глаза к потолку и стала старательно вспоминать, во что был одет посетитель соседской квартиры. Брюки светло-серые, рубашка с короткими рукавами, кремовая. Больше ничего вспомнить не смогла, но это и понятно, в такую жару на человеке вряд ли будет надето что-то еще, а уж для того, чтобы обратить внимание на мужскую обувь, надо быть не рядовым свидетелем, а специалистом. С женской обувью проще, она разнообразна по фасону и цвету, и очень часто свидетели вспоминают «серебряные босоножки на шпильке» или «красные туфельки». Мужская же обувка проще и однообразнее, и для того, чтобы на нее кто-нибудь обратил внимание, нужно носить по меньшей мере ковбойские сапоги с серебряными подковками или индейские мокасины с кистями и вышивкой.

— Когда приходил этот человек?

— Первый раз я его видела недели три назад, — деловито сообщила Клавдия Никифоровна.

— А что, был и второй раз?

— И второй был, и третий. Я потому его и запомнила, что несколько раз видела. Первый, значит, раз это недели три тому назад было, потом спустя неделю примерно.

— А третий?

— Да почти тогда же, когда и второй, на другой день. Я еще подумала, зачастил к Костику этот гость, а он и пропал. Больше не приходил.

Два визита примерно две недели тому назад, то есть накануне взрыва, в котором погибла жена Дударева. Рослый симпатичный мужчина лет сорока пяти с темными волосами, густыми бровями и шрамом возле уха. Это точный портрет Дударева. Нет, таких легких удач не бывает... Хотя почему они легкие? Разве без малого две недели каторжного труда — это легко? Разве это слишком малая цена за удачу?

* * *

Настя уже собиралась уходить с работы, когда позвонил Алексей и предупредил, что несколько дней должен будет провести в Жуковском. Ему предстоит срочная работа, и времени ездить из Москвы и обратно не будет.

— Не сиди голодной, — строго сказал он. — Ешь хоть что-нибудь кроме сырных шариков.

— Ты отстал от жизни, — пошутила Настя. — Сырные шарики давно исчезли из продажи. Но я приму во внимание твои научные рекомендации.

Что ж, домой можно не торопиться. Она подумала, что давно собиралась навестить Татьяну и Стасова, да все время никак не выберет. Может быть, сделать это сегодня вечером?

Она уже потянулась к телефонной трубке, чтобы позвонить Татьяне, но аппарат зазвонил снова.

— Настасья, ты? — послышался веселый голос Павла Дюжина, ее коллеги по работе у генерала Заточного.

— Утром была я, а сейчас уже и не знаю.

— Занята?

— Нет, домой собираюсь.

— О, отлично! Я к тебе приеду, — заявил Дюжин.

— Зачем? — Она недовольно поморщилась и села за стол.

— Помоги составить программу, а? Я же не умею.

— Паша, я не благотворительная организация. Пойди к программистам и попроси их.

Она попыталась, не вставая с места, дотянуться до стоящей под шкафом уличной обуви, которую Настя обычно снимала, приходя на работу, и меняла на другую, более легкую. Попытка оказалась не очень удачной, до теннисных туфель она не дотянулась, зато чуть не свалилась со стула.

— Эй, ты где? — окликнул ее Дюжин.

— Я здесь. Паша, не морочь мне голову.

— Ну ладно тебе, брось ломаться! — Дюжина было не так-то просто сбить с толку. Если он чего-то хотел, то добивался упорно, пренебрегая эмоциями и приличиями. — Мы с тобой вместе начинали эту работу, вместе и закончить должны. Я еще хотел с тобой посоветоваться насчет сопряжений.

— Так и сказал бы сразу, — проворчала Настя.

Ей удалось наконец сменить обувь, не отходя от телефона. Прижав трубку плечом, она собрала сумку и спрятала в сейф документы. Теперь можно уходить.

— Так я приеду?

— Давай. Только у меня ужина нет, я сегодня в девушках.

— Я привезу что-нибудь, — радостно предложил Дюжин, довольный тем, что получил разрешение приехать.

— Привози для себя, мне не нужно.

— Разберемся. До встречи.

— Пока, — рассеянно бросила Настя.

Ну вот, вечер, посвященный друзьям, отменяется. Конечно, она могла бы не согласиться помогать Дюжину, она теперь не обязана это делать, она уже не работает в главке у Заточного, но в одном он прав: они действительно вместе начинали работу по обследованию милицейских высших учебных заведений, и будет правильным, если Настя примет участие в ее завершении. Ведь программу исследования составляла она, и если теперь что-то не получится из-за того, что программа была составлена недостаточно хорошо или просто неправильно, то это ее вина, и нужно сделать все возможное, чтобы поправить дело.

Павел Дюжин отчего-то вызывал у нее ассоциации с Чеширским котом. Казалось, его хорошее настроение и благорасположенность к окружающим существуют сами по себе, независимо от того, в каком настроении на самом деле находится сам Дюжин. Человек, попадающий в трехметровую зону вокруг Дюжина, начинал глупо радоваться жизни и продолжал это бессмысленное, на взгляд многих, занятие еще в течение получаса после того, как Дюжин уходил. В чем был секрет этого феномена, Настя не знала, но подозревала, что капитан настолько искренне любит и жизнь, и всех людей на Земле, что эта любовь не может не влиять на окружающих. Впрочем, возможно, это были лишь ее субъективные ощущения. Павел был ей симпатичен как человек, и она глубоко уважала его за умение и желание учиться и за хорошо организованное мышление. Ее раздражала, а порой и доводила почти до бешенства его бесцеремонность и неделикатность, но поскольку он был не оперативником, а штабным работником, то эти качества на успешность служебной деятельности не влияли. Как любил приговаривать Коля Селуянов, плохо покрашенная дверь на ходовые качества автомобиля влияния не оказывает, а потому внимания не требует. Умение работать с документами и цифрами и склонность к аналитическому мышлению являлись «ходовыми качествами» штабного работника, а потому к некоторым личностным особенностям Дюжина Настя относилась именно как к плохо покрашенной двери.

Павел явился чуть раньше, и, когда Настя подошла к своему подъезду, он уже сидел на скамейке и с аппетитом жевал кусок пиццы.

— Пока тебя ждал, поужинать успел, — сообщил он. — С тебя только чай.

Войдя в квартиру, он сразу же прошел в кухню, включил чайник и, вернувшись в комнату, принялся раскладывать принесенные с собой папки прямо на полу. Настя сделала Павлу чай, себе приготовила кофе, принесла чашки в комнату и уселась на пол рядом с Дюжиным.

— Скажи в двух словах, что получилось, — попросила она.

— Что-то получилось, что-то — нет, — загадочно ответил капитан. — Если в двух словах, то целенаправленного втягивания наших мальчиков в черные сети мафии пока не наблюдается. Хотя используют их со страшной силой, но в сиюминутных целях, а не с видом на перспективу.

— Что чаще всего встречается?

— На первом месте — выбивание долгов. Нанимают пацанов зеленых в форме и просят пойти попугать нерадивого должника. Те и пугают, причем иногда так входят в раж, что допугивают аж до статьи. Хорошо, если побои или легкие телесные, а то и до тяжких доходит. На втором месте перегон машин, как купленных, но не оформленных должным образом, так и краденых. Опять же если за рулем сидит человечек в форме, то риск существенно уменьшается. На третьем месте наркотики. Тут все — и охрана при перевозке крупных партий, и дилерство, и мелкая торговля. Ребята глупые еще, денег хотят, все кругом на иномарках разъезжают и сотовыми телефонами трясут, и им кажется, что они ничуть не хуже, вот и негодуют, почему это у них всего этого нет. Дураки, одним словом. Но свою голову ведь не приставишь. Эх, русская наша душа, мы даже преступления совершаем по-русски, а не только деньги зарабатываем.

Настя рассмеялась.

— Ты имеешь в виду направленность на мгновенную выгоду?

— Ну да. Не умеем и не хотим ждать, не умеем и не хотим планировать и работать на перспективу. Такой благодатный материал — эти глупые мальчишки, и куда только криминальные структуры смотрят? Приложи они сейчас минимальные, но умные усилия, и через три-четыре года они смогут прибрать к рукам всю правоохранительную систему страны. Но что им три года! Им сейчас все подавай, а три года они могут и не прожить. Я тут в журнале «Интербизнес» интересную статью читал про английские частные школы. Знаешь, что там написано? Год обучения стоит примерно двадцать пять тысяч долларов, учиться ребенку там нужно восемь лет. Платить требуется каждый год. Так наши «новые русские» просят, чтобы им разрешили заплатить за все восемь лет сразу, двести тысяч хотят выложить зараз, хотя можно платить и ежегодно. На них там смотрят как на психов, разве в Англии могут понять, что в России человек, у которого есть двести тысяч долларов, не может знать, будет ли завтра жив. А если останется жив, то государство может наложить лапу на все счета и заморозить их или еще какую пакость придумать в целях борьбы с экономическими передрягами. Ладно, это все лирика, а вот это, — он вытащил из папки стопку таблиц, — голая фактура. Кто, где, когда, а также у кого, что, почем.

Настя склонилась над таблицами и анкетами и уже через полчаса почувствовала легкий укол сожалений. Ей так нравится эта работа, она с удовольствием занималась бы ею двадцать четыре часа в сутки. Может быть, она поторопилась возвращаться на Петровку? И чего ей у Заточного не сиделось? И тут же она вспомнила, как тосковала по прежней работе, когда занималась аналитикой. И так нехорошо, и эдак неладно. Странное существо человек, все время ему чего-то не хватает для полного счастья.

Работа шла быстро, у Павла были интересные идеи, и Настя даже забыла на какое-то время о деле Дударева. И в этот момент раздался звонок в дверь. Она недоуменно взглянула на часы — половина десятого, поздновато для визитов, особенно без предварительной договоренности.

— Муж, что ли, вернулся? — спросил Дюжин, не поднимая головы от таблиц.

— Не должен.

Настя открыла дверь. Перед ней стояла красивая молодая женщина в длинной шелковой юбке и обтягивающей трикотажной кофточке.

— Вы — Анастасия Павловна? — спросила красавица.

— Да. Что вы хотите?

— Мне нужно с вами поговорить.

— О чем?

— О вашем муже.

Очень интересно. И что это юное прелестное существо собирается сообщить о Чистякове?

— Ну говорите, — разрешила Настя.

Она не предложила девушке войти, продолжая держать ее на пороге. Эти уловки были хорошо знакомы, а Настя за годы работы в уголовном розыске твердо усвоила, что приглашать незнакомых людей в квартиру можно только тогда, когда не пригласить нельзя. Во всех остальных случаях нужно оставлять за собой возможность захлопнуть дверь.

— Можно мне войти? — робко спросила девушка.

— Нельзя. Так я вас слушаю. Кстати, как ваше имя?

— Юля.

— Кто вы, где и кем работаете?

— В том же институте, где работает Алексей Михайлович.

— Кем?

— Я... лаборант-исследователь.

— Чудесно. Что вы хотите мне сказать, Юля?

— Я хотела... Хочу... Вы уверены, что нам следует разговаривать здесь?

— Уверена. Если вас не устраивает место, ничем не могу вам помочь. Или говорите, или мы прощаемся. У меня много дел.

Настя была абсолютно спокойна, она твердо знала, что ничего плохого с Чистяковым не случилось, десять минут назад они разговаривали по телефону, Алексей был бодр и весело шутил, так что дурные новости девушка принести не могла.

— Ну, если вы настаиваете... — Юля глубоко вздохнула. — Анастасия Павловна, отпустите Алексея Михайловича.

— Куда отпустить? В командировку?

— Нет. Ко мне.

— Куда-куда?

— Ко мне. Я люблю его.

Вот это номер! Такого Настя никак не ожидала. Ей стало весело.

— А он вас любит?

— Да.

— Вы уверены в этом?

— Уверена. Он любит меня, но он благородный человек и не считает возможным открыто говорить об этом, пока он женат на вас.

Настя с трудом сдерживала смех, но старалась сохранять серьезное лицо. Вариантов было всего два: либо кто-то из тех, по чьим делам она сегодня работает, решил ее деморализовать и попытался сделать это таким «убойным» способом, который наверняка сработал бы с девяноста пятью процентами женщин, либо эта Юлечка действительно влюблена в Чистякова и считает его джентльменское поведение проявлением личной и глубокой заинтересованности.

— Что ж, пусть он разведется со мной и скажет вам о своей любви. От меня-то вы чего хотите?

— Отпустите его, — тупо повторила Юля.

— Да я его и не держу, голубушка! Алексей Михайлович взрослый человек, он сам принимает решения и выполняет их. Если бы он хотел со мной развестись, он бы давно уже это сделал.

— Нет, он не хочет вас обижать, поэтому не заговаривает о разводе. Он не может первым начать этот разговор, понимаете?

— Ну что ж поделать, — Настя пожала плечами, — не может — так не может. Это его проблемы, и решать их он должен сам. Что еще вы хотите мне сказать?

— Анастасия Павловна, пожалуйста, не надо так со мной... Я действительно люблю вашего мужа и точно знаю, что он меня тоже любит. Он не говорит об этом, но я чувствую, я не могу ошибаться, женщины всегда это чувствуют. Я прошу вас, — глаза Юли налились слезами, губы задрожали, — начните этот разговор сами, помогите ему сказать вам, что он хочет уйти. Вы благородный человек, вы умный человек, вы же не станете удерживать около себя Алексея Михайловича, зная, что он больше вас не любит, правда же?

— Правда, — согласилась Настя. — Не стану ни за что.

— Вот видите. Так вы обещаете мне?

— С чего это вы так решили? — удивилась Настя. — Я вам ничего не обещала.

— Как же так... вы же сами только что сказали, — растерянно проговорила девушка.

— Милая Юля, у меня нет привычки вмешиваться в личную жизнь людей, и на моего мужа это правило тоже распространяется. Я уважаю его свободу и не хочу заставлять говорить со мной о том, о чем он говорить не хочет. Это его право решать, говорить мне о своей любви к вам или нет, просить развода или нет. Вам понятна моя позиция? Я, разумеется, учту то, что вы мне тут рассказали, но не надейтесь, что, вернувшись в Жуковский, вы обнаружите моего мужа готовым к употреблению. Вы еще что-то хотите добавить?

— Вы... вы ужасный человек, — выпалила Юля.

— Неужели? — Настя приподняла брови.

Ситуация начала ее тяготить. Ну чего от нее хочет это очаровательное существо? Чтобы она выгнала Чистякова? Чтобы устроила ему скандал? Глупенькая молоденькая девушка, насмотревшаяся фильмов и начитавшаяся книжек про благородных мужей, которые любят своих юных возлюбленных, но не могут бросить своих старых нелюбимых жен по вполне уважительным причинам (маленькие дети, тяжелая болезнь жены, какие-то давние обязательства и так далее, набор был широким, ибо фантазия у кинематографистов и писателей богатейшая).

— Вы холодная, черствая... Вы не любите его. Да-да, вы не любите его, вы просто держитесь за него, потому что никто другой на вас никогда не женится! Вы вцепились в него...

— Настя, все в порядке? — раздался у Насти за спиной голос Дюжина. — Или нужна помощь?

— Не нужно, Паша, все в порядке. Я уже иду.

Дюжин слегка отстранил Настю, окинул оценивающим взглядом молодую красавицу и вернулся в комнату.

— Ах вот, значит, как! — Девушка прищурилась. — У вас самой есть любовник, и вы с ним встречаетесь, когда Алексей Михайлович уезжает. Как же вам не стыдно!

— Но ведь моему мужу не стыдно крутить с вами роман. Почему же я должна этого стыдиться? — возразила Настя.

— Я не встречаюсь с ним!

— Да? А вы что, переписываетесь? Или перезваниваетесь?

— Я не в том смысле... Я не встречаюсь с ним ТАК.

— Как это «так»? Вы уж сделайте одолжение, формулируйте свои мысли точнее, а то мне трудно их понимать.

— Я не встречаюсь с ним в пустой квартире, когда вы уезжаете. И вообще я нигде не встречаюсь с ним, кроме института.

— Ну так встречайтесь, кто ж вам запрещает?

— Так в том-то и дело, что Алексей Михайлович не хочет этого делать, пока он состоит в браке. Вы что, не понимаете? Он не бабник, он не хочет изменять вам, он хочет, чтобы все было по закону.

— Юля, вам не кажется, что вы слишком много знаете о моем муже? Вы совершенно уверены, что точно знаете, чего он хочет, а чего не хочет. Откуда? Он вам это говорил?

— Нет, но я знаю.

— Это не аргумент. Юлечка, дорогая, я — юрист, более того, я — милиционер, вам это, вероятно, известно, и разговоры на кухонном уровне меня не устраивают. Мне нужны твердые доказательства и четкие аргументы.

— Вы действительно милиционер, а не женщина! Я не понимаю, как он может с вами жить!..

Юля разрыдалась, но Настя не испытывала к ней ни жалости, ни даже элементарного сочувствия. Каждый должен сам платить за свою глупость, иначе он никогда не поумнеет.

— А вы спросите у него, — хладнокровно посоветовала Настя. — Думаю, он вам расскажет много интересного.

Она отступила назад и закрыла дверь. Чушь какая-то! Надо же, явиться сюда и требовать отдать ей мужа. Совсем с ума сошла. Неужели Чистяков дал ей повод думать, что такой визит может принести плоды? Что у них за отношения? Серьезные? Или так, легкий флирт, который девушка по неопытности приняла за проявление настоящего чувства? Сколько раз Настя говорила Чистякову, чтобы он вел себя с женщинами аккуратнее, чтобы не давал им повода... Лешка всегда был любимцем женщин, он умел, когда хотел, изумительно говорить комплименты, он мог так смотреть в глаза, что собеседница таяла и теряла голову. И еще у него была опасная привычка касаться руки человека, с которым он в данный момент разговаривал. Мужики-то внимания не обращали, а вот дамы частенько принимали этот дежурный жест за намек на интимность. Леша каждый раз со смехом рассказывал Насте о связанных с этим недоразумениях, а Настя каждый раз предупреждала его, что это может плохо кончиться. Вот и приехали.

Она вернулась в комнату, понимая, что Юле все-таки удалось выбить ее из колеи. На душе кошки скребли. А вдруг... Вдруг все не так, как она думает? Вдруг Юля права? Черт, как неприятно!

Увидев ее, Дюжин моментально вскочил с пола.

— Что случилось? На тебе лица нет. Плохие новости?

— Пока не знаю. Паша, ты согласен с тем, что плохие новости нужно узнавать как можно быстрее?

— Не знаю. Когда как. Зависит от ситуации. Ты можешь мне объяснить, что случилось? Настя, от тебя такая волна идет, что мне в прямом смысле слова плохо, я же очень чувствую это, ты сама знаешь.

— Сейчас, Паша, сейчас, подожди две минуты и помолчи, ладно?

Она села в кресло и сжала виски пальцами. Мгновенно разболелась голова, стало подташнивать. Пока разговаривала с этой нахальной девчонкой, еще держалась, а теперь ее развозило прямо на глазах. Нет, так нельзя, надо позвонить и все выяснить. В конце концов, если девочка права, то лучше дать Чистякову возможность сказать все и больше не возвращаться сюда. Может быть, он мучается и терзается, а Настя вовсе не хотела, чтобы ему было плохо. С другой стороны, если Юля ошибается, то лучше прояснить ситуацию сразу же и не мучиться тягостными подозрениями.

Настя потянулась к телефону. Чистяков снял трубку сразу же, после первого гудка.

— Леша, кто такая Юля? — начала Настя с места в карьер.

— Юля? — переспросил Алексей. — Какая Юля?

Голос его был спокойным, без малейших признаков тревоги или волнения.

— Она работает у тебя лаборантом-исследователем.

— Ах Юлька? Да, есть такая. И что?

— Она только что была здесь.

— Зачем? Она же знает, что я в Жуковском, мы с ней сегодня виделись.

— Вот именно, Лешик. Она знала, что тебя здесь нет, и приехала поговорить со мной в твое отсутствие.

— Что за бред?

Голос по-прежнему спокойный, только очень удивленный.

— О чем она с тобой говорила?

— О тебе.

— Не понял.

— Она рассказывала мне о том, как ты ее любишь, и просила дать тебе развод. Ты будешь это как-то комментировать?

— Ася, что за розыгрыши? Или вы там с Дюжиным выпили сверх меры?

— Никаких розыгрышей, Чистяков, я совершенно серьезна. Юля только что была здесь и говорила о вашей взаимной страстной любви. Ты же понимаешь, что мне с этим нужно что-то делать.

— Господи, Ася, я ушам своим не верю! Неужели эта дурочка всерьез решила, что я к ней что-то испытываю?

— Это ты у нее спроси, а не у меня. Ты давал ей повод так думать?

— Асенька, я со всеми женщинами веду себя так же, как с ней, но у всех хватает ума не принимать это за проявление любви. Ну как я мог знать, что она такая наивная! Да, я называю ее Юленькой, но у меня там все

Анечки, Манечки и Танечки, все к этому давно привыкли. Да, я пару раз приглашал ее обедать в нашу столовую, но я всегда зову кого-нибудь с собой и предпочитаю, чтобы это были женщины, а не мужчины, потому что терпеть не могу во время обеда говорить с умным видом о науке. А с женщинами можно потрепаться о чем угодно, кроме работы. Ася, я не верю, что она всерьез...

— Лешенька, — устало сказала Настя, — разберись с ней сам, пожалуйста, ладно? Еще одного ее визита я просто не вынесу. Ты вернешься в субботу?

— Нет уж, дорогая моя, я приеду немедленно.

— Не стоит... — вяло возразила она. — Тебе утром придется рано вставать, а приедешь ты уже за полночь.

— Я сам знаю, что мне делать. И я не допущу, чтобы ты ложилась спать, набрав в голову черт знает каких глупостей. Дюжин еще у тебя?

— Пока да. У нас работы еще примерно на час осталось.

— Попроси его меня дождаться.

— Зачем?

— Затем. Человек, набравший в голову таких глупостей, не должен оставаться в одиночестве, это опасно для здоровья и для имеющейся в доме посуды. Все, Асенька, целую, я поехал.

Настя положила трубку и уставилась невидящими глазами на разложенные на полу листы с колонками цифр. Из оцепенения ее вывел голос Дюжина.

— Настасья, это правда?

— Ты о чем?

— О том, что ты говорила мужу.

— Паша, подслушивать нехорошо, а проявлять свою

осведомленность о подслушанном и вовсе дурно. Где тебя воспитывали?

— Во дворе и в советской школе. Кончай мораль читать, тоже мне Песталоцци. Эта девица действительно требовала, чтобы ты дала мужу развод?

— Действительно.

— Она что, его любовница?

— Надеюсь, что нет. Просто она еще очень юная и не устояла перед Лешкиными чарами. Я допускаю, что она сильно влюблена и немножко потеряла голову. Я верю своему мужу, и, если он говорит, что между ними ничего нет, значит, так оно и есть. Хватит об этом, Паша. Давай делом заниматься.

— Да какое тут может быть дело! — возмущенно воскликнул Павел. — Разве можно работать, когда тут такое...

— Какое «такое», Паша? Не устраивай трагедию на ровном месте. Скоро приедет Чистяков, он просил, чтобы ты его дождался. Хочешь еще чаю?

— Хочу. А бутерброд у тебя найдется?

— Поищем. — Настя слабо улыбнулась. — Я тоже есть захотела. Наверное, это на нервной почве.

В холодильнике оказалось достаточно продуктов, предусмотрительный Чистяков, оставляя Настю на несколько дней, сделал необходимые запасы. Они приготовили бутерброды с сыром, ветчиной и копченой лососиной, помыли и порезали огурцы. Аппетит у Дюжина был отменный, и он с удовольствием прикончил почти все, потому что Насте кусок в горло не лез.

— Слушай, а ты не боялась, когда звонила мужу, что он все подтвердит?

— Боялась, — призналась Настя.

— Тогда зачем звонила?

— Чтобы узнать сразу.

— А вдруг он врет? Ты же все равно ничего не узнала. Мало ли что он сказал.

— Паша, когда-то я имела дело с одним человеком... Знаешь, смешно, но его тоже звали Павлом. Правда, он был не сотрудником нашего министерства, а уголовником. Так вот, у меня с ним зашел разговор о том, как отличить правду от лжи. Неважно, правду говорит человек или нет, важно, какие именно слова он считает нужным сказать в каждый данный момент. Его решение сказать то или иное продиктовано определенными побуждениями, так вот эти самые побуждения и есть правда. Понимаешь?

— Больно заумно, — недовольно пробормотал Дюжин с набитым ртом.

— Да нет, если вдуматься, то все предельно просто. Я спрашиваю у мужа, кто такая Юля. И даю ему возможность начать тот разговор, который он сам начать не может в силу слабости характера. Если, конечно, допустить, что между ними действительно серьезные отношения и он действительно хочет уйти от меня. Если же отношения какие-то есть, но разводиться со мной он не хочет, он поведет себя так, как и повел, то есть будет меня уверять, что все это ерунда и яйца выеденного не стоит. Выяснить, каковы на самом деле его отношения с Юлей, я не смогу никогда, но я и не уверена, что стремлюсь к этому. Но одно я выяснила точно: он не ухватился за возможность признаться во всем и заявить о своем намерении развестись со мной, значит, он дорожит нашим браком и нашими отношениями. Вот это я теперь знаю совершенно точно. Вот это и есть правда. Понял теперь?

— Понял. Я бы так не смог.

— Ты просто не пробовал. Разве ты никогда никого не ревновал?

— Не-а! — почему-то радостно сообщил Павел. — Меня девушки пока еще ни разу не бросали.

— А что, ты всегда первым успевал?

— Ага. Я вообще жутко непостоянный, быстро влюбляюсь и еще быстрее развлюбляюсь обратно. Поэтому и не женат до сих пор. Не успеваю до загса добежать.

Настя расхохоталась, тяжесть внезапно спала с души, и ей стало легко и тепло. Все-таки Дюжин — удивительный человек, рядом с ним просто невозможно долго находиться в плохом настроении. Может быть, у него и в самом деле какое-то особенное поле? Надо же, бесцеремонно влез с разговорами на такую деликатную тему, не постеснялся, теребил Настю, тормошил, и вот результат — она смеется, и не вымученно, а звонко, от души.

— Паша, дожевывай еду, и пошли к станку, — скомандовала она. — Когда приедет мой грозный муж, нам придется сворачиваться, ему завтра вставать ни свет ни заря.

Когда в замке лязгнул ключ, они почти закончили. Настя почувствовала, как болезненно сжалось сердце. А вдруг?..

Но когда Чистяков вихрем ворвался в комнату, она увидела его глаза и поняла, что боялась напрасно.

Глава 9

Ольга смотрела на Георгия и не понимала, как могла так безоглядно влюбиться в него. Сейчас она видела его совсем по-другому, но вернуть прошлое и переделать его уже нельзя. Она зашла настолько далеко, что теперь не остается ничего, кроме как платить по счетам.

— Черт знает что такое, — раздраженно говорил Георгий, выслушав ее рассказ об отказе адвоката Храмова от дела и о безуспешной попытке договориться с Михаилом. — В армии этого не могло бы случиться. Как это так: взяться за дело и бросить его без уважительной причины? В отпуск он, видите ли, захотел! Это ты во всем виновата.

— Но почему, Георгий? — беспомощно спросила Ольга. — Что я сделала не так?

— Ты должна была по-другому с ним разговаривать, ты не имела права соглашаться с тем, что он отказывается от дела. Ты же мямля, он тебя поставил перед фактом, а ты сразу лапки кверху подняла. Бороться надо было, надо было разговаривать жестко, убедить его, приказать, припугнуть. А ты сразу отступила. Вот если бы он позвонил мне, а не тебе, я бы знал, что ему сказать. Он бы у меня по струночке ходил!

Ольга слушала его и с тоской думала о том, почему всего этого она не замечала раньше. Ведь это было, а она не замечала. У Георгия всегда кто-нибудь виноват, всегда найдется тот, кого можно обвинить в неудаче. И разумеется, это будет кто угодно, только не сам Дударев. Все вокруг ему должны, все обязаны выполнять распоряжения, которые он раздает направо и налево, а ему остается только строго спрашивать о выполнении и наказывать за неисполнение приказа. Может быть, наложила свой отпечаток служба в армии, но скорее всего это просто характер такой. И почему она этого не видела? Она видела другое: страстного книголюба и тонкого ценителя литературы, фанатичного поклонника поэзии. Ей было с ним интересно, с Георгием можно было часами говорить о «серебряном веке», футуристах и имажинистах, а Михаил даже не знал, кто это такие. Ольга увлеклась Георгием в считанные дни, да что там дни — часы, настолько необычным показался ей человек, с которым можно разговаривать об искусстве и который никогда не перепутает, в каких случаях даму пропускают вперед, а в каких первым должен идти мужчина. Манеры у него были безупречные, а сегодня это встречается так редко... И только теперь, после того, как Георгий попал в беду, а сама Ольга поставила свой брак на грань развода, она стала понимать старую истину, которую рано или поздно постигают все. Если тебе хочется поговорить об искусстве, вступи в клуб литераторов, художников или музыкантов, занимайся этим профессионально, и будешь иметь такие разговоры каждый день с утра до ночи. Если для тебя важны хорошие манеры, переезжай в Англию и устраивайся на работу в королевский дворец. А живешь бок о бок ты не с литературными вкусами и не с манерами, ты живешь с человеческими качествами, с характером, с личностью. И именно от этих качеств, а не от литературных пристрастий, зависит, как поведет себя человек в критическую минуту, поддержит ли тебя или бросит на произвол судьбы, поможет или предаст. Счастливы те, кто понимает это раньше и избегает тем самым множества ошибок, порой трагических. И никогда не бывают счастливы те, кто понимает это слишком поздно.

— Нужно предпринять все возможное, чтобы его не отпускать, — категорически заявил Георгий. — Он целую неделю валял дурака и ничего не сделал, а теперь хочет вот так просто бросить все и уехать. И пусть не думает, что ему это с рук сойдет.

— Ты не можешь ему приказать, он тебе не подчиняется, — возразила Ольга.

— Подчинится! — жестко поставил точку Георгий. — Если позволять всем делать то, что они хотят, не считаясь с другими, страна развалится в считанные дни. Должен быть элементарный порядок, должна быть хотя бы минимальная ответственность людей за то, что они делают. Дай мне его адрес, я пойду и поговорю с ним по-мужски.

— Не нужно, — тихо сказала она. — Зачем портить человеку жизнь? У него свои планы, свои обстоятельства. Даже если ты сумеешь заставить его вести дело и дальше, он будет делать это плохо, потому что начнет тебя ненавидеть. Может быть, у него судьба сейчас решается и ему действительно надо уехать, а ты собираешься ему помешать.

— Какая ты добренькая, подумать только! Вот потому ты ничего в жизни и не добилась, что позволяешь всем обращаться с собой как с половой тряпкой. Люди эгоистичны и думают только о себе, а ты им все прощаешь и стараешься войти в положение, придумать им оправдания. Нет никакого оправдания твоему Храмову, он ведет себя просто безнравственно. Люди доверились ему, люди на него надеются, а он вот так запросто берет и отказывается. Я, ребята, пошутил, я не собираюсь вам помогать, а вы что, поверили? Вот как выглядит поведение твоего адвоката. И я должен ему это объяснить, чтобы он не обольщался и не думал, что выглядит в чужих глазах пристойно. Он должен знать, что он подонок и что все вокруг это понимают.

Ольга подняла на него больные глаза.

— Зачем? Зачем ему это знать? Он все равно не будет заниматься твоим делом.

Она впервые за все время так и сказала: твоим делом. Не нашим, как говорила раньше, а ТВОИМ. Ей вдруг показалось, что лимит сил, отпущенных ей на выполнение того, что она считала своим долгом, исчерпался, больше она не может ни видеть Георгия, ни общаться с ним, ни помогать ему.

— Будет, — Дударев был непоколебим. — Я его заставлю. Раз взялся — пусть доводит дело до конца. Это вопрос принципа. Я никому не позволю так с собой обращаться.

Ольга молча вытащила из сумки записную книжку, вырвала чистый листок и переписала на него телефон и адрес Храмова.

— Возьми, — она протянула листок Георгию. — Мне пора идти.

Георгий аккуратно сложил листок пополам и спрятал в нагрудный карман рубашки.

— Куда? — недовольным голосом спросил он.

— Домой. Еще на рынок нужно зайти. Я завтра с утра поеду к сыну в лагерь, хочу отвезти ему фрукты и сладости.

— Когда ты вернешься?

— Завтра вечером. Я буду тебе нужна?

Георгий взял ее за руку, погладил пальцы, поднес к губам.

— Я тебя измучил, да, Оленька? Взвалил на тебя свои проблемы, как будто у тебя собственных забот мало... Ты плохо выглядишь, глаза усталые.

В первое мгновение ей показалось, что сейчас все вернется, все опять станет как прежде, когда они были пылкими и нежными любовниками. Но уже в следующую секунду Ольга отчетливо осознала, что ей это больше не нужно. Она больше не верит Георгию. И хотя он так и не признался ей открыто, что убил жену, все равно она ему не верит. Конечно, она ему нужна, кто же, кроме нее, будет заниматься поиском адвоката и попытками вытащить его из уголовного дела. Поэтому, как только он почувствовал, что Ольга отдаляется от него, он тут же пустил в ход ласку и обаяние. «Он меня никогда не отпустит, — вдруг с ужасом подумала она. — Он так и будет держать меня на привязи и помыкать мной. Он прав, я позволяю обращаться с собой как с половой тряпкой. Я и ему это позволяю. Но его это, кажется, вполне устраивает, это дает ему возможность держать меня в узде и заставлять верно служить».

— Да, Георгий, ты меня измучил. Скажу тебе больше: ты мне надоел своими претензиями и своими требованиями. Ради того, чтобы помочь тебе, я пошла даже на то, чтобы признаться во всем мужу, и теперь мое семейное будущее выглядит непонятным и неустойчивым. Чего тебе еще от меня надо? Я нашла тебе адвоката. Пусть он оказался не таким, как тебе хотелось бы, но какого смогла — такого и нашла. И даже нашла деньги, чтобы заплатить ему. Все, милый, больше я ничего не могу для тебя сделать. Дальше давай сам.

Она встала, собираясь уходить. Георгий тоже поднялся, резко отодвинув стул. Металлическая ножка стула проскрежетала по асфальту так громко, что люди за соседними столиками обернулись и стали их разглядывать.

— Ты хочешь сказать, что ты такая же, как этот адвокатишка? Ты тоже бросаешь меня в трудный момент? Очень красиво, — зло проговорил Георгий.

— Я не бросаю тебя, — Ольга старалась говорить тише, чтобы окружающие ее не слышали, — я только хочу, чтобы ты сам тоже что-нибудь сделал для своего спасения, а не перекладывал все на меня. Не я впутала тебя в историю с убийством, так почему я одна должна заниматься твоим освобождением? Только не надо мне рассказывать, что ты сделал это ради нашего будущего.

— Ах вот как ты заговорила...

На лице Георгия было написано неподдельное изумление. Ольга понимала, что такого он от нее, конечно, не ожидал. Она всегда была в его глазах покорной овцой, готовой бежать за ним по первому зову. И теперь ее слова можно было расценить как бунт на корабле. Бунт, которому нет оправдания. И который должен быть безжалостно подавлен. Выходить из подчинения у командира не позволено никому.

Георгий схватил ее за руку, притянул к себе и прошептал в самое ухо:

— Не будем ссориться на людях. Я сейчас уйду, а ты подумай над своими словами и над тем, как сильно ты меня обидела. Я верил тебе, а ты оказалась трусихой и предательницей. Завтра, когда вернешься от сына, позвони мне, и мы поговорим о том, как будем строить наши отношения дальше.

Он оттолкнул ее и быстрыми шагами направился по бульвару в сторону метро. Ольга снова села за стол, испытывая мучительный стыд. Сцена разыгралась на глазах у десятка людей, которые с любопытством наблюдали за ними, и уходить вслед за Георгием означало бы поставить себя в положение догоняющей. Остаться стоять? Тоже глупо. Стоишь на всеобщем обозрении, как идиотка, и не знаешь, куда глаза девать. Она решила посидеть минут десять и спокойно подумать. Что ж, неизвестно, какой Георгий Дударев стратег, а тактиком он оказался блестящим. Поняв, что Ольга сейчас уйдет, оставив его одного, он мгновенно сориентировался и переиграл всю мизансцену таким образом, чтобы уйти первым. Это он от нее ушел, а не наоборот. Это он первым по собственной инициативе прекратил разговор, а не Ольга. Иными словами, Георгий дал ей понять, что полностью контролирует ситуацию и так будет всегда. Так что пусть Ольга Васильевна не дергается и не считает себя свободной от обязательств. Свободной она станет только тогда, когда Георгий ей разрешит. И ни минутой раньше.

«И что я за дура такая? — думала Ольга, затягиваясь сигаретой и удивляясь тому, что смотрит на себя как будто со стороны и оценивает как постороннего человека. — Почему мне всегда легче сказать «да» и делать что-то против желания, чем сказать «нет»? Я сделала робкую попытку оказать сопротивление и тут же была посрамлена. С этим надо что-то делать, так дальше продолжаться не может».

Она загасила сигарету и решительно поднялась. На нее больше не смотрели, скандал миновал, и она уже не была интересна окружающим.

* * *

— Все, хватит, — твердо заявил следователь Гмыря. — Наш Дударев уже перегулял на свободе, пора и честь знать. От его хождений по городу все равно никакого толку, пусть возвращается в камеру. Завтра с утра проведу опознание, и, если ваша старушонка его опоз-

нает как человека, который трижды приходил к Вяткину, я его задержу. Зарубин, отвезешь ему повестку сам и
отдашь в собственные руки, пусть только попробует не
явиться, тогда я его без всякого опознания в клетку уп-
рячу.

— Хорошо, Борис Витальевич, — ответил Сергей. —
На который час свидетельницу приглашать?

— На одиннадцать. Дударева вызову на десять, часок
его помурыжу, поспрашиваю о всяких мелочах, потом
проведем опознание. Вопросы есть?

— Есть идея, — подала голос Настя, до сих пор сидев-
шая молча.

— Говори, — потребовал следователь.

— Я все думаю, а может быть, убить хотели все-таки
Дударева, а не его жену? — медленно сказала она, словно с удивлением прислушиваясь к собственным словам.

Эта мысль не давала ей покоя последние несколько
часов, хотя казалась абсолютно бредовой. Кому он
нужен, этот Дударев? Бизнесом не занимается, в сложных финансовых делах не участвует. Однако он прошел
Чечню и, по отзывам сослуживцев, воевал там весьма успешно. А история знает много случаев, когда удачливым
в боях офицерам противник выносил смертный приго-
вор, подлежащий исполнению в любых условиях, даже
на чужой территории и в мирное время.

Она постаралась изложить свои соображения как
можно короче. Гмыря укоризненно покачал головой и
погрузился в размышления.

— И как ты собираешься эту версию проверять? —
наконец спросил он. — Только не забудь, пожалуйста,
что к твоей идее должен быть привязан факт знакомства

Дударева с Вяткиным и присутствие Вяткина на месте убийства.

— Это еще не точно установлено, — возразила Настя.

— Да перестань ты, — поморщился Борис Витальевич, — о чем тут говорить, завтра свидетель его опознает, и будет тебе все точно.

— А вдруг не опознает?

— Ну что ты, — вмешался Зарубин, — как это она его не опознает? Она же дала точный словесный портрет Дударева.

— Хорошо, допустим, — согласилась Настя. — А что, если Вяткину было поручено убить Дударева, но сценарий разыгрывался через этап их личного знакомства? Их познакомили, у них возникли якобы общие интересы, Дударев несколько раз приходил к Вяткину в гости. Могло такое быть?

— Теоретически могло, — согласно кивнул Гмыря. — Но не практически. Потому что если Вяткин должен был убить Дударева, а не его жену, так он его и убил бы. При чем тут несчастная Елена? Не вяжется у тебя, Каменская.

— Не вяжется, — со вздохом повторила Настя. — Не вяжется. Но я еще подумаю.

* * *

После работы она заехала в больницу к Денису. Прежде чем идти в палату, Настя решила поговорить с врачом.

— Хорошо, что вы зашли, — сказала полная немолодая женщина-врач. — Я хотела поговорить с матерью мальчика, она была здесь один раз, но мне почти сразу стало понятно, что это бесполезно. Правда, каждый день приезжают родители его товарища, но их больше интересует чисто медицинский аспект, лекарства, которые нужно достать, специалисты, которых нужно привезти к Денису.

— Что-то случилось? — испугалась Настя. — Осложнения?

— И да и нет. Вы присядьте, — сказала врач, указывая на стул, — это долгий разговор. Понимаете, мы со своей стороны делаем все, чтобы Денис поправлялся, но ни один врач не может вылечить больного без помощи самого больного. Больной должен хотеть выздороветь, только тогда лечение может быть успешным. А если он выздоравливать не хочет, то все усилия медиков идут насмарку. Это известно каждому врачу. Денис Баженов — мальчик очень здоровый, я имею в виду здоровое сердце и хорошую физическую форму. У него нет хронических заболеваний, и, по идее, он должен поправляться быстро. А этого не происходит. Его привезли с криминальной травмой, и, может быть, вы, как работник милиции, знаете, в чем тут дело. У меня были свои подозрения, но вам лучше знать.

— А что вы подозревали? — спросила Настя с интересом.

— Часто бывает, что человек не хочет выходить из больницы, потому что боится расправы. Он боится, что следующее покушение будет более успешным. Ему хочется пробыть в больнице как можно дольше, и мозг дает пораженным болезнью органам команду не выздоравливать. Поверьте, я видела такое неоднократно. С Денисом не может происходить чего-то подобного?

— Вряд ли. Он не замешан ни в чем криминальном.

Но я подумаю над тем, что вы сказали. Мне можно пройти к нему?

— Идите. Там его товарищ сидит, он каждый день с утра до вечера здесь находится. Удивительно преданный друг.

Картину в палате Настя увидела почти идиллическую. С пяти до восьми вечера было время посещений, когда пускали всех и ко всем. В палате стояли пять коек, и возле каждой на табуретке сидели посетители в накинутых поверх одежды халатах. Рядом с кроватью Дениса сидел Артем и, держа друга за руку, о чем-то говорил с ним.

Первым Настю заметил Денис. Он вздрогнул, и, почувствовав это, тут же закрутил головой Артем, пытаясь увидеть, на что так отреагировал его товарищ.

— Это вы? — негромко спросил он даже раньше, чем Денис или Настя успели произнести хоть слово.

«Откуда ты узнал? — хотела спросить Настя. — Ведь считается, что с такого расстояния ты не можешь разглядеть лицо». Духи. Он почувствовал запах ее духов и узнал его. Ну и память у этого юноши! И обоняние отличное.

— Здравствуйте, — улыбнулась она, глядя на Дениса. — Как дела?

— Нормально, — буркнул Денис и отвернулся.

Лицо его было бледным, даже каким-то желтоватым, щеки ввалились, виски запали. Артем тут же выпустил его руку и встал.

— Садитесь, Анастасия Павловна.

— Спасибо.

Настя поставила сумку на пол и села. Она уже пожалела, что зашла сюда. Денис не рад ей, он даже не пытается это скрыть. А почему, собственно говоря, он должен радоваться ее приходу? Кто она ему? Ну разве что человек, благодаря которому ему вовремя оказали медицинскую помощь и вообще не дали быть убитым. Но такие резоны Денис Баженов, по всей вероятности, в расчет не принимает.

— Как ты себя чувствуешь? — спросила она.

— Нормально.

— А ты знаешь, что у твоего врача другое мнение по этому поводу?

— Чего-чего? — протянул Денис, по-прежнему не глядя на нее.

— Врач считает, что ты поправляешься слишком медленно, и это ее беспокоит. У тебя что-то случилось?

— Ничего.

— Тебе нужно что-нибудь?

— Ничего мне не нужно! Оставьте меня в покое! Что вы ко мне привязались?

Вспышка ярости была такой внезапной, что Настя оторопела. Чем она могла вызвать гнев юноши? Неужели... Да нет, не может этого быть, это же чушь полнейшая! Что ж, коль так, надо уходить. Зачем заставлять больного мальчика нервничать и злиться.

— Хорошо, — спокойно сказала она, — я оставлю тебя в покое. До свидания. Поправляйся. Артем, проводи меня, пожалуйста.

Артем послушно вышел следом за ней из палаты.

— Не сердитесь на него, Анастасия Павловна, — сказал он, как только они оказались на улице. — Дениска очень плохо себя чувствует, поэтому он такой раздраженный.

— Я как раз об этом и хотела с тобой поговорить.

Врач считает, что с Денисом что-то происходит и он не очень-то хочет поправляться. Ты не знаешь почему?

— Нет, — чуть помедлив, ответил Артем.

«Знает, — подумала Настя. — Видно, что знает. Но стесняется говорить мне об этом. Что ж, вполне понятно. Тема деликатная, а я в дипломатии не особенно сильна. Ничего не попишешь, кроме меня, объясниться с Артемом некому».

— Давай прогуляемся немного, — предложила она. — Мы с тобой оба целый день сидим, нам полезно походить пешком.

Рядом шумело Садовое кольцо, воздух был густым и тяжелым, он набивался в легкие и не хотел оттуда уходить. Настя свернула в первый же переулок и перешла на теневую сторону.

— У вас впереди трудные времена, — начала она. — Денис будет продолжать ходить в школу, а тебе уже не нужно этого делать. Вам придется перестраивать привычный образ жизни.

— Да, я знаю, — кивнул Артем. — Мы с Дениской как раз недавно говорили об этом.

— И как он относится к такой перспективе?

— Ну как... Он считает, что может всю жизнь просидеть около меня. Я уговаривал его, объяснял, что у него появятся новые друзья, девушки, потом он женится. Не может его жизнь полностью быть посвящена мне. Но он меня не слушает. Говорит, что никакие друзья и девушки ему не нужны. Он, наверное, еще маленький, да?

— Нет, Артем, он не маленький, просто ты чуть взрослее. Ты уже начал думать о чем-то, не связанном с Денисом, а он обиделся, верно?

— Да, наверное... А как вы узнали?

— Мы все через это проходим. Всегда рано или поздно наступает момент, когда разница в интересах встает между людьми. Между любыми людьми, независимо от их возраста. Ты говорил с Денисом обо мне?

Артем покраснел, но шаг не замедлил.

— Говорил.

— И ему это не понравилось?

Он молча покачал головой.

— Вот видишь, сегодня ты просто заговорил о постороннем человеке, и Денис уже ревнует. А что будет завтра, когда тебя заинтересует человек, который не будет для тебя посторонним? Артем, из вас двоих ты — старший, стало быть, ты должен быть мудрее и дальновиднее. Тяжесть и ответственность лежит на тебе. Мне неприятно говорить тебе об этом, но твой друг не хочет поправляться, потому что он жить не хочет, понимаешь?

— Что вы такое говорите? — От изумления Артем даже остановился. — Как это он жить не хочет? Почему?

— Потому что вся его жизнь — в тебе. Ты — смысл его жизни, рядом с тобой он чувствует свою нужность и значимость, он чувствует, что его любят и уважают. А ты вдруг стал интересоваться кем-то другим. Денис сделал все, чтобы стать в твоих глазах лучше, чтобы показать тебе, какой он замечательный. Именно поэтому он взял шарик и пошел с ним по городу. Он хотел, чтобы преступники его заметили, он собирался их выследить и сдать в милицию. Он хотел быть героем в твоих глазах. Ведь так?

Артем кивнул. Было видно, что ему ужасно неловко.

— Почему ты не сказал мне об этом, когда мы с тобой разговаривали в прошлый раз? Разве ты этого не понимал сам?

— Я не думал, что... Честное слово, я не думал, что он

так серьезно это воспримет. Я действительно разговаривал с ним о вас, а он это как-то не поддерживал, но я и внимания не обратил. Анастасия Павловна, честное слово... Мне в голову не приходило. Когда меня к нему пустили в первый раз после операции, я сказал, что его спасли только благодаря вам, потому что вы вовремя успели. А он вдруг заплакал. И сказал, чтобы я уходил. Только тогда я догадался. Ему было неприятно, что его план не получился и что вы его спасли.

— Понятно. Но от того, что мы с тобой это понимаем, Денису легче не станет. Ему нужно помочь.

— Как?

Артем приостановился и чуть наклонил голову, чтобы не пропустить ни единого слова.

— Вы только скажите, что я должен сделать, и я все сделаю. Я за Дениску горло перегрызу кому угодно!

— Вообще-то, чтобы ему помочь, ты должен перегрызть горло мне, — улыбнулась Настя. — А если серьезно, у Дениса тяжелейший стресс, и его из этого стресса надо выводить. Это нам с тобой его ревность кажется смешной и беспочвенной, потому что мы старше, а для него это самая настоящая трагедия, с которой его душа справиться не в состоянии.

— А как выводят из стресса?

— По-разному. Любовью, заботой, лаской. Иногда работа хорошо помогает, иногда перемена обстановки. Но лучше всего прибегнуть к помощи специалиста.

— Подождите! — воскликнул Артем и полез в карман.

Он достал маленький кусочек картона — визитную карточку — и протянул Насте.

— Что это?

Она прочла надпись на карточке: «Доктор Хасай Алиев. Центр защиты от стресса. Телефон 180-27-27».

— Откуда это у тебя?

— Денис дал. Он познакомился на улице с одним человеком, который научил его управлять руками и расслабляться и сказал, что если Денис заинтересуется, то пусть приходит.

— Любопытно. Кажется, это то, что нам нужно. Во всяком случае, попробовать не мешает. Как звали того человека?

— Вадим. Дениска говорил, что он смешной такой, в очках с толстыми стеклами.

— Это хорошо. Лучше, чтобы к Денису пришел кто-то знакомый, чем совсем чужой человек. Я попробую его найти. Проводить тебя до больницы?

— Не нужно, спасибо. Я здесь уже все магазины обегал и каждый метр улицы изучил. Меня вся Денискина палата за покупками посылает.

Они вместе дошли до угла Садового кольца и расстались.

* * *

Настя ехала в метро и думала о докторе Алиеве. Да, это действительно то, что сейчас нужно Денису. Она хорошо помнила телевизионные программы с участием Хасая Алиева «Помоги себе сам». Заикающиеся дети переставали заикаться практически мгновенно, а люди, измученные длительными головными болями, оживали буквально на глазах. Эти передачи произвели на нее тогда сильное впечатление, но это было четырнадцать лет назад, и сама Настя была на четырнадцать лет моложе, здоровее и глупее. Она хорошо запомнила все, что говорил и показывал Хасай Алиев, но никогда не пробовала на себе. У нее даже книжка была «Уроки саморегуляции», но Настя по молодости лет прочла ее и куда-то засунула. Когда тебе чуть за двадцать, как-то с трудом верится, что и у тебя могут наступить тяжелые времена.

Если найти специалиста из центра доктора Алиева и попросить его позаниматься с Денисом, то можно решить две задачи одновременно. Во-первых, Денис научится справляться со своими эмоциями и не позволять им управлять его разумом. А во-вторых, навыки саморегуляции дадут ему возможность быстро поправиться после ранения и операции, причем настолько быстро, что все будут изумляться и писать о нем статьи. Он попадет в центр внимания, он станет необычным, он будет владеть методом, которым не владеет никто из его окружения, и это вернет ему ощущение своей значимости. Может быть, это поможет ему легче перенести перемены в жизни, которые неизбежно наступят уже осенью.

* * *

Утром жара стала уже совершенно невыносимой. Синоптики с маниакальной настойчивостью каждый день обещали, что через три дня начнутся дожди и грозы, но уже через два дня «меняли показания» и переносили вожделенную непогоду еще на два-три дня. Но и эти дни проходили, а жара и не думала отступать от завоеванных позиций.

Клавдия Никифоровна прибыла к следователю на опознание изрядно уставшей. Ее мучила одышка, полная пожилая женщина обливалась потом и явно страдала от повышенного давления.

Гмыря пригласил ее в кабинет и предупредил об ответственности за дачу заведомо ложных показаний. Клавдия Никифоровна охала, вздыхала, держалась то за сердце, то за голову и выглядела совершенно несчастной. Настя ее понимала, даже ей, относительно молодой и не имеющей ни грамма лишнего веса, было тяжело, тем более в этом душном кабинете. Гмыря не переносил сквозняков и почти никогда не открывал окна, и Насте оставалось только удивляться, как это следователя до сих пор не хватил тепловой удар.

— Итак, Клавдия Никифоровна, вам предлагается посмотреть на этих пятерых мужчин и сказать, не знаком ли вам кто-либо из них.

Свидетельница медленно оглядывала присутствующих. Было заметно, что она сильно нервничает. Она дважды осмотрела опознаваемых, потом подошла к Дудареву.

— Вот этот, кажется.

— Где и когда вы его видели? Откуда вы его знаете?

— Я его не знаю, но он приходил к Косте из соседней квартиры.

— Поточнее, пожалуйста, — попросил Гмыря, быстро записывая показания в протокол. — К какому Косте и из какой квартиры?

— К Вяткину Косте, он в шестьдесят восьмой квартире жил, а я в шестьдесят девятой.

— Что за бред! — закричал Дударев. — Я не знаю никакого Вяткина!

— Помолчите, будьте любезны, — оборвал его Гмыря. — Вы потом скажете все, что захотите. Клавдия Никифоровна, когда вы видели этого человека?

— Так я уже говорила, недели три назад в первый раз, а потом еще два раза, спустя неделю примерно. Он к Костику в квартиру звонил. Я в «глазок» видала.

— По каким признакам вы его узнали?

— Так по лицу же! — удивилась свидетельница. — Я же лицо запомнила.

— Этого недостаточно. Вы должны назвать нам те черты лица или другие признаки, по которым вы опознали этого человека.

— По шраму я узнала, — нервно сказала она. — И вот по бровям еще, они густые такие и на переносице срослись. И шрамик у него на щеке под ухом, длинненький такой.

— Хорошо, Клавдия Никифоровна, спасибо вам. Подпишите протокол, и можете быть свободны.

Пожилая женщина на негнущихся ногах подошла к столу следователя и склонилась над протоколом. В этот момент Дударев сделал шаг вперед и вцепился в ее руку.

— Старая лгунья! — заорал он. — Мерзавка! Что ты врешь? Где ты меня видела? У какого Костика? Я тебя убью, убью своими руками!

Лицо его было страшным, искаженным злобой и яростью, глаза сверкали. Еще секунда — и он наверняка прибил бы пожилую даму. Его схватили и оттащили в другой угол кабинета.

— Дударев, вы сами себе подписываете постановление о задержании, — сказал Гмыря, не поднимая головы от протокола. — Я не могу оставлять на свободе человека, который не владеет собой и может натворить черт знает что. Подписывайте, Клавдия Никифоровна.

Ручка выпала из ее пальцев, Клавдия Никифоровна

начала хватать ртом воздух, лицо ее сделалось багровым, и она, как мешок, бесформенной кучей свалилась на пол.

— Уведите посторонних, — быстро скомандовал Гмыря, — и вызовите врача. Дударева не отпускайте.

Через сорок минут Клавдию Никифоровну погрузили на носилках в машину «Скорой помощи» и повезли в больницу.

— Пусть кто-нибудь съездит к ней домой и привезет туалетные принадлежности, две ночные сорочки, полотенца, халат и тапочки, — попросил врач.

Гмыря подошел к носилкам, держа в руках сумочку свидетельницы.

— Вы слышали, что сказал доктор?

Та слегка кивнула, на большее у нее не было сил.

— Вы хотите, чтобы кто-нибудь поехал к вам домой и привез все необходимое?

Снова едва заметный кивок.

— Ключи от квартиры в сумочке? Я могу их взять?

Получив безмолвное разрешение, Гмыря извлек из сумочки ключи и положил ее рядом со свидетельницей на носилки.

— Вот псих этот Дударев, — сказал он Сергею Зарубину, глядя вслед удаляющейся белой машине с красной полосой. — Надо же, старуху до полусмерти испугал. Совсем себя в руках не держит. Бери ключи и поезжай к ней домой, возьми там все, что нужно. А я пока Дударевым займусь, теперь он не отвертится.

* * *

Сергей повернул ключ в замке и осторожно открыл дверь. Он понимал, что в квартире никого нет, но все равно было отчего-то тревожно.

В квартире и в самом деле никого не было: Клавдия Никифоровна жила одна. Сергей сосредоточился, припоминая, что именно велел привезти врач. Туалетные принадлежности — это что? Зубная щетка, мыло, паста. Что еще? Если бы речь шла о мужчине, он бы взял бритвенный прибор. А с женщинами... Кто их разберет.

Зарубин внимательно оглядывал бесчисленные баночки и флакончики, которыми была уставлена столешница вокруг умывальника в ванной. Что из этого ей нужно? И вообще, зачем женщинам столько всего? Неужели они мажутся всем этим одновременно? Смешные они! На всякий случай Сергей выбрал один крем с пометкой «ночной» и один «дневной» и положил в пакет вместе с зубной щеткой, пастой и мылом.

Покончив с туалетными принадлежностями, он вернулся в комнату и стал искать ночные рубашки и полотенца. А неплохо живет Клавдия Никифоровна, размышлял оперативник, оглядывая чистую, аккуратно прибранную квартиру. Не бедствует дама — видно, дети помогают. Конечно, во многом видна стариковская пенсионная бедность, но есть и дорогие вещи, причем явно новые, купленные недавно. Вот эта ваза для цветов, например, стоит отнюдь не дешево, Сергей видел точно такую же в ГУМе, хотел подарить своей девушке на 8 Марта, но денег не хватило. А у тети Клавы хватило. Или ей тоже кто-нибудь подарил? Телевизор огромный, «Панасоник», такой на пенсию не купишь. А немецкий кухонный комбайн, совершенно очевидно, только что из магазина, коробка распечатана, но техника так и не вынута, стоит на кухне в уголке. Зарубин увлекся процессом изучения чужого имущества, он не рылся в вещах, а просто ходил и рассматривал то, что было на виду. Ему нравилось по вещам и обстановке составлять впечатление о человеке.

Вот чашки, старенькие совсем, в детстве Сережа пил чай точно из таких же. Белые с синим ободком, кое-где потрескавшиеся, некоторые даже со щербатыми краями. И рядом с ними изящные красивые фарфоровые чашки, те самые, из которых они с Клавдией Никифоровной пили чай, когда Сергей был здесь недавно. Наверное, они парадные, их достают, когда приходят гости, а те, с синенькой полосочкой, повседневные, для хозяйки, когда она одна.

Белье, наверное, хранится в шкафу. Зарубин открыл дверцы и окинул взглядом содержимое. Нет, это не то, здесь на перекладине висят на плечиках платья, блузки, кофты, пальто и плащ. Ба, а это что? Его внимание привлек плотный коричневый чехол с застежкой-«молнией», в таких чехлах продают верхнюю одежду в дорогих магазинах. Он чуть-чуть сдвинул «молнию» и просунул палец в образовавшееся отверстие. Так и есть, мех. Шубу, значит, прикупила наша тетя Клава. Ну, дай ей Бог здоровья, чтобы до зимы дожила и шубку новую поносила, порадовалась на старости лет.

Сергей улыбнулся собственным мыслям, закрыл дверцы и приступил к обследованию другой части шкафа. Здесь на полках ровными стопками лежали простыни, пододеяльники, наволочки, полотенца, нижнее белье. Что там нужно-то? Ах да, два полотенца и ночная сорочка. Нет, не так, две сорочки и одно полотенце. Или полотенец тоже нужно два? Сорочки он нашел быстро и отложил их на диван. А полотенце какое брать? Маленькое, для лица и рук, или побольше? А может быть, врач имел в виду большую банную простыню? Надо было сразу спросить, теперь вот гадай тут на кофейной гуще.

От размышлений его отвлек телефонный звонок. Сергей подумал немножко и снял трубку.

— А Клава где? — послышался требовательный женский голос.

— Клавдии Никифоровны нет, — вежливо ответил Зарубин.

— А вы кто такой?

— А я сосед.

— Что вы там делаете? Где Клава?

— Она в больнице, меня попросили привезти ей необходимые вещи. Вы не волнуйтесь, я не вор.

— Какой такой сосед? — подозрительно заверещал голос в трубке. — Клава говорила, ейный сосед помер недавно. Новый, что ли, заселился?

Зарубин понял, что нарвался на хорошо осведомленную приятельницу, с которой Клавдия Никифоровна общалась постоянно, все ей рассказывала, и провести ее на мякине не так-то просто. На легкий обман она не поддастся. Если не развеять ее подозрения, так она сейчас милицию сюда направит.

— Вообще-то я из милиции, — признался Зарубин. — Клавдия Никифоровна сегодня была у следователя, ей там стало плохо, и ее забрали в больницу, а меня послали за вещами.

— Как фамилия? — вопросила осведомленная дама таким тоном, словно была прокурором в шестнадцатом поколении.

— Чья? Моя?

— Следователя как фамилия?

— Гмыря.

— Правильно, — удовлетворенно констатировала невидимая собеседница. — Мне Клава так и сказала вчера, что ее следователь Гмыря на опознание вызывает. Какие вещи-то нужны?

— Туалетные принадлежности, полотенце, ночные рубашки, тапочки. Да, еще халат. Вы не знаете, какое полотенце нужно, маленькое, среднее или большое?

— Всякое, — авторитетно заявила женщина. — В нынешних больницах ничего нет, дефицит всего. Спасибо еще простыней не требуют. Возьми одно маленькое, для рук, и одно большое, если в душе помыться.

— А среднее?

— Среднее не надо, там и так дадут. И вот еще что, насчет халата я хотела тебе сказать. Там у Клавы на крючке за дверью халатик висит, так ты его не бери, он старый уже, рваный. Она недавно себе новый купила, вот его отвези, чтобы стыдно не было, а то скажут, что она нищенка какая-то.

— Хорошо, обязательно, — благодарно отозвался Зарубин. — А новый где лежит, не знаете?

— Как это я не знаю! Я все про Клаву знаю, — гордо сообщила приятельница. — Новое она в диван складывает.

— В диван? — удивился оперативник.

— Ну да. Ты его подними, там ящик для белья. Вот в нем все новые вещи и лежат. Найди халатик, он розовенький такой, красивый, прямо королевский. Не поленись, сделай, как я говорю, а я Клаву проведать приеду — проверю. Если что не так — жалобу на тебя накатаю. Куда ее отвезли-то?

Сергей продиктовал адрес и попрощался. Хорошо,

что эта дамочка так вовремя позвонила, ему и в голову не пришло бы искать одежду в диване. Нашел бы он на крючке за дверью этот старенький рваный халатик и привез бы в больницу. Действительно, опозорил бы Клавдию Никифоровну.

Он легко поднял диванное сиденье, встал на колени и стал осторожно перебирать содержимое ящика. Звонившая не обманула, здесь были только новые вещи, даже не распакованные. Вот что-то упоительно-розовое — похоже, это и есть искомый халатик. Сергей потянул за уголок пакета, лежащего на самом дне ящика, но сохранить порядок ему не удалось, вместе с этим пакетом на пол вывалились и другие. Отложив халатик в сторону, Сергей начал укладывать вещи обратно. И вдруг увидел выскользнувшую откуда-то фотографию. Он сначала даже не понял, что это, и машинально сунул обратно в диванный ящик. Потом вытащил снова и поднес к глазам.

«Меня глючит, — подумал он. — Как это могло сюда попасть?» Сергей на секунду зажмурился, открыл глаза и снова посмотрел на снимок. Привлекательный мужчина лет сорока пяти, темные волосы, густые сросшиеся на переносице брови. С фотографии на него смотрел Георгий Николаевич Дударев собственной персоной.

Глава 10

Зарубин сел за стол, положил перед собой фотографию и уставился на нее, подперев щеки ладонями. Вот влип! Ну и что теперь с этим делать? Взять и отвезти следователю? Во-первых, ни один суд не признает это доказательством чего бы то ни было, поскольку неизвестно, где и при каких обстоятельствах фотография обнаружена. Ни тебе понятых, ни хотя бы просто свидетелей, которые могли бы подтвердить, что фотографию Зарубин действительно нашел именно здесь, а не подбросил несчастной больной старушке. Говоря служебным языком, она изъята непроцессуальным путем и ни малейшего веса в уголовном деле иметь не может. Попросить Гмырю приехать сюда с обыском? Не приедет. И вовсе не потому, что не поверит Сергею, а потому что для обыска нужна санкция прокурора, а с чем он придет к прокурору? Какие такие веские причины существуют, чтобы перевести больную старуху из ранга свидетелей в ранг подозреваемых неизвестно в чем? Нет этих причин. Они появятся только после того, как официальным путем будет обнаружена фотография. Конечно, любой следователь может провести обыск и без санкции, но только в неотложных случаях, а здесь такового явно не наблюдается. Неотложный случай — это, например, когда преступник скрывается с места происшествия и забегает в квартиру, и преследующие его сотрудники милиции своими глазами видят, куда он зашел. Вот тогда можно и без прокурора.

Есть и третий вариант, придется прибегнуть именно к нему, другого выхода все равно нет.

Сергей придвинул к себе телефон и набрал номер Гмыри.

— Борис Витальевич, допросите меня в качестве свидетеля, — сказал он убитым голосом.

— Так, начинается, — недовольно протянул Гмыря. — Что еще?

— Я на квартире у Клавдии Никифоровны. Нашел тут кое-что любопытное.

— Специально искал, пацан зеленый? — подозрительно осведомился следователь. — Знал, что есть, но мне не сказал?

— Ей-крест, ни сном ни духом, — побожился Сергей. — Случайно нашел. Халатик искал для нашей больной, а там среди вещей фотография Дударева лежит.

— Что?!

— Фотография Дударева.

— Понятно. А все остальное видел?

— Наблюдаю, — улыбнулся Сергей с облегчением, поняв, что следователь с ходу уловил его мысль. — Новые дорогие вещи в ассортименте.

— Ясно. Купили, значит, нашу бабульку, Божьего одуванчика. Приезжай, допрошу тебя по всей форме.

— А фотография?

— Оставь где взял.

— А вдруг она куда-нибудь денется?

— Тогда привлеку тебя за дачу ложных показаний. Клади фотку на место и двигай к следователю на допрос, — приказал Гмыря.

* * *

«Я, Зарубин Сергей Кузьмич, ...года рождения, проживаю по адресу: Москва, ...оперуполномоченный уголовного розыска отделения... УВД Центрального округа г. Москвы, ... июня 1998 года в 11 часов утра присутствовал при опознании, проводимом в помещении... следователем Гмырей Б. В. В ходе опознания свидетель Романова К. Н. опознала гражданина Дударева Г. Н. как человека, которого видела неоднократно приходящим к ее соседу Вяткину К. А. При проведении опознания свидетелю Романовой К. Н. стало плохо с сердцем, была вызвана бригада «Скорой помощи». Врач «Скорой помощи» Толбоев Г. Б. сказал, что Романова К. Н. нуждается в неотложной госпитализации, и попросил, чтобы ей в больницу привезли туалетные принадлежности и смену белья. Поскольку Романова К. Н. проживает одна и у следователя Гмыри Б. В. не было в тот момент данных о проживающих в Москве близких родственниках Романовой, Гмыря Б. В. поручил мне съездить к ней на квартиру и привезти все необходимое. Согласие Романовой К. Н., находившейся в сознании, было получено, и с ее разрешения и в ее присутствии, а также в присутствии врача Толбоева Г. Б., фельдшера Иваненко О. В. и водителя «Скорой помощи» Михайлова И. И. следователь Гмыря Б. В. достал из сумки, принадлежащей Романовой К. Н., ключи от ее квартиры, расположенной по адресу: Москва, ул. ...Ключи Гмыря Б. В. передал мне.

Прибыв в квартиру Романовой К. Н., я стал собирать вещи, которые назвал мне Толбоев Г. Б. В этот момент в квартиру позвонила неустановленная женщина, которая назвалась приятельницей Романовой К. Н. Узнав, что Романова К. Н. находится в больнице и я собираю для нее вещи и туалетные принадлежности, женщина посоветовала мне не брать в больницу старое белье, а привезти новое, и указала, где оно лежит. С ее слов я узнал, что нужные вещи находятся в бельевом ящике под диваном. Подняв диван, я обнаружил среди вещей Романовой К. Н. фотоснимок, на котором изображен Дударев Г. Н.

При этом поясняю, что, находясь в квартире Романовой К. Н., я не выполнял свои служебные обязанности, а оказывал внезапно заболевшей женщине гражданскую помощь.

Написано собственноручно.

Зарубин С. К.».

— Гладко пишешь, — хмыкнул Гмыря, прочитав творчество Сергея. — Тебе не в розыске работать, а в журналистике.

— Не, в журналистике я не потяну, — отозвался Зарубин. — У меня слог казенный. Нас только протоколы писать учили.

— Зато как научили! Иди в следователи, тут тебе самое место. Ладно, давай теперь на словах рассказывай про бабкино благосостояние.

— Знаете, Борис Витальевич, оно какое-то странное, благосостояние это, — начал задумчиво Сергей. — Оно явно недавнее, но и не трехдневное. Я хочу сказать, что если бы бабу Клаву прикупили только для ложного опознания, то это случилось бы максимум дней пять назад, за пять дней она просто физически не смогла бы понакупить такую прорву новых вещей. Телевизор, шубу, кучу женских тряпочек, которые она складывает в диван. На кухне, например, стоит жутко навороченный комбайн, он даже еще из коробки не вынут — тут все понятно, на днях из магазина. А на телевизоре сзади пыль как минимум трехмесячная, за пять дней столько не осядет. Конечно, можно было бы порыться в бабкиных бумажках, наверняка она где-то держит паспорт или гарантийный талон на телевизор, может быть, чек на шубейку, но я не рискнул. Это уж вы сами, если обыскивать надумаете. Поэтому выводов только два: или бабку родственники подкармливают, или кто-то еще за невесть какие услуги. И не вчера это началось.

— Не вчера, — протянул Гмыря, глядя в окно, — не вчера. А когда? Вот что, друг милый, бери ноги в руки, звони Селуянову и обкопайте мне эту бабушку со всех сторон. Всю землю перелопатьте, но урожай соберите. Я хочу как можно быстрее знать о ней все, что в принципе можно о ней узнать. Дударева я запер, но мне это уже перестает нравиться. Кто-то хочет его подставить и делает это умело, гибко и оперативно. Единственное, что говорит против Дударева, это то, что убитой оказалась все-таки его жена, хотя в машину она села якобы случайно. Эту случайность мог предвидеть и подстроить только сам Дударев. Так что подозрений с него я пока не снимаю, но бабка с фотографией мне тоже малосимпатична. Какая-то хитрость тут спряталась.

— А что, если фотографию бабке подсунули, чтобы поставить под сомнение результаты опознания? — внезапно предположил Сергей. — Я сразу-то не подумал, но ведь могло быть и так.

— Могло. Но больно сомнительно.

— Почему сомнительно?

— Ну а где гарантия, что мы эту фотографию найдем? Романовой стало плохо — этого предвидеть не мог никто. Ты поехал к ней за вещами — это было мое решение, мое личное. И твое, кстати, тоже. Ты ведь мог не согласиться, ты не обязан это делать, и мы, как положено в таких случаях, обращаемся к работникам дэза, передаем им ключи и обязываем оказать помощь жильцу. Но мы так не сделали, и это тоже невозможно было спрогнозировать. И потом, фотография лежала не на видном месте, и нет никаких гарантий, что ее вообще нашли бы. Нет, Сережа, с подбрасыванием улики у тебя не выходит.

— Нет, выходит, — заупрямился Зарубин. — Я сегодня нашел фотографию случайно, на это вообще не было рассчитано. Но ее подбросили, чтобы мы ее нашли, только при других обстоятельствах. Вот смотрите. Романова выступает свидетелем и опознает Дударева. Опознает правильно, она его действительно видела возле квартиры Кости Вяткина. А потом нам подбрасывают информацию о том, что баба Клава замешана в чем-то некрасивом или даже преступном, и дают нам такие основания, что вам, Борис Витальевич, ничего не остается, кроме как провести у нее обыск. А вот и фотография — тут как здесь. И вина Дударева мгновенно ставится под сомнение. Красиво?

— Ничего, — согласился Гмыря, — симпатично. Нет, Серега, не годишься ты в следователи, тебе кино надо снимать детективное. Фантазия у тебя — высший класс. Значит, так, работайте бабульку, выясняйте все, что можно, в частности, проверяй и свое дикое предположение. У кого были ключи от квартиры, кто мог подбросить фотографию, кто вхож в дом и пользуется доверием настолько, что хозяйка оставляет его одного в комнате. Сколько времени нужно, чтобы поднять диван и засунуть фотографию среди вещей?

Сергей задумался, мысленно повторяя собственные движения, которые проделывал сегодня.

— Ну... если на диване ничего нет такого, что нужно предварительно снимать, то секунд восемь-десять. Но он скрипит, Борис Витальевич. Его слышно на всю квартиру, он старенький уже.

— А Романова у нас не глуховата?

— Вроде нет. Слышит хорошо.

— Значит, либо кто-то с ключами, либо кто-то очень доверенный, кто остается в квартире один. Ищи, юноша, дерзай. Версия у тебя мудреная, но красивая. Мне нравится. А знаешь почему?

— Почему? Я вообще-то догадываюсь, но вы лучше сами скажите.

— Не потому, что нежно тебя люблю. А потому, что очень не люблю господина Дударева. Ну не нравится он мне! Ну подозреваю я его, и с каждым днем мои подозрения все крепче и мощнее. Понимаешь?

— Понимаю, — усмехнулся Зарубин. — Очень вас понимаю, Борис Витальевич. Он мне самому не нравится. Может, я как раз от этой нелюбви к нему и придумал свою версию.

— Вот и умница, — умиротворенно вздохнул Гмыря. — Иди работай. Мы с тобой в первый раз вместе работаем, но чует мое сердце, не в последний. Будь молодцом.

— Буду.

* * *

Адрес Центра защиты от стресса был указан на визитной карточке, которую Артем Кипиани отдал Насте, но найти саму организацию оказалось непросто. Насте пришлось обойти вдоль и поперек целый квартал, пока она наконец не нашла нужную дверь. Сразу за дверью простирался длинный коридор, залитый светом из комнат. Двери здесь, по-видимому, не запирали. Настя заглянула в первую же комнату. Там сидела приятного вида женщина в очках и что-то писала в толстой тетради.

— Простите, это Центр защиты от стресса? — негромко спросила Настя. Женщина выглядела такой увлеченной своим делом, что страшно было напугать ее неожиданными звуками.

Женщина тут же подняла голову и приветливо посмотрела на Настю.

— Да. Я вас слушаю.

— Я ищу Вадима.

— Вадима? — переспросила женщина.

— К сожалению, я не знаю его фамилии, он молодой, худощавый, в очках с сильными стеклами.

— Это Вадим Сокольников. Пройдите по коридору до конца, комната справа. Он там занимается с малышами.

— Неужели у малышей тоже бывают стрессы? — с интересом спросила Настя.

— Еще какие. И чаще, чем у взрослых. Они же маленькие совсем, — женщина улыбнулась, — они пока еще не умеют справляться с тем, что нам, взрослым, кажется сущей ерундой и с чем мы справляемся легко и по десять раз в день. Я вам только один пример приведу: детишки, которых лет в девять-десять привозят в Москву из сельской местности или маленьких городов, где нет многоэтажных домов. А они боятся ездить в лифте. И боятся переходить дорогу. Для них каждый перекресток и каждая поездка в лифте — это такой стресс! Они и признаться стесняются, и помощи попросить стесняются, и боятся почти до обморока, и очень быстро это все накапливается и выливается в разные болячки. Заикание, хронические недомогания, отставание в школе.

Настя прошла в направлении, указанном женщиной, и обнаружила Вадима в компании десятерых детишек лет семи-восьми. Дверь этой комнаты, как и всех других, тоже была открытой, и Настя остановилась на пороге, с любопытством прислушиваясь к происходящему. Ребятишки сидели на стульях, а один из них стоял рядом с худощавым молодым человеком в очках с толстыми стеклами и что-то громко рассказывал.

— Итак, Алешенька, расскажи нам, что ты вчера делал.

— У-уроки, — коротко, но с миной обстоятельности ответствовал крошечный человечек.

— У тебя все получалось?

— Н-нет, я н-не м-м-мог выуч-чить стих-х-хотв-во-рение.

— И как ты поступил?

— Я пок-качался нем-м-множко.

— Ну-ка покажи нам, как ты это сделал.

Рыжий Алеша вытянул руки, которые почти сразу же стали плавно двигаться вперед и назад. Сделав несколько движений, он опустил руки и начал покачиваться из стороны в сторону. Лицо его при этом приобрело выражение глубокой задумчивости и отрешенности.

— А теперь, Алешенька, расскажи нам с самого начала, что вчера произошло, — ласково попросил Вадим.

— Я делал уроки. Не мог выучить стихотворение. Нам задали стихотворение выучить, а я никак не мог запомнить... Вот... Ну я покачался немножко и потом быстро его выучил. Оно как будто само запомнилось.

Настя решила, что у нее галлюцинации. Мальчик говорил совершенно гладко, заикание исчезло бесследно. Но она не бредила.

— Ну-ка, ребята, скажите, Алеша заикается? — тут же отреагировал Вадим.

— Не-е-ет, — дружно протянули дети.

— А раньше заикался?

— Да-а-а!

«С ума сойти! — подумала Настя. — Ведь сколько раз

мне объясняли, что заикание является следствием внутреннего напряжения. Именно поэтому оно пропадает, когда человек с удовольствием поет. Удовольствие — враг напряжения. Мальчику помогли сбросить напряжение — и он совершенно нормально разговаривает. Никогда бы не поверила, если бы не увидела своими глазами».

Вадим заметил Настю и подошел.

— Вы ко мне?

— Да. Я подожду, пока вы освободитесь. У меня долгий разговор.

— Вы хотите привести в группу своего ребенка?

— Нет-нет, я совсем по другому вопросу.

— Тогда вам придется подождать минут сорок, пока я закончу занятие.

— Конечно, — кивнула Настя, — я на улице подожду.

Она пошла по коридору к выходу, бросая быстрые взгляды во все открытые двери. В одной комнате занимались со взрослыми спортсменами, в другой находились мужчины в военной форме, в третьей тоже были взрослые, но они что-то записывали в блокнотах, и Настя поняла, что здесь, по всей вероятности, занималась не проблемная группа, а специалисты-психологи, которых обучали работе с группой. В последней комнате стояли два письменных стола с компьютерами, за которыми работали две молодые девушки.

После прохладного, чуть сыроватого помещения улица охватила Настю плотным ватным покрывалом влажной духоты. Она нашла раскидистое дерево и встала в тени, прислонившись к мощному стволу. Вот так, наверное, стоял в тот день Артем. Было так же жарко, он ждал Дениса, который зашел к однокласснику за учебником. Стоял, прислонившись спиной к дереву, и крутил в пальцах шарик. А в десятке метров от него сидел Костя Вяткин с плейером на поясе и наушниками на голове, слушал Мендельсона и ждал жертву. Костя не мог отлучиться со своего поста, это очевидно, поэтому он попросил Артема сходить к палатке и купить ему воды. Какая мирная картина... Насте казалось, она видит ее воочию. Вот Артем возле дерева. Вот Вяткин, сидящий на скамейке. Вдалеке стоит палатка, торгующая сигаретами, напитками и расфасованными продуктами. А вот здесь — «Шкода-Фелиция» цвета «баклажан». Вот Елена Дударева выходит из подъезда. Подходит к машине и открывает дверь со стороны водителя. Ей нужно взять находящиеся в «бардачке» документы из строительной фирмы, со стороны пассажирского места это сделать удобнее, но она открывает левую переднюю дверь, а не правую, потому что в правой двери неисправный замок, он не открывается снаружи ключом, и Елена об этом прекрасно знает, ведь это машина ее мужа, и она часто в ней ездит. Елена открывает дверь и садится на сиденье, чтобы дотянуться до «бардачка». Возможно, она даже прикрывает дверь, чтобы ее не задели проезжающие мимо машины. И в этот момент раздается взрыв.

— Вот и я, — послышался голос совсем рядом. — Я вас слушаю.

Она очнулась и удивилась тому, как глубоко ушла в свои мысли. Неужели прошло уже сорок минут? А казалось, не больше десяти.

— Вас зовут Вадим? — на всякий случай уточнила Настя.

— Да.

— Меня — Анастасия Павловна. Скажите, Вадим, дети и подростки могут страдать от ревности?

— Понятно, — усмехнулся Вадим. — Вы во второй раз выходите замуж, а ваш ребенок стал неуправляемым, и вы не знаете, что с ним делать. Я угадал?

— Нет, — она улыбнулась. — У меня нет детей, и я нахожусь в первом браке, который, надеюсь, так и останется единственным. Вадим, вы помните юношу, которого остановили на улице примерно неделю тому назад? Такой рослый, плечистый. Зовут Денисом.

— Конечно, помню. У меня вообще-то нет привычки заговаривать с людьми на улице, но он так плакал и выглядел таким несчастным... Мне стало его искренне жаль, и я подумал, что, может быть, могу чем-то ему помочь.

— Денис плакал? — удивилась Настя.

— Еще как. Но когда мы расстались, он уже улыбался.

— Он не сказал вам, почему плакал?

— Нет. Но я и не спрашивал. Это было бы глупо и бестактно. Он уже достаточно взрослый, чтобы не бросаться на шею первому встречному с рассказами о своих бедах. Почему вы спрашиваете о нем? Что-то не в порядке?

— Понимаете, Вадим... Денис ранен, его прооперировали, сейчас он находится в больнице. Врачи считают, что он должен быстро поправляться, а он все не поправляется. И есть основания считать, что у него глубокий стресс, из-за которого он утратил интерес к жизни. Вы могли бы ему помочь?

— Ранен... — растерянно повторил Вадим. — А кто его?.. Дружки?

— Нет, что вы. У него всего один друг, очень хороший юноша. Дениса ранил преступник. Но дело в том, что Денис сам подставился, он совершил глупый посту- пок, потому что хотел хорошо выглядеть в глазах друга и вернуть таким образом его внимание и уважение. Пони- маете, ему показалось, что его друг от него отдаляется и начинает интересоваться другими людьми, а для Дениса очень важно быть единственным. В общем, классичес- кая ревность. С этим можно что-нибудь сделать?

— В таком виде, как вы мне рассказали, — трудно. Наши методы рассчитаны на то, что человек учится справ- ляться с проблемой, которую он сам осознает. Он пони- мает, что заикается, и хочет научиться говорить плавно. Он понимает, что не усваивает школьную программу или не справляется с учебой в институте или с работой. Он видит, что быстро устает, глаза болят, внимание рас- сеивается, а ему еще многое нужно сделать. Он знает, что у него дефицит времени, а нужно быстро чему-то на- учиться или войти в определенную физическую форму. Он знает, что перед ответственными мероприятиями на него нападет «медвежья болезнь», и боится выйти из дома. Но в любом случае человек точно знает, что ему нужно и чего ему не хватает. Сил, усидчивости, внима- ния, спокойствия и так далее. Если он это знает, наши методы ему помогают в ста процентах случаев. Если он этого не знает, то ему нужен сначала психолог, который выявит проблему и сделает так, чтобы человек ее понял. И только потом проблему можно снимать методами саморегуляции.

— Но ведь проблема известна. Это ревность. Так что психолог, наверное, не нужен, — сказала Настя.

— Это вам проблема известна, — возразил Вадим. — А Денису? Он сам-то понимает, что ревнует? Ведь если все так, как вы говорите, то дело может быть не в утрате интереса к жизни, а в желании подольше оставаться больным и тем самым приковывать к себе внимание друга. Этот друг навещает Дениса в больнице?

— Не то слово. Он там днюет и ночует.

— Вот видите. Пока Денис болен, друг всецело принадлежит ему. Как только он поправится, все вернется на круги своя, и друг снова начнет интересоваться другими людьми. Это очень тонкая психологическая хитрость, которая распространена гораздо больше, чем вы даже можете себе представить. Сотни тысяч людей постоянно чем-нибудь болеют, оставаясь по сути абсолютно здоровыми, разумеется, с учетом их возраста. Они даже не осознают, что хотят таким образом обратить на себя внимание близких или уйти от решения каких-то проблем, потому что с больного какой спрос? Если вы их спросите об этом прямо, они даже не поймут, о чем вы говорите, они искренне убеждены в том, что ужасно больны всем, чем только можно болеть. Они просто не умеют смотреть в глубь себя и понимать свои истинные побуждения. Зато если вы их спросите о близких или о жизни вообще, они обязательно вам скажут, что проблем — море, но из-за болезни они не могут их решить, а близкие к ним не особенно тепло относятся.

— Я поняла, — удрученно сказала Настя. — Значит, вы помочь ничем не можете?

— Боюсь, что на данном этапе — нет.

— А если я предложу вам другой аспект вашего участия в судьбе Дениса? Если вы скажете ему, что можете обучить его методам саморегуляции и он покажет всему миру чудеса послеоперационного восстановления? Я думаю, он расценит это как способ выделиться и привлечь внимание друга.

— Это возможно, — согласился Вадим. — Это очень неплохая идея. Тем более что наши методы вполне позволяют это сделать, но не пользуются спросом у населения. Послеоперационных больных к нам не приводят, вероятно, наше официальное название сбивает с толку. Все думают, что в центре защиты от стресса работают только со стрессами. Но если мы назовем себя центром обучения саморегуляции, к нам вообще никто не придет. Непонятно и не вызывает доверия, верно?

— Верно. Так вы будете заниматься с Денисом?

— Я попробую. Успеха не обещаю, но надо пробовать.

Настя записала на листочке адрес больницы и номер отделения и палаты, где лежит Денис Баженов. Вадим обещал навестить его сегодня же вечером.

После этого Настя отправилась в другую больницу, на этот раз к Клавдии Никифоровне. «До чего забавной бывает работа сыщика, — думала она, сидя в полупустом троллейбусе и рассматривая мелькающие за окном дома и вывески. — Ни тебе засад, ни ночных бдений в ожидании кого-то, ни сложных поисков, ни стрельбы. Зато поездки из больницы в больницу, причем к совершенно незнакомым людям. Без всякого риска для жизни и даже без видимого напряжения. Это тоже называется борьбой за информацию. Ну и еще немножко — оперативной смекалкой».

Клавдия Никифоровна в отличие от юного и полного сил Дениса обладала, по-видимому, огромной волей к выздоровлению. Во всяком случае, уже к вечеру того дня, когда ее увезла «Скорая», пожилая женщина выглядела бодрой и пребывала в прекрасном настроении.

— Меня голыми руками не возьмешь, — доверительно сообщила она Насте. — Для меня такой приступ — максимум дня на три-четыре, и то если врачи опасливые попадутся. А некоторые так и на другой день отпускают. Вы мне вещи привезли?

— Привезла. Но, к сожалению, к вам домой ездила не я.

— А кто же?

— Сергей Зарубин. Вы должны его помнить, он с вами беседовал.

— Сереженька? Помню, как же, хороший парень. Дай Бог ему здоровья и невесту хорошую. А почему вы сказали «к сожалению»? — обеспокоенно спросила Романова. — Он там что-нибудь разбил или сломал?

— Нет, что вы, не беспокойтесь, — рассмеялась Настя. — У вас дома все цело. Но он взял для вас явно не те кремы. Сейчас лето, жара, нужны сильно увлажняющие легкие кремы, которые не забивают поры, а он взял жирные. Мужчина, что вы хотите! Они никогда в этом не разбирались. И потом, я никогда не поверю, чтобы у такой холеной дамы, как вы, на полочке не стояли омолаживающие гели и кремы против морщин. Я бы на его месте именно их и привезла. Но Сережа еще такой молодой...

Настя давила на Романову, нагло глядя ей в глаза своими светлыми ясными глазами и нежно улыбаясь заговорщической улыбкой, словно говорила: «Мы с вами такие искушенные женщины, уж мы-то с вами знаем, как правильно ухаживать за лицом, а тем, кто этого не знает, должно быть просто стыдно». Настя лепила текст наугад, она вовсе не была уверена насчет легких или жирных кремов, но рассчитывала на то, что уверенность тона сделает свое дело. И оказалась права.

— Ой, что же теперь делать? — расстроилась Клавдия

Никифоровна, как будто речь шла о чем-то жизненно важном. — И правда, кремы-то не те он набрал. Как же я теперь?

Настя молчала, изображая на лице сочувствие и согласно качая головой, словно разделяя огорчение собеседницы по поводу косметической катастрофы.

— А вы далеко живете? — спросила Романова, словно решившись на что-то.

— Нет, здесь рядом. Поэтому Сережа и попросил меня привезти вам вещи.

— А ключи от квартиры у него остались?

— Вот они, я их привезла вам.

— Деточка, а вы не съездите ко мне домой? — вдруг жалобно попросила Клавдия Никифоровна. — У меня в ванной хороший крем стоит, французский, против морщин. Им нужно обязательно каждый день мазаться, иначе пользы не будет. Съездите, голубушка, уж я так буду вам благодарна.

Романова попалась, Настя даже не ожидала, что это будет так просто. Достаточно было только дать ей понять, что молодое поколение считает ее своей, как ей тут же захотелось соответствовать.

Настя демонстративно посмотрела на часы и задумчиво покачала головой.

— Не знаю даже... Где вы живете?

Романова назвала адрес. Настя еще немного помолчала, делая вид, что что-то прикидывает, потом вздохнула.

— Ладно, я съезжу. Только сегодня я вам эти кремы уже не занесу, не успею. Завтра утром, хорошо? Я думаю, если вы пропустите всего один вечер, ничего страшного не случится.

— Ой, спасибо вам, голубушка, вот уж спасибо! — запричитала Романова. — Вот выручили!

Выйдя из больницы, Настя сразу же отыскала телефон-автомат и сбросила Зарубину на пейджер сообщение: «Через полчаса буду у Романовой. Если можешь, приезжай».

* * *

В квартиру они вошли вместе. Тихонько открыли дверь и так же тихонько прикрыли ее за собой. Мало ли любопытных соседей, разговоры пойдут, что к Романовой чужие люди зачастили, да еще по двое. Ни к чему это. Сергей сразу прошел в комнату, а Настя осталась в прихожей.

— Я сейчас подниму диван, а ты мне скажи, слышно в прихожей или нет, — предупредил Зарубин.

— Давай.

Через несколько секунд раздался душераздирающий скрип.

— Слышно, — констатировала Настя. — И даже очень.

— А теперь иди на кухню, послушай оттуда.

Из кухни тоже было слышно, причем вполне отчетливо. Панельный дом, о чем тут говорить! Стены тонкие и звукопроницаемые.

— Ладно, теперь из санузла послушай, — попросил оперативник.

Из санузла было слышно чуть хуже, если закрыть дверь, но все равно звук доносился. Правда, если в туалете спускали воду, а в комнате в это время работал телевизор, то вполне можно было залезть в диван без ведома хозяйки.

— Учтем, — удовлетворенно кивнул Зарубин. — Если

мы найдем того, кто это сделал, то при допросе его можно будет убить наповал знанием тонких деталей. Как ты считаешь? Сказать ему: «В комнате работал телевизор... Вы дождались, пока Клавдия Никифоровна выйдет в туалет, и в тот момент, когда она спускала воду...» У него обморок будет, вот увидишь.

— Или у нее, — рассеянно заметила Настя.

— Почему «у нее»?

— А почему «у него»? Кто сказал, что это непременно мужчина?

— И то верно. Смотри, вот фотография, среди новых вещей спрятана.

Настя покрутила снимок в руках. Несомненно, это Дударев. Он сфотографирован в профиль, даже в три четверти, и шрам на щеке под ухом отчетливо виден. Ей стало неспокойно. Сначала она даже не поняла отчего. Положила фотографию на стол и медленно прошлась по квартире. Где-то здесь беспокойство охватило ее впервые, но она не обратила внимания, а теперь, вглядевшись в фотографию, почувствовала его необычайно остро. Где-то здесь...

Настя вышла в прихожую. Вот оно! Именно здесь. Конечно.

— Сережа, иди сюда, — позвала она.

Зарубин подошел и недоуменно огляделся.

— Что ты здесь нашла? Я ничего не вижу.

— А ты в «глазок» посмотри.

Сергей прильнул к «глазку».

— И что я должен увидеть?

— Ничего. Ты смотри, смотри как следует.

— Настя, я не понимаю, чего ты хочешь. Ну смотрю я в «глазок», и дальше что?

— Что ты там видишь?

— Дверь вижу.

— Какую дверь?

— Соседней квартиры, в которой Вяткин жил.

— Правильно. А теперь смотри на фотографию Дударева.

Сергей вернулся в комнату и через некоторое время подошел к входной двери со снимком в руках.

— Смотрю. Но я все равно не понимаю.

— Шрам, Сережа. У него шрам слева. А через «глазок» можно увидеть только правый профиль человека, который звонит в квартиру к Вяткину. Если наша бабуля утверждает, что видела этого человека три раза, и все три раза через «глазок» в тот момент, когда он звонил или входил в квартиру номер шестьдесят восемь, то она могла видеть только его правую щеку. Но никак не левую.

— А может быть, она видела его, когда он выходил? — предположил Сергей.

— Будем думать. Когда человек выходит из лифта, в квартире слышен звук открывающихся дверей. Любопытная баба Клава пулей летит к двери и прилипает к «глазку». Человек в это время останавливается перед нужной квартирой, нажимает кнопку звонка и стоит неподвижно, ожидая, пока ему откроют. В этой ситуации можно, если обладать хорошим зрением, разглядеть детали лица. «Глазок» у бабули вполне высококачественный. Согласен?

— Согласен.

— Пошли дальше. Хлопает дверь соседней квартиры, бабуля опять же несется на всех парах смотреть, кто это от нашего Костеньки вышел. Но бабуля все же не метеор, секунды три-четыре она уже потеряла при самом удачном раскладе. За это время происходит следующее. Либо человек решает спускаться вниз по лестнице, тогда за три-четыре секунды он уже доберется до ступенек, и Романова его просто не увидит в «глазок». Либо, как второй вариант, он хочет спуститься на лифте. Тогда он вызывает его и стоит. Повернувшись к «глазку» бабы Клавы опять же правой щекой, потому что лифт расположен по той же стенке, что и дверь квартиры Вяткина. Еще есть варианты? Предлагай, будем рассматривать.

— Почему ты решила, что он обязательно стоит лицом к лифту? — возразил Зарубин. — Может, он к нему спиной стоял. Тогда получается как раз левой щекой в сторону Романовой.

— Сережа, ты часто видел людей, которые вызывают лифт и поворачиваются к нему спиной?

— А черт его знает, я внимания не обращал, — признался Сергей. — Но если можно стоять лицом к двери лифта, то по теории вероятностей можно и спиной.

— Так это по теории вероятностей. А по людской психологии так не выходит. Феномен такой, понимаешь? Его пока никто толком не объяснил, но только в одном случае из тысячи человек поворачивается к лифту спиной. Это очень редко случается. Но поскольку редко — это все-таки редко, а не никогда, то будем считать, что шанс оправдать бабу Клаву у нас пока есть. Может быть, у нее действительно была возможность видеть Дударева слева. Давай теперь тихонечко в бумажках пороемся — и бегом отсюда. Да, кремы мне не забыть бы, нужно же оправдывать факт своего пребывания в чужой хате.

Через полчаса Настя и Зарубин покинули жилище загадочной пенсионерки Клавдии Никифоровны Романовой. Они спускались вниз пешком, чтобы в ожидании лифта не нарваться на лестничной клетке на соседей. Они не дошли еще до первого этажа, когда запищал висящий на брючном ремне Сергея пейджер.

— Гмыря требует, — недовольно проворчал Сергей. — Время десять вечера, а ему все неймется.

— Позвони. Заодно про бабу Клаву доложишь.

— Как ты думаешь, — Сергей неуверенно помялся, — ничего, если я поднимусь к Романовой и позвоню оттуда? Глупо же искать автомат, если нормальный телефон под рукой.

— Поднимись, — согласилась Настя. — Ничего плохого в этом нет. Мы же не воры какие-нибудь. Беги, я тебя на улице подожду.

Она спустилась вниз и с наслаждением закурила. Курить хотелось давно, но в квартире Романовой она не рискнула это делать.

Вечер не принес желанной прохлады, даже слабого ветерка не было, воздух, казалось, остановился навсегда и уже больше не будет передвигаться в пространстве. И даже не остынет. «В такой духоте даже комары утихают, — подумала Настя. — Просто удивительно, разгар лета, а меня еще ни разу никто не укусил. У них, бедняжек, тоже, наверное, сил нет летать и кровопийствовать. Впрочем, почему «тоже»? Люди-то как раз, как ни странно, находят в себе силы убивать. Ничем не остановишь этого зверя под названием «человек», даже изнуряющей жарой его от убийства не отвратишь. Как сказала сегодня бабуля Романова, нас голыми руками не возьмешь. Вот уж точно».

Хлопнула дверь подъезда, появился Зарубин. Лицо его было серьезным и озабоченным.

— Ну как, доложил? — спросила Настя. — Гмыря

нами доволен? Или расстроился, что бабка нас обманула и Дударев к Вяткину не приходил?

— Расстроился. Только по другому поводу.

— Что еще? — насторожилась Настя.

— Труп у нас, Настасья. Может, он, конечно, и не у нас, но очень похоже, что это наш.

— Кто? — спросила она внезапно севшим голосом.

Ей отчего-то стало неуютно и страшно.

— Храмов. Адвокат, которого нанял Дударев.

Глава 11

Таких людей, как Иван Федорович Булгаков, Коля Селуянов берег пуще зеницы ока. Иван Федорович сотрудничал с ним не из страха перед компрматериалами и не из-за жалких копеек, которые полагалось выплачивать «источнику» за регулярную поставку более или менее стоящей информации, а исключительно из любви к искусству. Причем к искусству в самом прямом и честном смысле этого слова. Дело в том, что Булгаков всю жизнь мечтал быть актером. Как водится, мечты не всегда совпадают с бренной реальностью, и в далеком пятьдесят седьмом его, закончившего рабфак и отслужившего в армии, в театральный институт не приняли. Отсеяли на первом же туре, сказав вежливо, что лучше абитуриенту Булгакову попробовать себя на каком-нибудь другом поприще. Не подошел он, стало быть. Таланту маловато оказалось.

Но приемная комиссия немножко ошиблась, как это нередко случается. Талант у Ивана Булгакова, несомненно, был, и немалый. Просто к моменту поступления в театральный институт ему явно не хватало практики. Ну там самодеятельности какой-нибудь, на худой-то конец. Обиженный Иван отправился поступать в педагогический и был принят «на ура», ибо в педагогические вузы, как известно, идут одни девочки и каждый представитель мужского пола там на вес золота, а между тем общеобразовательные школы испытывали (и испытывают по сей день) острую нужду в учителях-мужчинах. Получив диплом учителя русского языка и литературы, Иван Федорович отправился в одну из московских школ воплощать в жизнь свои идеи, а заодно и мечты о театре. Уже через год молодой учитель создал школьный поэтический театр и на протяжении двадцати с лишним лет, вплоть до выхода на пенсию, был его бессменным руководителем и режиссером, а частенько выступал и как актер. Театр прославился в районе, потом прогремел в городе, постоянно завоевывал призы и грамоты на фестивалях и смотрах. Принимать участие в работе театра считалось в школе престижным, а поскольку Иван Федорович ставил непременным условием хорошие оценки, полагая, что троечник не может тратить время на репетиции, ему заниматься надо, то успеваемость в школе была просто-таки замечательной.

Но школьники есть школьники, а даже в самой расчудесной школе не все ученики являются образцом родительской мечты. Среди них попадаются и двоечники, и хулиганы, и малолетние преступники. В конце шестидесятых случилось очередное ЧП, милиция задержала троих пацанов из девятого класса, которые успешно промышляли кражами сумок, начав с родной учительской и затем расширив поле деятельности до других присутственных мест, например, поликлиник и собесов. Вступив в контакт с милицией, Иван Федорович вдруг осознал всю меру ответственности учителя за учеников и сказал себе, что отныне будет более внимательно следить за своими подопечными, высматривая в их поведении нарождающиеся признаки неблагополучия. Случай вскоре представился, и, когда на руке десятиклассника из малообеспеченной семьи появились «взрослые» часы, учитель Булгаков незамедлительно пришел в милицию, чтобы обсудить сей загадочный факт. В милиции энтузиазм Ивана Федоровича оценили по достоинству, поблагодарили и попросили продолжать в том же духе. С десятиклассником, слава Богу, ничего плохого не случилось, выяснилось, что часы он купил по дешевке в какой-то подворотне, но поскольку часы оказались крадеными, то благодаря бдительности учителя были выявлены скупщики и даже несколько воришек.

Следующий этап наступил примерно через два года, когда оперативник из местного отделения милиции сам обратился к Булгакову за помощью. Нужно было проверить информацию о недобросовестности школьной буфетчицы, которая нагло обсчитывала и обвешивала школьников, для чего необходимо проводить контрольную закупку. В контрольной закупке есть свои сложности и хитрости, например, специально подставленные «покупатели» должны брать несколько наименований товара, а не одни какие-нибудь сосиски, а после расчета с продавцом под благовидным предлогом не отходить от прилавка и не брать свои покупки. Сдачу желательно тоже в кошелек не прятать, пусть лежит там, куда ее продавец положил. Можно делать вид, что ищешь сумку, в которую будешь складывать купленные продукты. Можно отвлечься на беседу со знакомыми. Можно много чего всякого придумать, чтобы не сорвать контрольную закупку, но выглядеть при этом надо естественно, чтобы проверяемый продавец не насторожился. Иван Федорович с радостью согласился сыграть роль покупателя-копуши и проделал это с таким блеском и виртуозностью, что у милиционеров дух захватило. Очень скоро к нему обратились снова и попросили использовать свое артистическое дарование уже в более серьезных целях. Булгакову предстояло познакомиться с молодой дамой из соседнего дома и кое-что у нее выведать. Он выведал.

Дальше покатилось как по маслу. Иван Федорович легко перевоплощался и втирался в доверие, слушал и запоминал, никогда ничего не забывал и не путал. Его актерские способности расцвели и приносили пользу, и он был счастлив.

С тем оперативником, который впервые прибег к его помощи, Булгаков сотрудничал больше пятнадцати лет, пока тот не вышел на пенсию. С согласия Ивана Федоровича его «передали» другому сыщику, потом третьему. Четвертым куратором оказался Селуянов, который сразу оценил его самого и его возможности. И холил и лелеял немолодого уже человека, сотрудничающего с сыщиками, как принято выражаться в официальных документах, на конфиденциальной основе.

Задание в этот раз Иван Федорович получил, по его же собственным меркам, несложное. Нужно было поотираться среди публики, знакомой с Клавдией Никифоровной Романовой, и собрать о ней как можно больше сведений. Красивому седовласому пожилому мужчине, к тому же опытному педагогу и знатоку русской поэзии, ничего не стоило разговорить любого, будь то пенсионерка или молодая мамочка с коляской, солидный дядечка в годах или пацан. Он умел находить общий язык со всеми.

* * *

Анатолий Леонидович Храмов был убит в собственной квартире. Обнаружила его жена, вернувшаяся с дачи. Приехавший вместе с дежурной группой судебный медик установил, что смерть наступила около десяти-двенадцати часов назад, то есть в промежутке между одиннадцатью и тринадцатью часами. Причина смерти — асфиксия вследствие удавления тонким прочным шнуром.

— Ну что, умники, — сердито пробурчал Гмыря, когда к месту происшествия примчались Настя и Зарубин, — крутите мозгами-то, не все мне одному трудиться. Дударева сразу отметаем, он с десяти утра в моем кабинете находился, а потом в камере, куда я его запрятал.

— А почему сразу Дударев? — удивилась Настя. — Вы до такой степени его не любите, что готовы повесить на него всех дохлых кошек в нашем городе. Зачем ему убивать собственного адвоката?

— А затем, умная и гуманная Каменская, что адвокат Храмов отказался вести дело Дударева.

— Как это отказался?

— А вот так. Отказался. Сей факт мне сообщила мадам Ермилова, с которой я уже пообщался по телефону, пока вы с Зарубиным бабкину квартиру шерстили. Господин Храмов, царствие ему небесное, собирался отбыть на отдых не менее чем на два месяца, в связи с чем поставил Дударева и Ермилову в известность, что защитой Дударева он заниматься не будет. А господин Дударев, в свою очередь, не далее как сегодня утром продемонстрировал нам всем, что держать себя в руках он совсем не умеет, вспыхивает как порох и тут же лезет в драку. Бабку нашу Романову чуть не пришиб прямо в моем кабинете. Поэтому самое первое и самое нормальное, что может прийти в голову следователю вроде меня, — это идея о том, что убийство совершил Дударев. Жалко, что у него алиби, которое даже я оспорить не могу. Остается только надеяться на то, что наш медик ошибся и смерть наступила до десяти часов утра. Пойди-ка, Настасья, поговори с женой Храмова, она в соседней комнате в себя приходит. Я пока не смог толком ее допросить, уж очень плоха.

— Хорошо, — кивнула Настя, — я попробую. Только насчет судебного медика я хотела сказать...

— Ну?

— Сейчас жара стоит. Процессы идут быстрее. Поэтому если медик и ошибся, то в сторону увеличения срока наступления смерти, а не в сторону уменьшения. Храмов мог умереть значительно позже полудня, но уж никак не раньше.

— Больно ты умная, — огрызнулся Гмыря. — Иди задание выполняй.

Жена, а теперь уже вдова Анатолия Храмова, действительно была очень плоха, но старалась держаться изо всех сил. Красивая молодая женщина с лицом белым от ужаса и сердечной недостаточности, вызванной шоком.

— Толя раньше в милиции работал, я знаю, что вам нужно меня допросить, — сказала она, давясь слезами. — Вы не смотрите, что я плачу, вы спрашивайте. Я никак остановиться не могу...

Насте стало ужасно жаль ее, такую молодую и красивую, ведь еще вчера, еще сегодня утром, даже еще сегодня днем, пока она не вернулась домой, жизнь представлялась ей совсем другой. У нее был любящий и любимый муж, оба они были молоды, полны сил и желания жить и, наверное, счастливы. И вдруг в одну секунду все переменилось. Нет больше мужа, нет сил и желания жить, нет счастья. Настя решила не приступать прямо к делу, а немного отвлечь женщину посторонними разговорами, чтобы дать ей возможность войти в ритм беседы и привыкнуть к необходимости отвечать на вопросы.

— Вы собирались ехать отдыхать? — сочувственно спросила она.

— Мы... Да, в октябре... Планировали ехать в Испанию.

Храмова разрыдалась. Настя собралась было успокаивать ее, но внезапно остановилась. Как это в октябре в Испанию? Почему в октябре? А куда же Храмов собирался ехать сейчас? Это должна была быть какая-то очень важная и неотложная поездка, если ради нее он расторг договор с клиентом.

— Скажите, а куда Анатолий Леонидович собирался уезжать в ближайшие дни? — спросила она.

— Никуда.

— Вы точно это знаете? Может быть, он вам говорил, а вы забыли?

— Не говорил он мне ничего. — Храмова всхлипнула и вытерла лицо зажатым в руке платком. — Он не собирался ни в какие поездки. Даже на дачу не приезжал, работы было много.

Очень интересно! Но есть и другой вариант. Если жена по нескольку дней подряд не приезжает в Москву, то вполне можно успеть быстренько съездить куда-нибудь и вернуться, не ставя ее в известность. Другое дело, что ради такой короткой поездки не имеет смысла отказываться от клиента. Хотя Ермилова говорила что-то о двух месяцах, а не о нескольких днях. Если только...

Если только сама поездка не решает какой-то очень важный вопрос, после чего уже не будет необходимости заниматься адвокатской практикой. Или не будет возможности.

— Наталья Сергеевна, ваш муж не собирался менять род занятий? — осторожно спросила Настя.

— Я не понимаю...

— Ну, может быть, ему делались какие-нибудь интересные предложения, возможно, даже связанные с вашим переездом за границу. Нет?

— Я ничего не знаю об этом, — покачала головой Храмова.

— Вы можете поручиться, что находитесь полностью в курсе дел мужа? Вы точно знаете, что у него от вас нет секретов?

— Конечно, есть. Вы же понимаете, он адвокат... Он очень бережно относится к своим клиентам, никогда слова лишнего про их дела никому не скажет, даже мне.

— А вас это не задевало?

— Ну что вы... Он же в милиции работал, я уже говорила вам. Толя меня еще с тех пор приучил, что есть производственные секреты и чтобы я не обижалась, если он не все мне рассказывает. Вы знаете, мы ведь очень давно женаты, Толя еще в школе милиции учился, а я в институте, на втором курсе. Нам только-только по восемнадцать исполнилось, когда мы поженились. Мы с восьмого класса знали, что будем вместе, ждали только, чтобы возраст подошел. В этом году пятнадцать лет со дня свадьбы хотели праздновать. Как раз в октябре, собирались в Испании...

Она снова расплакалась, на этот раз уже не так отчаянно, зато горько. Глядя на плачущую женщину, Настя думала о том, как похожи и в то же время непохожи бывают человеческие судьбы. Они с Чистяковым вместе с девятого класса, а поженились только три года назад. Им понадобилось почти двадцать лет, чтобы понять, что они должны быть вместе. Если бы они поженились, как Храмовы, в восемнадцать лет, то в этом году праздновали бы двадцатилетие со дня свадьбы. А они до тридцати пяти тянули. Насте вдруг стало страшно, она представила себе, что чьей-то злой волей Лешку вырвут из жизни. Из жизни вообще и из ее, Настиной, жизни. Несмотря на то что по работе она почти ежедневно сталкивалась со смертями, ей не приходило в голову, что такое же может случиться и с ней самой. А ведь может. От беды никто не застрахован, даже самые правильные и благополучные. Можно не заниматься опасными видами деятельности и соблюдать правила личной защиты, не знакомиться с подозрительными людьми, не входить в лифт с неизвестными, не приглашать в дом малознакомых личностей, но все равно не убережешься. Кто-то кого-то захочет убить, а под пули попадет случайный прохожий. И не существует в природе такого закона, по которому этим случайным прохожим не может ни при каких условиях оказаться близкий тебе человек. Нет такого закона, а потому всякое может случиться. Не говоря уже о пьяных или обкуренных водителях, лихо выезжающих на встречную полосу.

— Не плачьте, пожалуйста, — тихо попросила Настя. — Давайте еще поговорим о вашем муже. Мне сейчас нужно узнать о нем как можно больше, чтобы как можно быстрее определить правильное направление поисков убийцы. Вы меня понимаете?

Храмова молча кивнула и снова поднесла к лицу мятый и совершенно мокрый платок.

— Спрашивайте.

— Анатолию Леонидовичу никто не угрожал?

— Я не знаю. Он не говорил. Не хотел, чтобы я напрасно волновалась.

— У него были долги?

— Долги? — Храмова, казалось, даже удивилась. — Нет. У нас достаточно денег, мы привыкли жить неприхотливо.

— Может быть, ваш муж играл в казино?

— Да что вы, он там ни разу не был.

— Наталья Сергеевна, мне не хотелось бы, чтобы вы поняли меня неправильно, но... Вы все лето живете на даче, а Анатолий Леонидович постоянно был в городе. Почему так? Почему вы не вместе?

— Мне... Я... — Храмова замялась. — Мне тяжело в городе в такую жару. Мне нельзя... такие перегрузки...

«Господи, да она же беременна! — поняла Настя. — Ну конечно, как я сразу не сообразила. Просто она все время сидит, я не видела ее фигуру в полный рост. А может быть, срок еще такой маленький, что по фигуре и не заметно. Она права, вынашивать ребенка в душном раскаленном каменном мешке — не самое лучшее».

— Вы ждете ребенка? — спросила она на всякий случай.

— Да. Третий месяц. У меня не получалось несколько раз, поэтому мы с Толей решили не рисковать, беречься с самого начала. Я даже с работы уволилась, чтобы не ездить на электричках каждый день. Жила постоянно на даче с Толиной бабушкой, там сосны, озеро, воздух хороший.

— А зачем вы сегодня приехали в город?

Храмова подняла на Настю больные глаза, губы ее дрожали.

— Я соскучилась по Толе. Так сердце защемило... Я почувствовала, что умру, если его не увижу. Я думала, это от любви. Теперь понимаю, что это было другое.

Настя вернулась в комнату, где Гмыря руководил осмотром.

— ...пепельница керамическая, в которой находятся... двенадцать окурков от сигарет «Кэмел спешиал лайтс», бутылка пластиковая объемом два литра с этикеткой «Вера», в бутылке находится прозрачная жидкость, заполняя бутылку на высоту... Кто линейку спер? Дай сюда, ворюга... На высоту два и три десятых сантиметра... Так, дальше поехали. Стакан с остатками прозрачной жидкости, расположен рядом с пепельницей и бутылкой... Еще один стакан на противоположной стороне стола, на вид сухой и чистый, видимых отпечатков пальцев и губ не имеется.

Гмыря не обратил на Настю внимания, и она на цыпочках вышла на кухню. Здесь было чисто, спокойно и прохладно. На столе стояла одинокая бутылка воды, все та же «Вера». Бутылка была пуста лишь наполовину. А в комнате стояла почти допитая бутылка и два стакана. Понятно. К Храмову пришел гость, и он, как воспитанный хозяин, поставил на стол два стакана и непочатую бутылку. Гость, однако, не пил, жажда его, по всей видимости, не мучила, так что стакан его остался сухим и чистым. Что же получается, за время встречи Храмов выпил без малого два литра воды? Получается. Бедный водохлеб!

Настя быстро прошла в комнату, где сидела безутешная вдова.

— Наталья Сергеевна, ваш муж курил?

— А?

Храмова вскинула на нее непонимающий взгляд, будто забыв, кто эта женщина и зачем она здесь.

— Что вы спросили?

— Ваш муж курил? — терпеливо повторила Настя.

— Нет почти... Только за компанию, когда застолье, мог выкурить две-три сигареты. И еще когда нервничал.

— Какие сигареты он курил?

— Легкие. Ему привозят откуда-то облегченный «Кэмел», настоящий, не лицензионный.

— Вы можете припомнить случай, когда Анатолий Леонидович выкурил бы больше десяти сигарет за короткое время?

— За короткое? Это сколько?

— Например, за два часа.

— Да что вы! Я такого никогда не видела. То есть я хочу сказать, что в то время, когда он работал в розыске, он, конечно, много курил, очень много, особенно когда сидел дома и ждал, что кто-то придет или позвонит. Тогда прикуривал одну от другой, все время дымил. Он очень нервничал в таких случаях, весь как натянутая струна был. А потом, года два назад, сказал, что будет бороться за здоровую старость, и резко сократил курение. В последние два года он курил совсем мало. Ему одной пачки хватало на неделю, а то и на две.

Хорошенькое дело! Двенадцать сигарет и два литра воды за одно прекрасное утро. Кого же ждал Анатолий Леонидович с таким диким нервным напряжением? И кто в результате к нему пришел? Кто заставил его так нервничать во время разговора? Уж понятно, что не друг и не клиент. Тогда кто?

Настя снова вышла туда, где находилась группа, подошла к столу и склонилась над пепельницей. Все двенадцать окурков были как братья-близнецы, совершенно очевидно, что тушила их одна и та же рука одним и тем же привычным жестом. Конечно, преступник мог быть достаточно хитер, чтобы курить те же сигареты из той же хозяйской пачки и тушить их таким же способом, но это бесполезная уловка, потому что экспертиза все равно покажет, кому принадлежит слюна на окурках, одному ли Храмову или кому-то еще.

— Каменская, помоги с бумагами, — скомандовал Гмыря.

Пока Сергей Зарубин и Коля Селуянов обходили соседей в надежде найти хоть кого-нибудь, кто видел и мог бы описать утреннего посетителя квартиры адвоката Храмова, Настя собирала папки и бумаги из письменного стола. Дело близилось к полуночи, и она спохватилась, что не предупредила мужа. Лешка, наверное, звонит ей из Жуковского каждые десять минут и с ума сходит от волнения. После неприятного эпизода с моло-денькой Юлечкой Чистяков два дня подряд приезжал ночевать в Москву и, только убедившись, что Настя успокоилась, вернулся к родителям. «Интересно, — подумала Настя, — отчего он больше волнуется, оттого, что со мной что-то случилось, или оттого, что я загуляла с другим мужчиной?»

— Борис Витальевич, мне нужно позвонить, — сказала она Гмыре.

— А не обойдешься?

— Не обойдусь. Я мужа не предупредила, что выехала на место происшествия. Вы же знаете, что ревность —

самое разрушительное чувство. Зачем человека зря травмировать?

— Самое разрушительное чувство, Каменская, — это зависть, — поучительно изрек Гмыря. — Спроси у Мусина разрешения, если он уже с телефонным аппаратом закончил, можешь позвонить.

Эксперт Мусин звонить разрешил.

— Не перепачкайся только, — предупредил он, — аппарат весь в порошке, я пальцы снимал.

— А я уж думал, что ты сбежала с проезжим актером, — с облегчением сказал Чистяков, услышав ее голос.

— И обрадовался? — спросила Настя.

— Еще как. Стал уже прикидывать, когда мне сделать предложение нашей Юлечке, а ты тут как тут на мою голову. Тебе там долго еще?

— Долго. Часа два, не меньше.

— Как домой доберешься? В метро пускать уже не будут.

— Селуянова попрошу отвезти, он на колесах.

— Не будь нахалкой, Коля — молодожен, его жена ждет возле теплой постели. Хочешь, я за тобой приеду?

Ей очень хотелось сказать «хочу». Еще горьковатым привкусом напоминал о себе ее недавний внезапный страх в один момент потерять Алексея, и Настя вдруг поняла, что нужно стараться успеть сказать и сделать самое главное, потому что, когда будет поздно, поправить уже ничего нельзя будет. Она так явственно представила себе, как обнимет мужа и скажет ему те слова, которые давно должна была сказать, но не говорила, считая это делом пустым и необязательным, делом, которое всегда успеешь сделать. А ведь можно и не успеть. Но сейчас почти полночь, и Жуковский отсюда — не ближний свет, а Лешке к девяти утра на работу. Она будет последней свиньей, если примет его джентльменское предложение и заставит ехать в такую даль на ночь глядя. Хотя, с другой стороны, Лешка хоть и умеренно ревнив, но он все же ревнив, и, если он подспудно хочет убедиться, что его жена действительно работает, а не прохлаждается в объятиях любовника, нельзя лишать его такой возможности. Конечно, Настя никогда не давала ему повода для ревности, но теперь, после эпизода с Юлей, все может измениться. Сколько историй знает человечество, когда супруг, подозревая другого в неверности, сам начинает изменять исключительно ради собственного психологического комфорта. Дескать, ты мне верность не хранишь, но и я не сижу без дела. И до тех пор, пока Чистяков будет испытывать неловкость от Юлиной выходки, он будет подсознательно ждать, что его жена может выкинуть что-нибудь подобное. Итак, хочет ли она, чтобы Леша приехал за ней сюда и отвез домой?

— Хочу, — сказала она решительно. — Приезжай за мной, Чистяков, мне хочется почувствовать себя замужней дамой, которую муж встречает после работы.

Почти в половине второго ночи осмотр места происшествия был наконец закончен. Гмыря первым вышел из квартиры и, грохоча ботинками, чуть ли не бегом спустился вниз. Квартира Храмовых находилась на втором этаже, можно было обойтись без лифта. Селуянов вышел последним.

— Тебя отвезти? — дежурно спросил он Настю, но по его голосу было отчетливо слышно, что он надеется на отрицательный ответ.

— Надеюсь, что нет. Не исключено, что внизу ждет мой профессор.

— Ого! Прилив нежности? — съехидничал Николай. — Сколько я помню, такого не случалось.

— Скорее прилив ревности. А насчет того, что раньше такого не случалось, так все когда-то бывает в первый раз.

— А ревность-то у кого? У профессора?

— Нет, Коленька, ревность у меня, а у профессора комплекс вины по этому поводу. Ладно, ты не вникай, это мы от скуки дурака валяем. Одна маленькая дурочка вообразила, что Чистяков от нее без ума, и тут же поставила меня об этом в известность. Чистяков, естественно, расстроился ужасно, он думает, что я теперь перестану ему верить и начну ревновать, а от ревности люди делают всякие глупости, в том числе и начинают изменять, причем без всякого на то желания, а исключительно из дурацкого принципа. Вот и думай теперь, у кого приступ ревности, у меня или у Лешки.

— Мудрено как у вас все, — покачал головой Селуянов. — Не можете вы, интеллектуалы, в простоте жить.

— А ты можешь?

— Теперь могу, — твердо ответил Николай. — Я теперь не думаю ни о чем, я просто люблю Валюшку и чувствую, что счастлив. А счастье, как тебе известно, не стимулирует умственную деятельность. Вот говорят же, что настоящий творец должен быть голодным, тогда он может создать шедевр. Сытые шедевров не создают. Для того чтобы хорошо думать, нужно быть несчастливым, а счастливые не думают, они просто живут. Поняла, гениальная ты моя?

Он придержал дверь, пропуская Настю из подъезда

на улицу. Машина Гмыри, подмигнув фарами, уже отъезжала от дома. На противоположной стороне улицы рядом с машиной Селуянова Настя увидела «Москвич» Чистякова. Сам Алексей стоял рядом с машиной и что-то оживленно обсуждал с Зарубиным. «Боже мой, вот он стоит, — подумала Настя, чувствуя, как зашлось сердце, — стоит живой и здоровый, разговаривает с Сережей и даже не думает о том, что он жив и как ему повезло, что никакого несчастья пока не случилось. А я понимаю, какое это счастье, когда твои близкие с тобой, а не на кладбище, и еще можно насладиться тем, что они с тобой, и еще можно сказать им, как любишь их и дорожишь ими. Как хорошо, что я вовремя спохватилась!»

Алексей смотрел на нее удивленными глазами, он не понимал, почему Настя вдруг побежала к нему, хотя спешки никакой нет и можно идти спокойно.

— Чистяков, как хорошо, что ты у меня есть, — пробормотала она, уткнувшись носом в его шею и вдыхая запах его туалетной воды. — Ты — самое лучшее, что есть в моей жизни.

— Ты хочешь сказать, домой ночью добраться не можешь без меня? — пошутил Алексей.

— И это тоже. И вообще без тебя я умру с голоду. Поехали, а?

— Ася, я всегда ценил твою честность выше, чем твои умственные способности. Не заставляй меня сомневаться.

Она отстранилась и посмотрела на мужа.

— Почему сомневаться?

— Потому что прилив нежности у тебя обычно случается, когда ты нашкодишь. А уж такого прилива страстной любви, как сейчас, я и вовсе не припомню. Признавайся, что случилось?

— Ничего, профессор, просто я резко поглупела и от этого стала до неприличия искренней. Вот Селуянов мне только что популярно объяснил, что счастливые люди обычно заметно глупеют. Я осознала, какое это счастье, что ты у меня есть, и поэтому мозги отказываются работать. Перестань надо мной издеваться, а то я обижусь.

Чистяков усадил жену в машину и, прежде чем закрыть дверцу, наклонился к ней.

— Не надо себя обманывать, дорогая, ты не можешь на меня обидеться никогда и ни при каких обстоятельствах.

Она расхохоталась.

— Тебе не противно, что ты всегда прав?

— Ничуть. Быть всегда правым рядом с такой умной женой — это дорогого стоит. Это престижно и почетно, как Государственная премия.

* * *

Как и полагается при раскрытии убийств, одним из первых шагов становится выяснение и отслеживание всех передвижений и контактов потерпевшего за последние дни. Куда ходил, с кем встречался, о чем разговаривал. Жена Храмова в этом поиске сведений ничем помочь не могла, ибо последние две недели безвылазно сидела на даче на берегу Клязьминского водохранилища. Зато весьма полезной могли оказаться Ольга Ермилова и Георгий Дударев, поскольку с ними Храмов предварительно обсуждал перечень лиц, к которым он может обратиться, осуществляя сбор информации для защиты Дударева.

Сам Дударев на контакт шел неохотно, грубил Гмыре и огрызался. Основным лейтмотивом его высказываний была мысль о том, что следователь не в состоянии раскрыть одно убийство и арестовал невиновного, так что нечего ему браться за другое и пытаться пришить к нему ни в чем не повинного Дударева. Ольга же Ермилова, напротив, рассказывала много, хотя интонация ее высказываний была более чем сдержанной, а ответы лаконичными. К ней послали Селуянова, как человека, близкого ей по возрасту.

Ольга рассказала о том, какую линию защиты по делу Дударева избрал адвокат и каких людей и с какой целью собирался опросить. Уже закончив беседу, Селуянов не сдержался и спросил:

— Ольга Васильевна, почему вы мне это рассказали?

— Потому что вы спросили, — коротко ответила она.

— Но вы не можете не понимать, что даете в руки следствию дополнительные козыри. Вы хотите добиться освобождения Дударева, значит, вы будете искать другого адвоката, и другой адвокат уже не сможет избрать ту же стратегию защиты, потому что следователь предупрежден, а значит — вооружен.

— Мне все равно. Пусть адвокат выбирает другую стратегию.

Селуянов помолчал, обдумывая услышанное. Что-то ему здесь не нравилось... Ольга Ермилова ведет себя не как верная подруга, которая стремится любой ценой помочь своему возлюбленному, а как оскорбленная женщина, желающая свести счеты с обидчиком. Неужели Дударев в чем-то провинился перед ней?

— Ольга Васильевна, я задам вам вопрос, который может показаться обидным и оскорбительным, и вы можете на него не отвечать. Но я его все равно задам. Вы верите в невиновность Георгия Николаевича?

Наступило молчание, и Селуянову показалось, что сейчас что-нибудь взорвется в этой комнате. Наконец Ермилова ответила. Она говорила ровным невыразительным голосом:

— Нет, я не верю в его невиновность.

— Тогда почему вы стремитесь его защищать?

— Потому что, кроме веры в невиновность, есть еще чувство сострадания и чувство долга. Георгий доверился мне и попросил о помощи как близкого человека, и я не могу его подвести.

— Но тем, что вы мне сейчас рассказали, вы ему не помогаете, — осторожно заметил Селуянов. — Вы ему вредите.

— А вам? Вам я помогаю?

— Пока не знаю, — честно признался он. — Может быть, и нет. А может быть, и помогаете, если, опрашивая людей, которых вы мне назвали, я узнаю о Храмове что-то такое, что прольет свет на его убийство. Но гарантий нет никаких. Ольга Васильевна, я понимаю, что вы приносите определенную жертву, но я хочу, чтобы вы понимали, что она может оказаться бесполезной.

Ольга снова помолчала несколько секунд. Потом взглянула на Селуянова.

— Зачем вы мне все это говорите? Я ответила на ваши вопросы, пусть даже в ущерб собственным интересам и интересам Георгия. Чем вы недовольны? Почему вы меня мучаете этим разговором? Не лезьте в мою жизнь, я вас прошу.

— Извините, — пробормотал Селуянов, испытывая неловкость. — Давайте вернемся к Храмову и людям, с которыми он должен был общаться. Вы мне назвали знакомых семьи Дударевых, которые могли бы, по вашему общему замыслу, рассказать о том, как Елена Петровна хранила верность мужу и не собиралась с ним разводиться. А каким образом вы собирались подкрепить данные о том, что ваш муж давно знал о ваших отношениях с Георгием Николаевичем? Ведь именно таким способом вы, если я не ошибаюсь, намеревались скомпрометировать мужа как следователя и доказать, что он проявил предвзятость, собирая в первые сутки следствия доказательства вины Дударева. Так как вы хотели это сделать?

Ольга глубоко вздохнула и отвела глаза. Она сидела вполоборота к Селуянову и смотрела в окно, за которым неподвижно застыли уставшие от жары крупные листья клена. Правая рука ее лежала на коленях, левой Ольга тихонько и ритмично постукивала по столу, и не было в этом стуке ни малейшей нервозности, только какая-то обреченность и безмерная усталость.

— Храмов должен был пойти к моей подруге и предложить ей деньги за показания.

— К какой подруге? Имя назовите, пожалуйста.

— Я не знаю, кого он выбрал. Я назвала ему три имени и сказала, что это мои близкие приятельницы, которые знали, что у меня роман с Дударевым, но у меня язык не повернется предложить им такое, тем более за деньги. Анатолий Леонидович посмеялся и сказал, что от меня они, конечно, денег не возьмут и на такое не согласятся, а от него, человека постороннего и умеющего быть убедительным, возьмут. Он сам встретится с ними по очереди, побеседует, присмотрится к ним повнимательнее и только после этого решит, кто из них наиболее для этого пригоден. Только просил, чтобы я им не звонила и не предупреждала о его визите, а то не ровен час кто-нибудь из них окажется излишне честной и сочтет нужным поговорить с Михаилом до того, как все будет организовано.

— Храмов говорил вам, с кем он успел встретиться и каковы результаты?

— Нет, он звонил и говорил, что работа идет и чтобы я ни о чем не беспокоилась. А потом вдруг заявил, что отказывается от дела, потому что ему нужно срочно уезжать по семейным обстоятельствам. Вот и все.

После встречи с Ермиловой Николай долго не мог вернуть себе привычное шутливое и легкое расположение духа. У него было такое чувство, что он разговаривал с женщиной, которая только что похоронила единственного близкого человека и больше у нее не осталось ни одной родной души на всем свете.

Но как бы ни было на душе скверно, а работать надо, интимные переживания сыщиков никого не волнуют, кроме них самих. И Селуянов отправился к людям, которых назвала ему Ольга Ермилова. Впереди было еще полдня, и можно было многое успеть. К шести вечера он отработал четверых из шести человек, с которыми должен был встретиться адвокат Храмов, и чувство недоумения, возникшее после первых двух встреч, к концу четвертой беседы переросло в чувство острой тревоги. Что-то было не так, совсем не так. Концы с концами никак не сходились, даже если пытаться стягивать их парой лошадей.

К девяти вечера, навестив последнего, шестого человека, он нашел телефон-автомат и позвонил на работу. Каменской на месте не было, ее домашний телефон тоже не отвечал, зато до Короткова удалось дозвониться. Юра никогда не уходил с работы рано.

— Але, босс! — бодро выкрикнул в трубку Селуянов. — А где наша подполковница?

— Будешь обзываться — не скажу, — молниеносно парировал Коротков.

— Ну ладно, шеф.

— Не годится.

— Тогда начальник.

— Обижусь.

— Ну Юр, заканчивай издеваться...

— Вот можешь же, когда хочешь, только придуриваешься. Чего тебе? — смилостивился Коротков.

— Аська где?

— А тебе срочно?

— Срочно.

— Она у Стасова. Сказала, что не навещала Татьяну неприлично долго и нужно наконец выбрать время и нанести визит. Телефон сказать?

— Сам знаю.

— Колян, а ты не считаешь нужным проинформировать меня о причинах такой безумной срочности? Я все-таки твой начальник. И к делу Дударева вроде как подключен.

— Здрасьте, приехали. То ты обижаешься, что я тебя начальником называю, то недоволен. Не поймешь вас, Коротковых. И вообще, это не по Дудареву, а по Храмову.

— А не один ли хрен? Дело-то одно. Не увиливай, Колян.

— Юра, все очень смутно и непонятно, я не хочу тебя грузить раньше времени. Давай я сначала с Аськой поговорю, а тебе завтра доложим.

— Ладно, уговорил. Завтра прямо с утра.

— Есть, шеф!

— Убью... — пообещал Коротков с угрозой.

Глава 12

Ирочкины знаменитые пирожки были, как всегда, отменными, но жара и тут сделала свое подлое дело, начисто лишив Настю аппетита. Ей удалось впихнуть в себя только два маленьких шедевра с капустой, хотя в былые времена количество поглощаемых ею за один визит пирожков обычно бывало больше пяти.

— Неужели не вкусно? — огорченно спросила Ира. — Не получились?

— Получились. Просто сил нет жевать, — объяснила Настя.

— Вот так всегда. Я стараюсь, стараюсь...

— Не расстраивайся, — рассмеялась Татьяна. — Гришка подрастет, будет в твоем хозяйстве еще один мужичок, они вдвоем со Стасовым всю твою стряпню оприходуют.

— Когда еще он подрастет, — махнула рукой Ирочка.

Ждать действительно оставалось немало, ибо сыну Татьяны и Стасова — Гришеньке только через три недели исполнялся годик. Это был невероятных размеров бутуз с ужасно серьезными глазами и не по возрасту солидными движениями. Он уже ходил, проявляя в этом сложном деле полную самостоятельность, и каждый шаг делал своими пухлыми ножками так значительно и основательно, как будто заявлял: «Вот я иду, и попробуйте мне помешать». Ростом он пошел в двухметрового отца, а олимпийским спокойствием и выдержкой — вероятно, в маму-следователя.

— Настя, скажи ей, чтобы и не думала выходить на работу, — потребовала Ирочка. — Пусть сидит дома с ребенком и пишет книжки: и малышу польза, и семейному бюджету.

— Ага, — тут же поддакнул Стасов, — и семейной жизни в целом тоже. Ира, перестань привлекать всех гостей к решению собственных проблем. По-моему, Таня ясно сказала, что с сентября возвращается на службу. Ее же все равно не переубедить. Тебя можно переубедить, Танюха?

— Не-а.

Татьяна помотала головой, при этом ее отросшие волосы, стянутые сзади заколкой в хвост, весело запрыгали по плечам.

— Я вообще-то тоже против того, чтобы моя жена работала, — пояснил Стасов, — но я полагаю разумным не вмешиваться. Женщина, которая больше десяти лет проработала следователем и трижды выходила замуж, знает, что делает, и в советчиках вряд ли нуждается. Верно, Танюха?

— Верно, Стасов.

— Но тут есть одно серьезное «но», — продолжал Владислав. — Наша Ирочка. Если ты, Танечка, выходишь на работу, но Ира автоматически продолжает оставаться нашей домоправительницей, потому что должен же кто-то сидеть с ребенком и вести хозяйство. И я считаю это глубоко безнравственным. Ира должна устраивать свою собственную жизнь, а не нашу.

— Ничего я не должна, — горячо заговорила Ирочка. — Мне вполне хватает вашей жизни, не гоните меня.

Настя поняла, что присутствует при давнем споре, который в семье Стасова ведется изо дня в день и всем уже изрядно надоел. Конечно, это ненормально, когда красивая молодая женщина посвящает все свое время обслуживанию другой семьи. Они с Татьяной даже не родственники в юридическом смысле, просто Татьяна когда-то была замужем за Ирочкиным братом. Ирочке катастрофически не везло в личной жизни, и это лишь подтверждало давно известную закономерность, в соответствии с которой красивые, умные и хозяйственные женщины почему-то никак не могут выйти замуж. Объяснения этой закономерности пока никто не дал, зато каждый имел возможность наблюдать ее собственными глазами. Татьяна и Стасов предпринимали несколько раз попытки познакомить Иру с кем-нибудь, по их мнению, подходящим, но всегда это заканчивалось неудачей. Ира упорно цеплялась за ставший привычным образ жизни и, похоже, просто боялась его менять.

— Ничего, Ириша, вот познакомлю тебя с нашим Доценко, и все твои аргументы рассыплются в прах, — угрожающе произнесла Настя. — Доценко — это наш последний аргумент в борьбе за твою личную жизнь. Красивый, холостой, по возрасту тебе подходит. И, между прочим, умный.

— Точно, — радостно подхватил Стасов, — мы давно уже с этой идеей носимся, а в жизнь воплотить — руки не доходят. Миша Доценко — отличный парень, вы составите прекрасную пару.

— Да ну вас!

Ирочка залилась краской и отвернулась.

— Я вам мешаю, что ли? Что вы так стараетесь меня выпихнуть замуж? А кто домом будет заниматься?

— Ира, миллионы семей состоят из работающих супругов и маленьких детишек, но только в некоторых семьях есть домработницы. Все же как-то справляются, так почему мы не сможем? — увещевал ее Стасов. — Отдадим Гришку в ясли, будем покупать полуфабрикаты и жить как все люди.

— Гришеньку? В ясли? Полуфабрикаты?

На лице у Ирочки был написан такой неподдельный ужас, что Татьяна расхохоталась, следом за ней рассмеялись Настя и Стасов.

— А чем Гришка хуже других детей? Я вот, например, ходил в ясли, и Танюха тоже... Ася, ты как?

— Я как все, — ответила Настя. — У меня папа в уголовном розыске работал, а мама в институте училась, когда я родилась, так что я честно прошла и ясли, и детский садик.

— О! — Владислав многозначительно поднял указательный палец. — Слышишь, Ирусик, что люди говорят? Вон Аська какая умная выросла, да и я не подкачал, а уж про Таню и говорить нечего, ее книжками вся страна заполонена, стало быть, тоже не дурочка получилась. И Гришка в яслях не пропадет.

— Гришеньку я в ясли не отдам! — категорически заявила Ира. — Это даже не обсуждается. Настя и Таня, между прочим, в ясли и садик ходили-ходили, да все здоровье там растеряли. У них не организм, а сплошные болячки.

— Но я-то здоров, — возразил Стасов.

— Зато дурак, — сердито бросила Ира. — А Гришеньку я выращу здоровеньким и умненьким. И не позволю кормить ребенка полуфабрикатами.

Они препирались беззлобно и словно автоматически, и даже Ирочкина сердитость не могла никого обмануть. Настя слушала их любовно-дружескую перепалку и невольно вспоминала Артема с Денисом. Как все похоже бывает! Просто рождаются на свет самые разные люди, одни светловолосые, другие жгучие брюнеты, одни маленькие, другие высокие, одни с прекрасными физическими данными, позволяющими им стать успешными спортсменами, другие — со склонностью к творчеству, как Татьяна. Рождаются люди, предназначенные для лидерства, и люди, для которых самым важным в жизни становится ощущение собственной нужности кому-то. Разве это плохо? Почему мы всегда стремимся причесать всех под одну гребенку, всех женщин и мужчин непременно соединить в крепкие семьи с детишками и из каждого ребенка вырастить родительскую мечту — физически здорового отличника, вежливого со старшими и ласкового в семье. Родители Артема Кипиани вовремя поняли главное: их сын не должен быть отличником, он должен быть счастливым. Он должен получить полноценное образование и жить полноценной жизнью, пусть более трудной, чем все остальные, но ТАКОЙ ЖЕ, как все, и если для этого приходится получать тройки в аттестате, то пусть будут тройки. А сколько родителей не понимают этого? Ребенок рожден для того, чтобы быть лучшим в стране краснодеревщиком, уникальным мастером, а его ругают за то, что он плохо понимает астрономию и не может выучить сто слов по-немецки. Его заставляют заниматься, ему нанимают репетиторов, пропихивают в институт, который ему не интересен, и несчастный учится, умирая от скуки, потом работает, умирая от тоски и злости, он не делает карьеру, потому что постылая работа не может быть успешной. И все это вместо того, чтобы заниматься любимым делом и быть счастливым. Может быть, Ирочке Миловановой вовсе не нужно выходить замуж, чтобы быть счастливой, потому что она счастлива ощущением своей необходимости в этой семье. Интересно, а что нужно Денису Баженову, чтобы стать счастливым? Быть возле Артема? Или жить своей собственной жизнью?

— Настя! Ты что, не слышишь?

Мелодичный голос Ирочки звенел у самого Настиного уха.

— А? Извини, я задумалась. Что?

— Тебя к телефону.

— Лешка?

— Коля Селуянов. Говорит, срочно.

— Он всегда так говорит, — спокойно ответила Настя, сползая с дивана, на котором сидела, уютно поджав под себя ноги. — У него вечный пожар.

— Пригласи его к нам, хоть пирожков поест, — предложила Ира.

— Не выйдет, — покачала головой Настя, — у него теперь жена есть, отменная кулинарка.

— А ты все равно пригласи, вдруг придет?

* * *

Как ни странно, Селуянов пришел. Поохав над маленьким Стасовым, он тут же выцыганил у Татьяны два экземпляра ее последней книги и попросил написать автографы для жены Валентины и для тестя, который оказался большим поклонником Таниного творчества.

— Он как узнал, что я с тобой знаком, так всю плешь проел, чтобы автограф твой получить, — тараторил Николай с набитым ртом. Пирожки он поглощал с такой скоростью, что у Ирочки не осталось ни малейших оснований опасаться за результаты своих трудов. Ничего не пропадет и не зачерствеет. — А у меня и так с растительностью на голове не очень, так я подумал, что надо побыстрее ему книжку привезти, пока я вконец не полысел.

Через десять минут на огромном блюде не осталось даже крошки.

— Спасибо, родная, — с чувством произнес Селуянов, целуя Ирочку в обе щечки, — ты не дала погибнуть светочу советской легавки.

— Российской, — поправила Ира с улыбкой.

— А, ну да, никак не переучусь.

— И не легавки, а милиции, — снова поправила его Ира. Она очень трепетно и с огромным уважением относилась к работе Татьяны и всегда воспринимала любые пренебрежительные слова в адрес милиции как личное оскорбление.

— Ладно, сойдемся на ментовке. Я предлагаю тебе разумный компромисс, или, как нынче модно говорить, консенсус. Это я такой уступчивый, потому что объелся. Слушайте, люди, я вдруг подумал, может, у них в Думе столовка плохая, а? Чего ж они там никак договориться не могут? Такое впечатление, что наши всенародно избранные парламентарии заседают полуголодными. Сытый человек должен быть добрым, понятливым и уступчивым, как я. А они злые, никому ничего не уступают и совершенно не понимают, что им говорят. Надо с этим делом разобраться, нельзя допустить, чтобы судьбы страны зависели от повара, который не умеет готовить. Об этом правильно писал еще знаменитый детский поэт. Помните? «Враг вступает в город, пленных не щадя, потому что в кузнице не было гвоздя».

— Коля, уймись, — попросила Настя. — Если ты наелся, то пошли, уже поздно.

Однако остановить Селуянова, если уж он начинал балагурить, было не так-то просто.

— Не смей затыкать мне рот упреками, — заявил он, — это можно сделать только вкусной едой.

— Коленька, а может, отбивную съешь? — обрадовалась Ира. — Она еще горячая, а если хочешь, я тебе свежую поджарю.

— Свежую не надо, — гордо отказался Селуянов, — давай ту, которая уже есть.

Он тут же принялся с аппетитом уминать жареное мясо вприкуску с хлебом и свежими огурцами.

— Слушай, как в тебя столько влезает? — сказала Настя, задумчиво оглядывая его с ног до головы. — Ума не приложу. Ты же на целую голову ниже меня ростом, у тебя внутри должно быть меньше места, чем во мне, а ешь ты раз в десять больше. Где ты все это размещаешь?

— Я тебе потом объясню, — пообещал он. — Вот доем, мы с тобой сядем в машину, поедем, и я все-все тебе расскажу на тему размещения и правильного распределения продуктов питания в сыщицком организме.

Настя безнадежно махнула рукой:

— Доедай уже скорее.

Однако стоило Николаю сесть в машину, он мгновенно перестроился. От веселого балагура и шутника не осталось и следа, он даже словно подобрался, как перед прыжком.

— Значит, так, Ася Павловна. С нашим покойным адвокатом происходит нечто абсолютно непонятное. Навещаю я подружек мадам Дударевой, которые рассказывали следователю Ермилову про разгульную жизнь Елены Петровны и которые, по замыслу Храмова и Дударева, должны были изменить свои показания. И что я от них слышу?

— И что же ты слышишь? — нетерпеливо спросила Настя.

— От одной подруги покойной Елены Дударевой я слышу, что у Елены была бурная личная жизнь за спиной мужа. А от двух других — что ничего такого конкретного они Ермилову не говорили. Во всяком случае, о том, что у Елены был любовник и она собиралась за него замуж, они точно якобы не говорили, потому что сами ничего про это не знали. А на мои удивленные вопросы про первую подругу дружно сказали, что она стерва и лгунья, всем известно, что она была влюблена в Дударева и при каждом удобном случае намекала ему про неверность Елены, чтобы их поссорить.

— А что же они говорили?

— Они говорили... Даже не так, они не говорили сами, а отвечали на вопросы следователя. Елена Петровна была привлекательной женщиной? Да, безусловно, она была очень красива. Пользовалась Елена Петровна вниманием мужчин? Конечно, пользовалась, а как же иначе? Были у нее серьезные романы до замужества с Дударевым? Опять же не без этого. Любила она своего мужа? Да кто ж его знает, наверное, любила, но в чужую душу ведь не влезешь. Высказывала она хоть когда-нибудь недовольство супругом? Ну естественно, в какой же семье без этого обходится. И так далее. Ответы были искренними и при желании вполне могли интерпретироваться именно так, как их записал в протокол Ермилов.

— А как-нибудь иначе они интерпретироваться могли?

— Могли и иначе. Я, натуральное дело, дамочек спрашиваю, а не был ли у вас адвокат по фамилии Храмов? Был, говорят. Так, может быть, спрашиваю, то, что вы мне сейчас рассказываете, есть результат работы адвоката? Сколько он вам заплатил за такие обтекаемые показания и за обвинения вашей подружки в том, что она стерва и лгунья? А они мне чуть ли не морду бить кинулись. Все как одна. Мы, говорят, и Храмова этого почти что за дверь выставили, потому как он нам деньги пытался предложить ни за что. Мы, говорят, Жору Дударева выгораживать не собираемся, потому как он порешил нашу любимую подружку Леночку и нет ему за это прощения, но, однако же, врать следствию не намерены, как есть, так и говорим, и следователю так говорили, и адвокату, и вам повторяем: не было у Лены никакого серьезного романа, из-за которого она собиралась бы уйти от Жоры. Во как!

— Интересно, — протянула Настя. — Но объяснимо. Конечно, у Ермилова не могло быть в тот момент обвинительного уклона, направленного лично на Дударева, поскольку он тогда еще ничего не знал про любовные похождения своей жены, но профессиональная деформация могла сказаться. Есть такой близкий и доступный подозреваемый, что просто грех не собрать против него улики. В таких случаях иногда инстинкт срабатывает.

— Да? — хитро прищурился Селуянов. — Умная ты больно. Ты дальше послушай, что было.

— И что же было?

— А дальше я отправился к подружкам мадам Ермиловой. Этих подружек числом три адвокат Храмов должен был охмурить, подкупить и заставить сказать на суде, что Ермилов давно знал об измене жены, но из гордости и благородства скрывал. Поэтому в первые сутки расследования он проявил пристрастность, необъективность и недобросовестность. Это они линию защиты такую выработали, чтобы дело на дослед вернуть.

— Разумно, — кивнула Настя. — И что, все три подружки должны были выдать на суде это вранье?

— Нет, зачем все три, одной хватит. Ольга назвала адвокату три имени, а уж он сам должен был лично познакомиться с претендентками и решить, кто из них подойдет для такой махинации. Так вот, одна из этих очаровательных дамочек смотрит на меня круглыми глазами, хлопает ресницами и рассказывает совершенно душераздирающую историю. Однажды, примерно три месяца назад, к ней пришел Ермилов собственной персоной и спросил, знает ли она, что у Ольги есть любовник. Дамочка, конечно же, в полном отказе и в чистой несознанке, потому как подруга же все-таки. С чего, говорит, Миша, ты такую глупость взял? Оля тебя любит и верна тебе до гробовой доски. А Миша ей на это отвечает, что знает точно, своими глазами видел, и теперь просто интересуется, в курсе ли подруги и проявляют ли они нечеловеческую безнравственность, покрывая и поощряя свою подгулявшую подружку. Дамочка упирается и клянется всем святым, что, во-первых, ничего не знает, а во-вторых, тут и знать нечего, Оля чиста перед мужем и ни с кем ему не изменяет. Ермилов в ответ на эти клятвы усмехнулся и сказал, что пошутил. На прочность, дескать, проверял. Ольге попросил ничего не говорить, чтобы не расстраивать ее. А для подкрепления своей просьбы намекнул дамочке, что ее муж в рамках торговых операций имеет дело с фальсифицированной водкой, что милиция об этом знает и в любой момент может дать материалу ход. Дамочка намек поняла и подруге Оле ничего о подозрениях супруга не сказала. Но на ус намотала, что

Миша Ермилов все знает. Поэтому, когда к ней пришел адвокат Храмов, она ему все это и вывалила. Подруга-то нормальной женщине завсегда дороже, нежели подругин муж, и ежели представилась возможность подруге Оленьке помочь вытащить любовника из тюрьмы и при этом напакостить зловредному мужу Михаилу, то она это сделала с легким сердцем. Даже собственного мужа, торгующего поддельной водкой, не пожалела. Вот какая история получилась, Настасья Павловна.

— Да, история, — протянула Настя. — Выходит, Ермилов давно знал про Ольгины похождения. Ну что ж, хорошо, что мы вовремя спохватились, надо Гмыре рассказать, он этих свидетельниц передопросит и подстрахуется, чтобы дело из суда не вернули. А еще что интересного эти дамы рассказали тебе?

— Больше ничего.

— То есть не дали никаких наметок по поводу контактов и передвижений Храмова?

— Никаких, — подтвердил Селуянов. — В этом смысле можно считать, что день прожит впустую.

— А что насчет бабульки Романовой?

— Насчет бабульки я дал задание человеку, завтра он передо мной отчитается. И знаешь, что еще я хотел тебе сказать?

— Пока не знаю.

— Ермилова какая-то странная. Убитая, что ли. Говорит, что не верит в невиновность Дударева. Что бы это означало?

— Только то, что она сказала, Коля. Она не верит, что он не убивал. Проще говоря, она уверена, что он убил жену. И теперь у нее сердце разрывается, потому что она его любила, то есть считала человеком хорошим и порядочным, а он оказался убийцей. Более того, муж обо всем узнал, и их брак на грани развала. Какая женщина такое выдержит?

— Ася, но, если она уверена, что Дударев убийца, значит, у нее есть основания. Понимаешь, о чем я говорю? Она что-то знает, или Дударев ей сам признался, или у нее есть какие-то доказательства. Так я что хочу сказать: может, мы зря столько сил кладем на это дело? Может, надо просто поплотнее поработать с Ермиловой, расколоть ее?

Настя вздохнула, вытащила из пачки сигарету, щелкнула зажигалкой.

— Ничего она, Коленька, не знает. У нее интуиция, обыкновенная пресловутая женская интуиция, в которую мужики обычно не верят и над которой посмеиваются. Она сердцем чует. Понял?

— Понял, не дурак. Приехали. Освободите салон, гражданочка.

— Сейчас освобожу. По кассетам новостей нет?

— Ой, ё-моё, я и забыл тебе сказать! — спохватился Селуянов. — Так, понимаешь ли, дамочками сегодняшними увлекся, что все из головы вылетело.

— Ты не дамочками увлекся, Николаша, а порочной и жестокой идеей раскрутки Ольги Ермиловой. Признавайся, ты ведь именно из-за этого так срочно меня разыскивал?

— А ты не перечь старшим, — парировал он. — Я сказал — из-за дамочек, значит, из-за дамочек. А про кассеты...

С кассетами все оказалось просто, как в сказке. Костя Вяткин, покойничек, был большим любителем и ценителем музыки и каждый раз, получая оригинал записи и ящик чистых кассет для переписки, оставлял себе по одному экземпляру продукта исключительно для собственного удовольствия. В квартире у него обнаружили такую фонотеку, что иному магазину и не снилось. Установить, кто привез и кто должен был забрать тот товар, который нашли в квартире Вяткина, конечно, трудно, практически невозможно, но зато вполне можно установить, кто торговал теми кассетами, образцы которых нежно хранил Костя. Торговала ими фирма «Мелодия-Плюс», та самая, в которой работал и пресловутый Лыткин, пытавшийся убить Дениса Баженова.

— Так что теперь все ясно, как Божий день, — с удовлетворением констатировал Селуянов. — Дударев нанимает Вяткина для убийства своей жены Елены, а впоследствии, когда выясняется, что Вяткина на месте преступления видел некий юноша, дается команда юношу выследить и убрать. Заодно и Вяткину рот затыкают, очень уж вовремя он умирает от передозировки. Теперь все, концы в воду. Стало быть, наша задача — доказать, что заказ Вяткину сделал Дударев, и дело в шляпе.

— Или Дударев, или кто-то по его поручению, — возразила Настя. — И надо доказывать, что Лыткину велели убить Дениса, а ведь наш маленький дружок Вася Лыткин твердо стоит на том, что хотел только лишь попугать Дениса, который собирался взять диск и уйти с ним, не заплатив. И отступать с этого проторенного пути он совершенно не намерен. И еще надо доказывать, что Вяткину помогли умереть.

— Ну, мать, это ты размахнулась! Кто ж тебе это докажет? Скажи спасибо, если Дударева удастся к стенке припереть.

— А фотография? С ней что прикажешь делать?

— Да, фотография... Я тебе с ходу могу придумать версию, хочешь?

— Хочу. Только правдоподобную.

— Пожалуйста. Заказ Вяткину действительно делал не Дударев, а кто-то по его поручению. Почуяв, что дело оглушительно пахнет керосином, что мы задержали Лыткина и вот-вот размотаем всю компанию, этот посредник решает все свалить на Дударева и вывести себя из игры, тем паче Дударев не только подозреваемый, но уже и арестованный. Вот он и подсовывает бабке Клаве фотографию Дударева, смотри, говорит, на нее внимательно, баба Клава, и когда тебя милиция спросит насчет Костика, соседа твоего, и насчет того, кто к нему приходил, ты им и обскажи подробно, какого мужика ты видела. Не меня ты, баба Клава, видела, а этого вот дядю, и подарю я тебе за это настоящие хрустящие бумажки, на которые ты сможешь купить в торговых точках массу полезных и приятных вещей. Конечно, это непорядочно с его стороны ужасно, но с точки зрения самосохранения вполне разумно. Как версия?

— Годится, — согласилась Настя. — Версия классная. Только проверять надо и доказывать. У тебя есть идеи, как искать этого посредника?

— Ну ты даешь! — возмутился Селуянов. — И версию я тебе придумай, и как посредника найти — расскажи. И швец, и жнец, и на дуде игрец — и все один я, бедненький Коленька.

— Ладно, бедненький Коленька, — рассмеялась Настя, выходя из машины, — пожалеем тебя всем дружным коллективом. Будешь за швеца и за жнеца, а на дуде, так и быть, я поиграю. Целую страстно, до завтра.

Она уже шагнула в раскрытые двери лифта, как вдруг

ей пришла в голову мысль, до того странная, что она сначала опешила, потом резко развернулась и побежала на улицу. Но Селуянов уже уехал. Настя медленно вернулась в подъезд, поднялась в свою квартиру. Дома было темно, тихо, пусто и душно. Стянув с себя влажные от пота джинсы и майку, Настя встала под прохладный душ. Посетившая ее мысль не давала покоя. Она понимала, что мысль эта беспокоила и Колю Селуянова, только он ее не прочувствовал, не осознал. Сыщицким чутьем он определил, что в этой истории есть белое пятно, и пятно это его тревожило, заставило искать Настю и пытаться разговаривать с ней. Но смутная тревога так и не вылезла на поверхность сознания и не позволила Николаю сформулировать свой вопрос. А вопрос был действительно интересным.

Почему Анатолий Леонидович Храмов, узнав все то, что сегодня узнал Селуянов, ни слова не сказал своим клиентам? Почему он не предупредил Ольгу Ермилову о том, что ее муж давно все знал? Почему он промолчал, говоря, что все в порядке и дело движется, а потом внезапно отказался от дела?

* * *

Иван Федорович Булгаков не подвел и на этот раз. Задание Селуянова он выполнил оперативно и в полном объеме. Клавдия Никифоровна Романова среди знакомых и соседей слыла счастливой мамашей, ибо вырастила и воспитала хороших детей. Сын ее был моряком-подводником, служил где-то в Мурманске, года примерно три назад его сильно повысили в должности, и с тех пор он стал регулярно присылать матери очень приличные деньги. Дочка вышла замуж за строителя из Магадана, уехала к нему, в первые лет десять-пятнадцать они изо всех сил заколачивали деньгу, даже в отпуск не ездили, брали наличными. А потом, как новая экономическая политика началась, на скопленные деньги открыли собственное дело — строительную фирму, так что теперь процветают и мамашу старенькую не забывают, тоже денежки шлют регулярно. Клавдия Никифоровна, напуганная всеми пережитыми за шестьдесят восемь лет жизни реформами и передрягами, деньги, присылаемые детьми, сначала не тратила, на книжку складывала да в чулок запихивала, мало ли как жизнь обернется, даже и похоронить не на что будет. А вдруг сына с военной службы погонят по сокращению армии? А вдруг строительное дело у дочкиного мужа прогорит? Затем, видя, что ничего плохого не происходит, а запасы на случай непредвиденной беды уже сделаны, начала понемногу тратить. Телевизор новый купила, шубу, из одежды кое-что, посуду хорошую, да и всякого по мелочи.

Была баба Клава человеком гостеприимным, имела двух закадычных приятельниц, вместе с которыми днем смотрела по своему новому большому телевизору сериалы и пила чаек из новых фарфоровых чашек, закусывая вкусными швейцарскими конфетками из белого шоколада. Очень Клавдия Никифоровна белый шоколад уважала.

А дети у бабы Клавы и впрямь заботливые были, никогда деньги переводом по почте матери не посылали, понимали, что пожилая она, полная, ноги болят, тяжело ей на почту-то ходить да в очереди стоять, чтобы получить деньги. Всегда со знакомыми передавали. Как кто в Москву едет — так непременно конвертик с деньгами получит и адресок с телефончиком, позвонит и сам лично уважаемой Клавдии Никифоровне привезет. Вот она, настоящая любовь к родителям! Не каждая мать может такими заботливыми и внимательными детьми похвастаться. У некоторых это даже зависть вызывает, нехорошую такую зависть, черную. И богатая, и дети хорошие — почему ей одной все, а другим ничего? Так вот эти самые завистники гадости всякие про бабу Клаву придумывают, опорочить ее хотят. Дескать, сын у нее никакой не военный, да и с дочкой не все в порядке, дети у бабы Клавы преступным способом деньги свои вонючие зарабатывают. А с чего эти господа хорошие такое выдумали? А с того, что посыльные, которые Романовой конвертики от детей носят, все до одного вида неприличного и уважения не вызывающего. Не респектабельные, одним словом. Но это ведь сути дела не меняет, пусть дети у нее уголовники, пусть посыльные, деньги привозящие, вида пристойного не имеют, но все равно Клавдия Никифоровна остается богатой и детьми любимой и почитаемой, а это завистников пуще всего бесит, прямо спать им спокойно не дает. Так и норовят бедную женщину оболгать и грязью облить.

Поблагодарив Ивана Федоровича за квалифицированную помощь и подарив ему в виде благодарности бутылку дорогого коньяка, Селуянов помчался в УВД Центрального округа на встречу с Сергеем Зарубиным, которому было поручено за вчерашний день собрать как можно больше сведений о Романовой по официальным каналам. Слушая доклад Сергея, Селуянов давился от хохота.

— Романова Клавдия Никифоровна с семьдесят третьего года вдова, — говорил Зарубин, заглядывая в бумажки. — От брака с гражданином Романовым имеет двоих детей, сына Александра Романова, пятьдесят пятого года рождения, и дочь Светлану Романову, по мужу Чибисову, пятьдесят девятого года рождения. Романов Александр с семьдесят восьмого года в Москве не проживает, был осужден Тушинским райнарсудом за грабеж на четыре года, после отбытия наказания в течение двух лет проживал в Ярославской области, в восемьдесят четвертом получил новый срок опять за грабеж, сел на шесть лет, в девяностом году освободился, погулял пару месяцев, набрался сил и снова залетел в зону на восемь лет, все за тот же грабеж.

— Экий постоянный, — покачал головой Селуянов. — Ему бы в семейной жизни такое постоянство. Когда он освобождается?

— Под Новый год.

— Пока, стало быть, сидит?

— Сидит, миленький, куда ему деваться. Теперь дочка Светлана. Светлана вышла в восемьдесят втором году замуж за строителя из Магадана и уехала к нему. До примерно девяносто первого года периодически посылала матери деньги, очень небольшие и очень нечасто, потом наступил экономический кризис, стройтрест, в котором они с мужем работали, лопнул...

— Трест, который лопнул, — хихикнул Селуянов. — Классика. Если б ты только знал, Серега, как я люблю эти официальные запросы и официальные ответы! Столько всего интересного узнаешь.

— А что, что-нибудь не так? — обеспокоенно спросил Зарубин, отрываясь от бумажек.

— Не, все так, не волнуйся. Давай дальше.

— Трест, значит, лопнул, супруги Чибисовы некоторое время сидели без работы, потом стали организовываться какие-то новые строительные структуры, и они там пристроились, потому как, кроме строительного дела, никакой другой профессией не владеют. Зарабатывали не так чтобы много, но на жизнь хватало, с учетом того, что у них двое детишек. С февраля девяносто седьмого года зарплату не получают.

— Уволились, что ли?

— Нет, не уволились. Работают на государство в долг. Государство им зарплату не платит, денег нет.

— Полтора года, значит, — присвистнул Селуянов. — Не хило. Как же они там с голоду-то не умерли?

— Ну вот так, — развел руками Сергей. — А как шахтеры живут без зарплаты? А учителя? А рабочие на заводах? Кормятся со своих дачных соток, подрабатывают, кто где может, с хлеба на воду перебиваются. Некоторые с криминалом связываются. Между прочим, я с ребятами из Нижнего Новгорода разговаривал, с моими корешами по школе милиции, так они мне открытым текстом говорят, что поймают, случается, человека на явном криминале, а оформлять его рука не поднимается, потому что он человек в целом хороший, а смотреть детям в голодные глаза не может, сил душевных у него на это не хватает. Сидит полгода без зарплаты, а потом подряжается машины с левым товаром перегонять или наклейки на бутылки с поддельным вином штамповать. Каждый умирает в одиночку. Это коммунизм люди строили все вместе, а без зарплаты сидит каждый в отдельности, и никто ему в этом скорбном деле не помогает. Так что, возвращаясь к многострадальной Светлане Романовой-Чибисовой, можно с уверенностью утверждать, что никаких денег она своей мамочке не посылала и посылать не могла, особенно в последние три года.

— Ты милицию-то в Магадане запрашивал? — спросил Коля. — Может, она или ее муж в действительности в уголовщину ударились, чтобы с голоду не помереть и детей прокормить?

— Запрашивал, а то как же. Супруги Чибисовы ни в чем никогда замечены не были. Кристально честные люди. А местный участковый — их личный друг, вхож в семью и за свои слова может поручиться.

— Ага, поручиться, — проворчал Коля. — Так же, как твои нижегородские приятели. Тоже небось жалостливый, все видит, но молчит, в положение входит.

— Ну, Коля, я за что купил — за то и продаю. Таков официальный ответ. А у тебя есть основания сомневаться?

Селуянов задумчиво покрутил в пальцах сигарету, потом с недоумением уставился на нее, будто не понимая, что это за ароматическая палочка у него в руках и откуда она взялась. Вспомнив, как это называется и для чего предназначено, он сунул сигарету в зубы и прикурил.

— Да нет, пожалуй, — неторопливо ответил он. — Сомневаться у меня оснований нет. Сын у бабы Клавы банальный уголовник, плавно переходящий из зоны в зону и наматывающий срок на срок, а дочка — просто невезучая. Денег ни у того, ни у другого не было и нет. И матери они их, как ты понимаешь, не посылали, особенно в последние три года. А по моим сведениям, именно в последние три года наша бабуля стала богатеть не по дням, а по часам, и богатство это ей приносят в клювике какие-то сомнительного вида личности. Улавливаешь, к чему я клоню?

— Улавливаю, только я понять не могу, какого рода преступным бизнесом могла заниматься тихая приличная пенсионерка, которая почти всегда или дома, или на лавочке возле дома, или у приятельниц в соседних домах. Я же был у нее в квартире, там подпольным борделем и не пахнет. И никакого подпольного производства, как у ее соседа Вяткина, тоже нет. За что же такие деньги?

— А мы это узнаем, Серега, легко и просто. Только терпения наберемся. Ты кому-нибудь говорил о том, что Романова в больнице?

— Только той тетке, которая по телефону позвонила.

— Больше никому?

— Вроде нет. — Зарубин задумался на секунду, потом сказал уже уверенно: — Точно нет. Никому.

— Теперь самое главное — узнать, не позвонила ли наша бабуля из больницы и не предупредила ли, что ее дома не будет. Серега, ноги в руки — и бегом в больницу, узнай все, что можно. И договорись с врачами, чтобы ее не выписывали хотя бы еще недельку. А я пока замену найду.

Через три часа Сергей Зарубин сообщил, что попыток позвонить с сестринского поста больная Романова не предпринимала, а что касается висящего на лестнице телефона-автомата, предназначенного для пациентов, то тут гарантий никто дать не может. Медперсонал за автоматом не следит, а больных опрашивать опасно — могут продать.

— Значит, пятьдесят на пятьдесят, — уныло произнес Селуянов. — Будем пробовать, другого выхода нет. Аська ей ключи, конечно, вернула?

— Конечно, — кивнул Сергей, — на следующее же утро. Пошла в больницу, как и обещала Романовой, и отдала вместе с кремами.

— А ты что?

— Ну, Коля, я ж не совсем тупой, — усмехнулся Зарубин и вытащил из кармана дубликат ключа от квартиры Клавдии Никифоровны.

* * *

В больничной палате на первый взгляд ничего не изменилось. Все те же пять коек, на каждой лежат люди, а рядом сидят посетители. В углу у окна — Денис, рядом с ним Артем. Но уже в следующую секунду Настя поняла, что все не так, как было в прошлый раз. Денис уже не лежал, а сидел в постели, и лицо его было оживленным и одновременно сосредоточенным, тогда как Артем смотрел на друга с удивлением и восхищением. Все понятно, Вадим уже побывал здесь, и первые результаты налицо.

— Здравствуйте, — первым поздоровался Денис. — Артем, это Анастасия Павловна пришла.

— Здравствуйте, молодые люди, — откликнулась Настя. — Как у вас дела?

— Замечательно! — возбужденно заговорил Артем. — Вы не представляете, что происходит. Оказывается, Денис был знаком с одним человеком, который работает в Центре защиты от стресса. Этот человек навещал здесь знакомого и увидел Дениса. Они разговорились, я пожаловался на то, что Денис очень медленно поправляется, и этот человек, Вадим, сказал, что может помочь.

Артем прекрасно вел свою партию, делая вид, что впервые обсуждает это с Настей, и рассказывая ей во всех подробностях то, что совсем недавно уже излагал, когда они гуляли по улице. Настя, хорошо помнившая концепцию саморегуляции еще по книге и прошлым телевизионным передачам, внимательно слушала, притворяясь непосвященной.

— Оказывается, наш организм полностью управляется мозгом, представляете? Любую функцию любого органа можно контролировать самостоятельно. Денис раньше, еще до ранения, делал упражнения, у него механизм управления руками и ногами уже был включен, поэтому сейчас все пошло так легко, что в это невозможно поверить. У него же швы совсем не заживали, а теперь рубцевание происходит прямо на глазах. Врачи как с ума посходили, все бегают на Дениса смотреть, друг другу показывают, головами качают, никто ничего понять не может.

Настя перевела взгляд на Дениса. Тот сидел сияющий и гордый, и в его глазах она не увидела той неприязни, которая так резанула ее в прошлый раз. Он в центре внимания, Артем взахлеб рассказывает о нем, о его болезни и его успехах, и даже ненавистная Каменская слушает, развесив уши. Впрочем, чего ее ненавидеть? Она отныне ему не помеха, она уже никогда не сможет затмить его и отнять любовь и внимание Артема, потому что он, Денис Баженов, знает и умеет то, чего не знает и не умеет ни она, ни даже сам Артем.

«Ну и слава Богу, — с облегчением подумала Настя, угощая юношей бананами и апельсинами. — Дело сделано, мальчик идет на поправку, ревность умерла. Правда, временно, все равно появится еще какой-нибудь человек, который обязательно привлечет внимание Артема, может быть, девушка. Но, во-первых, Денис к этому времени станет немного старше и, будем надеяться, мудрее или хотя бы терпимее. Во-вторых, он и сам может влюбиться или заинтересоваться кем-то и тогда сможет посмотреть на ситуацию с другой стороны. А в-третьих и в-главных, он поправляется. Было бы здоровье, остальное приложится. В любом случае надо помнить, что все бывает очень страшно и тяжело только в первый раз, потом душа обретает умение с этим как-то справляться».

Она вышла на улицу с легким сердцем.

Глава 13

«Почему он ничего не сказал своим клиентам? Почему Храмов промолчал? Почему сказал, что все в порядке и дело движется?»

Вопрос застрял у Насти в голове так прочно, что ни о чем другом она думать уже не могла. Ей казалось, что если она найдет ответ, то поймет тайну убийства Елены Дударевой.

С этим вопросом она заснула, с ним же и проснулась, привезла его на работу, удобно расположила вместе с собой за столом и даже предложила ему выпить вместе кофе. Может, от чашечки хорошего кофе вопрос подобреет и даст ей ответ? Но от кофе он отказался, смотрел на Настю холодными немигающими глазками и молчал, словно хотел сказать: «Да, я такой. Я есть. Я непростой. Но помогать тебе я не стану, ищи ответ сама».

И Настя искала. Первым делом она постаралась перевоплотиться в Храмова, потому что одной из грубейших ошибок является поиск ответа с позиции «я бы на его месте». Человек, который так рассуждает, никогда не проникнет в чужую тайну и не поймет чужих поступков. Потому что поступки эти совершены тем, КОГО нужно понять, а не тем, КТО пытается понять. Разные характеры, разные судьбы, разные мозги, разные привычки — все это лежит в основе того, что люди в одних и тех же ситуациях совершают разные поступки и по-разному реагируют на одни и те же события и факты.

«Я работала в уголовном розыске... Сколько лет я там проработала? Надо узнать точно».

На листе бумаги появилась первая запись: узнать, сколько лет Храмов работал в розыске.

«Я проработала столько-то лет в...»

Тут же рядом появились другие слова: сколько лет и где конкретно он работал.

«Я была нормальным сыщиком, с работой справлялась...»

Третий вопрос: служебная характеристика Храмова и отзывы коллег. Почему он ушел на вольные адвокатские хлеба? За деньгами и свободой? Или потому, что с работой в розыске не справлялся?

«Итак, будем считать по минимуму. С работой я не справлялась, раскрывать преступления так и не научилась, коллеги смотрели на меня косо, но юристом я была все-таки хорошим, ведь быть грамотным юристом — совсем не то же самое, что быть хорошим сыщиком. Я поняла, что из розыска надо уходить, чтобы не позориться, и заниматься чем-то другим. Чем, например? Идти юристом в фирму? Не та специализация, в фирмах нужны цивилисты, знающие гражданское и финансовое право, а у меня — уголовное право и процесс. Переучиваться не хочется. Значит, можно заняться адвокатской практикой по уголовным делам, тем более мне как сыщику хорошо известны особенности, хитрости и трудности раскрытия и расследования преступлений. За два года работы адвокатом я кое в чем поднаторела, у меня появились клиенты и выигранные дела, а значит — и деньги, я могу считать, что в этом смысле у меня все в порядке. И вот ко мне обращается очередной клиент, излагает свое дело, я предлагаю ему стратегию защиты, он соглашается, я начинаю работать на эту стратегию и вдруг вижу, что моих усилий совершенно не требуется. Потому что то, чего мне хотелось добиться путем работы со свидетелями, уже и без того существует. Само по себе. И добиваться ничего не нужно. Что я почувствовала? Радость оттого, что все так легко и без усилий получилось и можно временно отдыхать? Возможно. И я вполне могу позволить себе в этой ситуации съездить в отпуск недельки на три-четыре, а явиться только в суд, который еще неизвестно когда будет. Слупить с клиента денежки за якобы проведенную мною многотрудную работу и лечь пузом на горячий песочек. Отлично! Но зачем же от дела-то при этом отказываться? И вдобавок предлагать клиенту вернуть аванс... Тупик. Этим путем мы не пойдем. Попробуем другую дорожку. По максимуму.

Я была успешным сыщиком, я очень хорошо работала, я отлично умела раскрывать преступления. По каким-то причинам я ушла из милиции и занялась адвокатской практикой, вероятнее всего, мне нужны были деньги, потому что ни по какой другой причине настоящий успешный опер свою работу не бросит. Хороший оперативник — это изящно придуманные и остроумно проведенные комбинации, это быстро и удачно раскрытые сложные преступления, это такое захлестывающее чувство радости от того, что ты сумел, догадался, опередил, перехитрил, быстрее добежал... Это наркотик успеха, отказаться от которого многим не под силу, да и не нужно отказываться. От этого наркотика не умирают. Человек, который стал хорошим оперативником, должен был им родиться, он должен иметь совершенно особый характер, особый темперамент, особый стиль мышления. И все это останется с ним, какой бы другой деятельностью он ни занялся. Он опером родился, опером и умрет, даже если станет вышибалой в казино или помощником машиниста электропоезда. Предположим, я именно такая. И тогда все то, что я услышу от приятельниц Елены Дударевой и Ольги Ермиловой, мне совсем не понравится. Потому что у меня сыщицкие мозги, потому что я бываю не в меру подозрительна и потому что меня всегда очень смущает и нервирует чрезмерная гладкость и связность событий. И что я в таком случае делаю? Правильно, я была и остаюсь в душе сыщиком, а одна из заповедей оперативной работы — молчать до тех пор, пока к стенке не припрут. Ни с кем ничем не делиться. Никому ничего не говорить, если в этом нет острой необходимости. Самый страшный враг оперативника — утечка информации. Поэтому я молчу и своим клиентам ничего о возникших сомнениях не говорю. А что я делаю дальше? Правильно, я начинаю свои сомнения проверять. И как я это делаю? А так, как привыкла, когда еще в уголовном розыске работала. Сыщик я, в конце-то концов, или где? Я начинаю собирать информацию по своим каналам. По каким именно? У сыщика два первоочередных источника информации: официально-служебный, то бишь коллеги в своей и других службах, и служебно-личный, завуалированно именуемый спецаппаратом. Человек, два года проработавший адвокатом, свой спецаппарат уже скорее всего потерял. А вот друзья и приятели в милиции остались. К ним и побегу.

Ясно тебе, Каменская, где искать ответ?»

Настя залпом допила свой кофе и демонстративно громко стукнула чашкой прямо перед тем местом на столе, где, по ее задумке, должен был лежать принесенный из дома вопрос с холодными немигающими глазками.

— И без тебя обошлась, — презрительно произнесла она. — Ну и сиди тут, зловредина. Я посмотрю, какая у тебя рожа будет, когда я сама ответ найду.

Дверь тихонько приоткрылась, в кабинет проскользнул Коротков и быстро повернул ключ в замке.

— Ты с кем тут разговариваешь? — шепотом спросил он. — По телефону, что ли?

— Нет, сама с собой, — ответила Настя нормальным голосом.

— Тише ты! Там генералы по коридору шастают, не ровен час еще в кабинет ткнутся.

— Ну и пусть, — Настя пожала плечами, но голос на всякий случай понизила. — Мы же здесь не водку пьем и не в карты играем.

— Много ты понимаешь в генералах-то. Если они захотят, так к чему угодно прицепятся, и что куришь в кабинете, и что кофе пьешь, и что кипятильником пользуешься, хотя пожарные запрещают. Лучше не нарываться. Кофейку налей, а?

— Коротков, — Настя тихонько засмеялась, — ты теперь такой крутой босс, тебе положено иметь секретаршу, которая будет кофе заваривать и подносить в красивой чашечке, а ты по-плебейски побираешься у подчиненных.

— Жадничаешь, да?

— Скорее вредничаю. Колобок не звонил?

— Ну конечно, он не позвонит, дожидайся! Кажинный день меня за нервные окончания дергает. Боится, что я без него отдел распущу.

— Когда он приедет?

— Через два дня. А ты что, уже соскучилась? Или тебе под моим чутким руководством плохо работается?

Настя не ответила. Она достала банку с кофе и коробку с сахаром, поставила перед Коротковым чистую чашку и кружку с только что закипевшей водой.

— Наливай-насыпай, у нас самообслуживание. И как ты есть мой начальник, то ставлю тебя в известность, что я собираюсь ехать туда, где раньше работал адвокат Храмов.

— Зачем? Что ты хочешь там найти?

— Я хочу узнать, не пытался ли он в последние несколько дней перед гибелью внепланово пообщаться со своими бывшими коллегами и кое-что у них выяснить.

— А почему именно внепланово?

— Потому что если он с ними в принципе отношения поддерживает, то участвует в днях рождениях и праздновании всяких событий типа Дня милиции или присвоения очередного звания. Это я называю плановыми контактами. А внепланово — это означает, что он вдруг позвонил и задал какой-то вопрос. Или два вопроса.

— Ага, или три, — поддакнул Юра, делая слишком большой глоток и обжигаясь. — Черт, горячо. Так вот, как я есть твой начальник, то имею право знать, какие идеи пришли в твою больную голову.

— Почему это больную? — удивилась Настя. — У меня с головой все в порядке.

— Как же в порядке, когда ты сама с собой разговариваешь?

— Да это я так, для образности. Мысли вслух. А идея у меня примитивно простая...

Пока Коротков допивал кофе, она коротко, но последовательно изложила ему суть своих недавних рассуждений. Правда, теперь, произнесенные вслух, эти логические построения уже не казались ей столь убедительными и безупречными. Настя снова начала сомневаться.

— То есть, как я понял из твоего бессвязного бормотания, у тебя две версии. Первая связана с тем, что Храмов был средненьким опером или даже вовсе никудышным, и тогда ты ничего не понимаешь. Вторая версия исходит из того, что Храмов был хорошим опером, правильно?

— Правильно. Тебе не нравится? — робко спросила она. — Тебе кажется, что это слабая конструкция?

— Нормальная. Спасибо, подруга Павловна, за кофий, был он исключительных вкусовых качеств. А насчет Храмова я уже узнавал, так что могу немного облегчить твою тяжелую умственную жизнь. Толя Храмов был хорошим опером. И я готов с тобой согласиться в том, что если его что-то насторожило, то он в первую очередь побежит к своим друзьям в милицию и попытается собрать какую-нибудь информацию. Но мыслишь ты как-то однобоко. Я понимаю, ты увлеклась своими умопостроениями, но за всем этим интеллектуальным пиршеством ты забыла о других полезных вещах.

— Например?

— Например, о том, что убийство Храмова совсем не обязательно связано с убийством Дударевой. С чего ты вообще это взяла, подруга дорогая? Разве у адвоката и бывшего сыскаря мало поводов быть убитым? Что у нас Храмов — ангел с крылышками, не имеющий врагов и недоброжелателей? Как я есть твой начальник...

— Вот как ты есть мой начальник, — перебила его Настя, — так ты и распорядись, чтобы эти версии отрабатывались. У тебя вон целый отдел в подчинении, и в отсутствие Колобка ты у нас единоличный царь и бог. Только не вздумай распоряжаться исключительно в мой адрес. Я понимаю, Юрик, у тебя трудности роста, ты молодой руководитель, вышедший из наших рядов, и отдавать приказы тебе неудобно. Знаешь, есть такое слово «стрёмно». Так вот тебе стрёмно приказывать нам. Ты ждешь, когда мы сами к тебе придем и предложим, а ты одобришь и согласишься. Получается, что вроде как мы сами себе работу ищем. Я отношусь к этому с пониманием и сочувствием и прошу у тебя разрешения заниматься своей версией, а другие ты уж поручи кому-нибудь, ладно? Только не мне.

— Веревки ты из меня вьешь, — хмуро проворчал Коротков.

— Я просто пользуюсь тем, что пока еще ты младший по званию. Не плачь, Юрик, скоро ты станешь подполковником, и эта малина закончится. Будешь меня погонять, как пассажир рикшу. Так я пошла?

— Иди уж, ладно.

Коротков подошел к двери и прислушался.

— Ну, что там наши генералы? — спросила Настя.

— Кажется, больше не шастают. По крайней мере, подобострастных голосов в коридоре не слыхать. Да, чуть не забыл спросить, как там Стасов с семейством?

— Хорошо. С Иришкой воюют, все пытаются ее жизнь

устроить. Пора ее познакомить с Мишей Доценко, может, у них сладится.

— А что? — оживился Коротков. — Идея богатая. Ирка будет хорошей милицейской женой, она же вон сколько лет при Татьяне просуществовала, так что в наши трудности легко вникнет. А малыш как?

— Огромный. Вот такой, — Настя широко развела руки. — Ты давно у них не был?

— Месяца два, наверное. Гришка еще не ходил.

— Теперь вовсю топает.

Коротков ушел к себе, а Настя сделала несколько телефонных звонков и отправилась к бывшим коллегам Анатолия Леонидовича Храмова.

По дороге она забежала к эксперту Олегу Зубову.

— Чего пришла? — хмуро встретил ее Зубов. — У меня твоего ничего нет.

— Я знаю. Олеженька, я могу обратиться к тебе с просьбой?

— Через буфет, — традиционно ответил эксперт. — Я бесплатно не подаю.

— Я сбегаю, — согласилась Настя. — Но просьбу-то можно высказать или как?

— Валяй, — милостиво разрешил он.

Оторвавшись от микроскопа, он с наслаждением распрямил плечи и с хрустом потянулся.

— Одни хворобы от такой работы, — пожаловался Олег. — Сидишь целыми днями ссутулившись, или на коленях ползаешь по сырой земле, или...

Это было необходимым элементом общения с Зубовым, и каждый, кто хотел с ним хоть о чем-то словом перемолвиться, должен был набраться мужества и терпеливо выслушать весь пакет жалоб на работу, здоровье, порядки в стране и глобальное потепление в атмосфере. Зубов был очень квалифицированным специалистом и имел право подписи по огромному количеству самых разнообразных экспертиз, поэтому с ним считались и терпели его причуды и несносный характер. Настя испытание выдержала с честью, она просто отключилась и думала о своем.

— Давай свою просьбу, — наконец сказал Олег. — Опять что-нибудь «срочно-секретно-губчека»?

— Да нет, все проще гораздо. Ты Мусина знаешь?

— Эксперта? Знаю. И чего?

— А ты можешь ему позвонить?

— Могу. И зачем?

— Понимаешь, у следователя Гмыри в производстве находится дело, по которому я работаю. Гмырю я с самого утра поймать не могу, а Мусин был на месте происшествия и брал образцы. Я хочу узнать у него результаты. Только он ведь мне не скажет, кто я ему? Мы практически незнакомы.

— Это можно, — с облегчением ответил Зубов. — Труд невелик. В буфет можешь не бежать, тебе по старой дружбе бесплатно сделаю.

Через десять минут Настя выходила из здания на Петровке, повторяя про себя: «На окурках слюна только Храмова. На одном стакане следы пальцев Храмова, следы его губ и остатки минеральной воды. На другом стакане ничего нет, кроме пальцев Храмова. Даже следов воды. Следов рук, не принадлежащих хозяевам квартиры, на месте преступления достаточно, но это и понятно, учитывая, что Храмов часто принимал клиентов у себя дома. Какие из них принадлежат убийце? Или никакие? Судя по тому, что Храмов поставил гостю стакан, а тот к нему даже не прикоснулся, он был более чем осторожен. Ведь часто случается, что преступник все-таки пьет и ест вместе с будущей жертвой, а потом тщательно моет за собой посуду и уничтожает следы там, где их оставил. Это сразу бывает заметно при осмотре. А убийца Храмова так не сделал. Он просто постарался не оставлять следов, а те, которые оставил, невозможно вычленить из бесчисленного количества следов, оставленных другими людьми. Храмов две недели жил один, без жены, судя по количеству пыли в квартире, уборку он за это время не делал ни разу, а посетители к нему ходили по нескольку раз в день. И преступник прекрасно понимал, что за две недели в квартире так натоптали и столько всего в нее нанесли, что он может спать спокойно и ни о чем не волноваться. Умная сволочь!»

* * *

И снова Селуянову понадобилась помощь Ивана Федоровича. Булгаков обладал отменной памятью, в том числе и зрительной, лица запоминал с первого раза и надолго, и в задуманной комбинации без него было никак не обойтись.

В квартире Клавдии Никифоровны Романовой временно «поселилась» тучная немолодая женщина по имени Лидия Ивановна, бывший эксперт-криминалист, лет пять назад вышедшая на пенсию. Она должна была вести себя тихо, к телефону не подходить, зато открывать дверь, ежели кто позвонит. Но открывать не всем. Понятное дело, если к тете Клаве заявится кто-то из соседей или приятельниц, то им долго придется объяснять, кто такая эта посторонняя женщина и что она здесь делает. Вранье-то можно любое придумать, и очень даже правдоподобное, но нет никаких гарантий, что ожившая после приступа Клавдия Никифоровна не позвонит из больницы как раз этой приятельнице или этим соседям с просьбой, например, привезти ей что-нибудь или просто проверить, не взломана ли дверь в квартиру. И сильно госпожа Романова удивится, узнав от них, что в ее доме находится некая родственница, приехавшая из далекого Иркутска. Поэтому дверь открывать надо было весьма избирательно.

Иван Федорович Булгаков, выполняя предыдущее задание своего куратора Селуянова, хорошо запомнил лица тех, кого видел возле дома Романовой и возле соседних домов, а также лица ее приятельниц. Его задачей было сидеть во временно свободной квартире Кости Вяткина, поставив стульчик прямо возле входной двери, и внимательно наблюдать в «глазок» за всеми, кто подходит к двери Романовой. Если лицо окажется знакомым, Булгаков при помощи несложного технического устройства должен подать в соседнюю квартиру сигнал, дескать, нельзя открывать, надо сидеть тихо и признаков жизни не подавать. Если к двери подойдет существо, близкое по описанию к тем, кого считали посыльными от горячо любящих детей Романовой, Булгаков должен подать другой сигнал, и бывший эксперт смело откроет дверь и вступит в беседу. Вот и вся премудрость.

В квартире Романовой Лидия Ивановна промучилась два дня, вздрагивая при каждом звонке в дверь. Она тут же бросала взгляд на примитивную, но надежную технику и видела, что из двух лампочек горит только одна. Стало быть, не то, можно не суетиться. К концу второго дня после очередного звонка загорелись обе лампочки. Лидия

Ивановна поправила прическу, одернула кофточку и степенным шагом направилась к двери.

— Кто там? — спросила она для порядка.

— Тетя Клава, я к вам, — послышался тихий неуверенный голос.

Лидия Ивановна распахнула дверь. Перед ней стоял даже не человек, а именно существо. На лбу испарина, в глазах мука и страх. Невооруженным глазом было видно, что у него вот-вот начнется ломка, а может, и началась уже.

— А тетя Клава где? — растерянно спросило существо.

— Нет ее, сынок, — ответила Лидия Ивановна как можно приветливее. — Она дня через два-три будет. А ты что хотел-то? Может, я чем помогу?

— Я хотел... это... ну как его... А где тетя Клава?

«Совсем плохой, — с сочувствием подумала бывший эксперт. — Даже слова плохо понимает. Конечно, куда ему слова понимать, у него все умственные силы на борьбу со страхом уходят».

— Сыночек, — ласково сказала она, — я же тебе говорю, Клавочка будет через два-три дня. Сейчас ее нет дома. Да ты проходи, милый, посиди, вон ты как плохо выглядишь. Сердцем маешься, да? Пройди в комнату, присядь, я тебе валокординчику накапаю.

— Не... мне это... А вы не знаете, где?..

— Что, миленький? — терпеливо спросила Лидия Ивановна. — Что «это»? Ты потерял что-то?

В глазах существа мелькнуло просветление. Он, похоже, огромным усилием воли собрал остатки разума, чтобы взять себя в руки и не наделать глупостей.

— Извините, — сказало оно более или менее человеческим голосом, — простите за беспокойство, я в другой раз зайду.

— Ну как знаешь, сынок, — покачала головой Лидия Ивановна. — А то зашел бы, отсиделся, не дай Бог на улице свалишься. На тебя же смотреть страшно, ты ж больной совсем.

— Нет, спасибо, со мной все в порядке, — не очень внятно произнесло существо. — До свидания.

Лидия Ивановна закрыла дверь и вернулась в комнату. Окна квартиры выходили на ту же сторону, что и подъезд, и ей хорошо был виден давешний посетитель, неровной походкой удалявшийся в сторону соседнего подъезда. Она видела, как он вошел туда, через несколько минут вышел и зашагал к дому напротив. Из дома напротив он переместился в дом, стоящий слева. Следом за ним на некотором расстоянии двигался Сергей Зарубин. Она сняла телефонную трубку.

— Коля? Это Лидия Ивановна. Выпускай меня отсюда, картина ясная. Твоя фигурантка — сбытчица наркотиков.

* * *

— Во дает старуха! — восхищенно покачал головой Селуянов. — Ну кто бы мог подумать, такая приличная с виду бабка. Квартиру можно не обыскивать, там наверняка ничего нет. Рассовывает небось по захоронкам в окрестных домах. Старый приемчик, плавали, знаем. То-то ее гость отправился по привычным местам искать, может, где чего завалялось.

Прием был действительно старым и хорошо известным в среде мелких торговцев наркотиками. Ни один здравомыслящий торговец никогда не будет держать товар при себе. Пакетики с зельем прячутся заранее в разных симпатичных местах поблизости от местонахождения продавца. Покупатель подходит к продавцу, платит деньги и получает в ответ заветные слова с указанием, где лежит доза. Идет и берет. Какая бы крутая милиция ни нагрянула, доказать, что между мирно гуляющим продавцом и невесть где спрятанным наркотиком есть хоть какая-нибудь связь, невозможно. Клавдия Никифоровна тоже дома товар не держала, не вчера на свет родилась. Она заранее раскладывала его за батареи и в разные потайные местечки в соседних подъездах и пришедшему покупателю просто говорила, где спрятан заветный пакетик.

— Вот откуда ее благосостояние. Небось и соседу своему Вяткину тоже она поставляла, — сказал Гмыря. — А что Серега? Нет от него вестей?

— Пока нет. Но я думаю, он вот-вот появится, времени-то много прошло.

Селуянов не ошибся, не прошло и пятнадцати минут, как Зарубин ураганом ворвался в кабинет следователя.

— Угадайте с трех раз, кто такой был бабкин клиент, — торжественно заявил он. — Обхохочетесь.

— Ты цирк здесь не устраивай, — сердито оборвал его Гмыря. — Докладывай.

Сергей вмиг посерьезнел, но было видно, что расстроился. Ему хотелось преподнести свою новость красиво, а следователь, как всегда, оборвал полет и испортил весь праздник.

— Работает уличным продавцом в фирме «Мелодия-Плюс», — ровным голосом доложил Зарубин. — Сидит на героине.

— Опа! — торжествующе воскликнул Николай. — Теперь технология ясна. Это они так деньги отмывают, сукины дети.

— Почему деньги отмывают? — не понял Зарубин.

— Молодой ты еще, Серега, — вздохнул Гмыря, — учись у нас с Селуяновым, пока мы живы, ума набирайся. Фирма «Мелодия-Плюс» является крупным покупателем наркотиков. Но, помимо этого, она еще и музыкой торгует. До этого места понятно?

— Ну что вы издеваетесь, Борис Витальевич, — обиделся Зарубин, — я же не совсем тупой.

— Я не издеваюсь, я веду себя как хороший педагог и стараюсь, чтобы мой ученик понял мои объяснения. Идем дальше. Музыкальная фирма не только торгует своей музыкой, но еще и производит ее без лицензии. Таким способом она тоже деньги зарабатывает. Вот, значит, наняла фирма на работу, во-первых, продавцов, которые с лотков торгуют, а во-вторых, производителей, которые, сидючи у себя дома, переписывают кассеты в товарных количествах. Производителю привозят чистые кассеты и оригиналы, а забирают кассеты с записью и пускают в продажу со своих лотков в общей куче с нормальными, лицензионными кассетами. Пока все понятно? Пошли дальше. Производителям надо зарплату платить? Надо. Продавцам надо? Тоже надо. Из каких денег платится заработная плата наемному рабочему? Правильно, продавцу платят по бухгалтерской ведомости из прибыли от продажи кассет. Производителю левого товара, конечно, по ведомости зарплату не выдают, ему платят черным налом, но все равно из прибыли. А если наемный рабочий у нас наркоман? Он зарплату свою получит и почти всю ее на наркотики и профукает. Теперь представь себе, что у фирмы есть собственные наркотики и собственная сеть сбытчиков, и наемные рабочие покупают наркотики только в этой сети и больше нигде. Что получается? Получается, что фирма заработала официальные денежки, официально списала их со своего счета на зарплату продавцам и перед всеми проверками и инспекциями она чиста, как девственница. А о том, что выданные в виде зарплаты деньги тут же возвращаются в фирму, потому что на них у фирмы же куплены наркотики, никто никогда не догадается. Дошло? Это они еще осторожничают, сбытчиков держат, чтобы бедные наемные рабочие никогда не догадались, у кого товар на самом деле покупают. А то ведь не ровен час проболтаются где-нибудь. Другие фирмы более нагло действуют, они вообще зарплату наркотиками выдают. Таких в одной Москве штук пять уже накрыли.

— Так что же получается, Романова работала на эту фирму? — недоверчиво спросил Зарубин.

— Получается, — подтвердил Селуянов. — Борис Витальевич уже в управление по борьбе с наркотиками позвонил, они своих ребят послали проверить все подъезды в доме Романовой и в домах, где живут ее ближайшие подружки. Пошла в гости, по пути дозы попрятала, никто и не удивляется, если ее в подъезде встретит, она же к подруге идет. Уверен, что они там много чего найдут интересного. Другой вопрос, зачем Романова давала нам ложные показания и опознавала Дударева. Кто ее подкупил?

— Да ясно, кто, — брезгливо поморщился следователь, — фирма же и подкупила. Убийца Елены Дударевой работал на эту богомерзкую «Мелодию» с плюсом, парень, пытавшийся убить Дениса Баженова, работал там же, сегодняшний клиент Романовой — тоже оттуда. Совершенно очевидно, что убийство Дударевой плотно завязано на фирму, хотя сами они никакого интереса убивать ее не имели. Кто-то их нанял. Мальчики, ищите связи Дударева с «Мелодией», они должны быть. Мы чего-то не видим, чего-то очень простого, оно прямо у нас перед носом, а мы ушами хлопаем. Должен быть контакт Дударева с фирмой, вы слышите? Его не может не быть, и то, что мы его до сих пор не обнаружили, это исключительно наша вина. В фирме или около нее должен быть тот самый посредник, который по поручению Дударева сделал заказ Вяткину и который потом подсунул бабке Романовой фотографию самого Дударева. Как хотите вычисляйте его, но найдите. Все поняли?

Селуянов нехотя встал, с сожалением думая о том, что нужно опять бежать туда, не знаю куда, по этой изнуряющей жаре. В кабинете Гмыри, конечно, тоже газовая камера, но тут хоть сидеть можно, не двигаться. Все легче.

— Пошли, Серега, — вяло скомандовал он Зарубину. — Будем выполнять указания процессуального лица.

— И не язви! — кинул ему вдогонку Гмыря.

* * *

На разговоры с бывшими коллегами Храмова по работе в уголовном розыске у Насти ушло немало времени. Все они отзывались об Анатолии Леонидовиче очень тепло и искренне горевали по поводу его трагический смерти. Выяснить удалось только одно: за несколько дней до убийства он обращался к ним с вопросом, нет ли у них хороших контактов в управлении собственной безопасности МВД. Один оперативник сказал, что у него там работает давний знакомый, и попытался ему позвонить, но тот оказался в отпуске. Что ж, дело естественное — лето. Другому повезло больше, он разыскал своего товарища, недавно перешедшего на службу в это управление, и попросил его по дружбе встретиться с Храмовым и помочь, если будет такая возможность. Фамилия этого товарища Перетурин.

Но товарища Перетурина застать на работе не удалось, поскольку номер его служебного телефона Настя получила только в восьмом часу вечера. Ладно, подумала она, отложим до утра, а пока подумаем и прикинем, что могло так заинтересовать адвоката, занятого защитой по делу об убийстве, совершенном бывшим военнослужащим, в подразделении Министерства внутренних дел, занятом выявлением и борьбой с коррупцией в милицейских рядах. Где поп, а где приход...

На следующее утро она явилась в управление собственной безопасности и спросила, как ей найти майора Перетурина. Майор Перетурин выслушал Настины вопросы с некоторым недоумением и даже неудовольствием.

— Да, был звонок от моего товарища из уголовного розыска, и я согласился встретиться с этим, как его, Храмовым. Храмов мне позвонил, я предложил ему приехать ко мне на службу. Он приехал, позвонил из бюро пропусков, я заказал ему пропуск и объяснил, где меня найти, но до моего кабинета он добрался только через полчаса. Я уже собирался было сказать ему, что полчаса из времени, отведенного на эту встречу, он уже прогулял, но Храмов опередил меня, вежливо извинился и сказал, что напрасно меня побеспокоил и что он все свои вопросы уже решил. Ну, решил так решил, баба с возу — кобыле легче.

— А где он был эти полчаса, вы не знаете? — без всякой надежды спросила Настя.

Перетурин пожал плечами.

— Понятия не имею, не интересовался, — равнодушно ответил он.

Настя отправилась к начальнику дежурной части, который оказался далеко не таким равнодушным, как Перетурин, тем более что улыбаться ему Настя постаралась как можно обаятельнее. Он с пониманием отнесся к ее просьбе проверить, каким временем и кем из сотрудников управления отмечен пропуск, выписанный Анатолию Леонидовичу Храмову. Через двадцать минут пропуск нашли. Выписан он был в пятнадцать часов десять минут к майору Перетурину, а отмечен на выходе в восемнадцать сорок пять непонятно кем, подпись неразборчива, но она принадлежит явно не Перетурину.

— А кому? — глупо спросила Настя.

— Или мы не милиционеры? — хитро подмигнул начальник дежурной части. — Пойдемте в мой кабинет, я вам чайку налью, у меня печенье есть вкусное. Разберемся. Как это так, чтобы по управлению гражданский человек три с половиной часа гулял, и мы не узнали, где и с кем. Непорядочек.

Настя с удовольствием, несмотря на жару, выпила гостеприимно предложенный чай с печеньем, мило болтала с дружелюбно настроенным начальником, а еще через час им сообщили, что подпись на пропуске принадлежит капитану Мызину. Мызин сейчас на месте, с ним можно побеседовать, если есть необходимость.

...Несколько дней назад Мызин как раз возвращался с обеда, когда столкнулся в коридоре с Толиком Храмовым. Они не виделись три года. Во времена их прошлых встреч Храмов был опером, а Мызин — участковым.

— Здорово! — радостно закричал Мызин, крепко пожимая руку старому знакомому. — Какими судьбами? Ты где сейчас?

— Я уволился, — ответил Храмов, — больше не служу. В адвокатуру подался. А ты?

— А я вот теперь здесь штаны протираю.

— И как оно тебе? — поинтересовался Храмов. — Приятно?

— Да куда уж там, — посетовал Мызин. — Мой участок — следственный комитет, а со следователями сам знаешь, каково дело иметь.

Они поболтали какое-то время, стоя в коридоре, повспоминали общих знакомых. Мызин, попавший в управление собственной безопасности по большому блату и абсолютно ничего не смысливший в оперативной работе, решил использовать визит Храмова по полной программе. Он понимал, что не умеет работать с информацией и не знает, как и что с ней нужно делать, но поскольку тот, кто устраивал его по большой протекции, рекомендовал Мызина как толкового и грамотного сотрудника, без которого вся идея собственной безопасности МВД просто умрет на корню, то ему было неловко и неприятно советоваться с другими, просить что-то объяснить и чему-то научить. Он строил из себя всезнающего и опытного работника, каждый день ожидая с отчаянием какой-нибудь неприятности из-за неверного шага. А тут Храмов подвернулся, ну надо же, как удачно. Можно хотя бы азы у него выспросить, перед ним-то не стыдно, он же не коллега по работе и не знает, каким блатным путем Мызина сюда пропихнули прямиком из участковых.

Мызин повел Анатолия к себе, но Храмов, дойдя до его кабинета, вдруг остановился.

— Саша, я через пять минут подойду, хорошо?

— А что случилось?

— Да в туалет мне надо, — со смущенной улыбкой объяснил Храмов.

— А-а, ладно. Куда идти, знаешь?

— Найду.

Через несколько минут Храмов вернулся к нему в кабинет. Мызин тут же решил брать быка за рога и стал жаловаться на трудности, Анатолий отнесся вроде бы сочувственно.

— Да, — говорил он, качая головой, — против своих собирать информацию трудно и противно, тут я с тобой согласен. А иногда такие гниды попадаются, прямо хоть стой — хоть падай, и ведь не скрывает, гад, что берет взятки, в глаза тебе нагло смотрит и признается, потому что понимает, что тебе ни в жизнь этого не доказать. Особенно следователи этим славятся, они ж по части доказывания крупные спецы, их на мякине не проведешь. Вот я тебе пример приведу. Есть такой следователь Михаил Михайлович Ермилов, в Центральном округе работает. И ведь все знают, что он за деньги уголовные дела прикрывает, а доказать невозможно. У вас на него небось тонна информации собрана, а задокументировать как следует и реализовать ее не можете. Ведь так?

— Точно, — подтвердил Мызин, — замазан этот Ермилов по самое некуда. На него уже давно есть информация, что он какую-то фирму прикрывает.

Слово за слово, Храмов посоветовал своему знакомому поднять материалы на Ермилова и пообещал на этом примере показать некоторые основы работы. Мызин так и сделал. На следующий день они встретились снова, на этот раз пили пиво дома у Храмова, и Анатолий провел для Мызина открытый урок мастерства. Как раз на примере материалов, собранных на следователя Ермилова...

Конечно, Насте он рассказывал все не так откровенно, но ей и без того было понятно, как все произошло. Храмов, будучи опытным оперативником, раскрутил недавнего участкового как мальчишку. Он открыто блефовал, и это сработало.

— Какую фирму прикрывает Ермилов? — спросила она.Мызина.

— Нам не положено разглашать, — строго ответил он.

— Да бросьте вы, — Настя поморщилась, — все равно ведь Храмову рассказали, все инструкции обращения со служебной информацией нарушили. Теперь мне скажите. Я все-таки не человек с улицы, как Храмов, а подполковник милиции.

В этот момент она подумала, что в высоком офицерском звании есть свои преимущества. Во всяком случае, с капитанами разговаривать помогает.

— Говорите, Мызин, не стесняйтесь, я никому не скажу. Вы же нормальный торговец, вы продали Храмову информацию в обмен на его квалифицированную консультацию, ведь так? Теперь продайте ее мне в обмен на мое обещание никому никогда не рассказывать о том, что вы сотворили, разгласив то, что разглашать не положено. Давайте, давайте, это не больно. Помните, как у Булгакова? Правду говорить легко и приятно. Что там у Ермилова случилось?

Мызин, неохотно выдавливая из себя слова, поведал, что около года тому назад следователь Михаил Ермилов вел дело о нападении на офис одной фирмы и избиении охранника. Дело было плевое, потому что с самого начала было понятно, чьих рук эта работа, там дележка сфер торговли шла. Однако в процессе расследования Ермилов за что-то зацепился и стал раскручивать уже не тех, кто разгромил офис и избил охранника, а потерпевшую сторону. Чего-то он там нарыл такого серьезного, а потом к нему в кабинет пришел руководитель этой фирмы и предложил расстаться друзьями. Ермилов согласился. Денег вроде бы не взял, сошлись на том, что фирма теперь — его должник.

— Как фирма называется? — спросила Настя для проформы, потому что уже знала ответ.

— «Мелодия-Плюс».

Глава 14

— Не может быть, чтобы все было так, как ты говоришь, — покачал головой Коротков. — Храмов должен был знать что-то еще, чтобы догадаться про Ермилова. Ведь мы же не догадались, хотя Коля Селуянов прошел весь тот же путь, что и Храмов, по всем возможным и невозможным свидетельницам. Значит, была еще какая-то хитрость, о которой мы пока не знаем.

— Да не было там никакой хитрости, Юра, — устало сказала Настя. — Храмов знал в точности все то же самое, что узнали мы. Просто у него глаза не зашоренные.

Она чувствовала себя совершенно измученной. То, что рассказал ей капитан Мызин из управления собственной безопасности, ударило ее как обухом по голове, даже сердце разболелось. Конечно, преступники в милицейских рядах — далеко не новость, но отчего-то каждый раз Насте делалось от этого так больно, что она даже дышать не могла. Именно это отчаянное нежелание допустить мысль о том, что искомый преступник ходит рядом по тем же коридорам и покупает булочки в том же буфете, что и ты, и мешало им сразу увидеть и понять то, что увидел и понял адвокат Храмов. Преступника ищут где угодно, только не среди своих, и не видят очевидного, и не замечают того, что невозможно не заметить сторонним взглядом. Свой — он и есть свой, он неприкасаемый, он, как жена Цезаря, вне подозрений. Для Анатолия Храмова, два года назад ушедшего из милиции на гражданку, следователь Ермилов уже не был своим, он был точно таким же, как любой другой гражданин страны, и его легко можно было подозревать в чем угодно, если были к тому хотя бы малейшие основания.

— Как ты думаешь, Ермилов знал, что адвокат отказался от дела? — спросил Коротков.

Настя кивнула.

— Знал, ему Ольга Васильевна сказала, она просила его помочь найти другого адвоката. Ермилов же не дурак, это Ольге можно навешать лапши о срочных семейных обстоятельствах, а следователь сразу понял, что здесь что-то не так, не отказываются адвокаты от дела без серьезных причин. Я думаю, он пошел к Храмову выяснять, что случилось, и сразу понял, что адвокат обо всем догадался. Ты помнишь, сколько Храмов сигарет выкурил и сколько воды выпил? Только идиот не понял бы, что он ужасно нервничает и безумно боится своего посетителя. И Ермилов это понял, у него же мышление в точности такое, как у нас с тобой. Мы это поняли по следам, а он видел своими глазами. Он сообразил, что раз Храмов отказался от дела и так панически боится мужа своей клиентки, то Анатолий Леонидович узнал правду про него. Потому и от дела отказался. Он не самоубийца связываться с таким типом, как Ермилов. Он же не герой-одиночка и не борец за идеалы правосудия, он самый обычный адвокат, у которого к тому же беременная жена, и он должен, он просто обязан заботиться о сохранении собственной жизни. Если он попытается разоблачить Ермилова, то может очень быстро и бесславно умереть, и кому от этого будет лучше? Беременной жене? Ребенку, который родится у молодой вдовы?

— Убедительно, но умозрительно, — с сомнением произнес Коротков. — Ты сейчас как Ниро Вульф выступаешь, подумала-подумала, проанализировала косвенные улики и составила предположительную картину преступления. А где факты? Где доказательства?

— Нигде. Нет у меня доказательств. Но и ты, между прочим, не следователь, зачем тебе доказательства? Тебе правда нужна. Пусть голова у Гмыри болит. Дело против Ермилова он вести не имеет права, его надо передавать в прокуратуру, но в прокуратуру его можно передать только тогда, когда появятся доказательства вины Ермилова или хотя бы веские основания подозревать его. Нужно найти хотя бы одно серьезное доказательство для Гмыри — и можно считать, что мы свое отработали. А то ведь Борис Витальевич отправит меня с моими умопостроениями по всем известному адресу. У него глаза такие же зашоренные, как и у нас с тобой, он тоже не поверит, что убийца — из своих.

— И все равно я не понимаю, — упрямо сказал Юрий.

— Чего ты не понимаешь? Я же тебе все на пальцах объяснила.

— Я не понимаю, зачем Ермилову убивать жену Дударева. Хорошо, я готов допустить, что он узнал адрес любовника своей жены, понял, что тот живет в аккурат в том округе, где работает сам Ермилов, и сделал заказ на убийство, которое должно быть совершено в день, когда следователь дежурит и гарантированно выедет на место происшествия. Он же и дело будет возбуждать, и первоначальные следственные действия вести, и свидетелей допросит так, как ему хочется. И в результате постарается засадить любовника своей супруги крепко и надолго путем подтасовки фактов и фальсификации доказательств, а если и не засадить по приговору суда, то продержать под следствием несколько месяцев, чтобы он из камеры вышел полным инвалидом. До этого места я все понимаю. Но я все равно не понимаю, почему надо было убивать жену Дударева.

— А кого, по-твоему, он должен был убить? — спросила Настя.

— Как кого? Дударева, конечно. Самого Дударева. История человечества знает миллионы случаев, когда мужчина убивал своего соперника, но я что-то не слышал, чтобы убивали жену соперника с целью потом этого самого соперника упечь в тюрьму.

— Юрочка, ты никогда не задумывался над тем, что в русском языке ярко проявляется половой шовинизм? — внезапно спросила Настя.

— Чего-чего проявляется?

— Половой шовинизм. В официальном правильном русском языке есть слова, которые с равным успехом могут обозначать и мужчину, и женщину, но все равно эти слова мужского рода. То есть изначально предполагалось, что слово это может относиться только к мужчине. Например, врач, строитель, шофер, инженер. Кстати, и все воинские звания мужского рода и женской формы не имеют. Мы в разговорной речи, конечно, употребляем слова и «врачиха», и «инженерша», и «полковница», но это именно разговорная речь. В официальных документах так не пишут.

— А ты чего, обиделась, подполковница? Хочешь внести в Думу предложения по реформе русского языка? — поддел ее Коротков.

— А еще есть слова «меценат», «собственник» и «владелец», — продолжала Настя, будто не слыша его ехидной реплики. — И когда их произносят, то все невольно думают о мужчинах. Исторически так складывалось, что собственником и владельцем мог быть только мужчина. Потом жизнь изменилась, а слова остались.

Она говорила негромко и задумчиво, не глядя на Короткова и машинально вертя в руках зажигалку.

— Ну и что? Не пойму я тебя что-то. К чему ты мне этот ликбез устраиваешь? Я тебя про Ермилова спрашиваю, а ты мне про ущемленное женское самолюбие рассказываешь.

— Это не ликбез, Юра, это ответ на твой вопрос. Ермилов не собирался убивать Елену Петровну. Он хотел убить Дударева. Но, делая заказ, он не назвал конкретного человека, он дал приметы и номер машины и адрес, по которому она паркуется каждый день. И велел убить владельца. Как он мог знать, что в машину на водительское место сядет Елена Петровна? Ведь на машине ездил только Дударев. У Елены даже прав не было. А несчастный Костя Вяткин и знать не знал, что речь идет о мужчине. Ему сказали «владелец», он и подорвал машину, когда в нее сел человек, которого по всем признакам можно было признать за владельца. Костя-то понимал, что за этим словом может стоять в равной мере и мужчина, и женщина.

Коротков подошел к распахнутому настежь окну и попытался вдохнуть хоть немного свежего воздуха, но у него ничего не вышло. Воздух за окном был таким же тяжелым и неподвижным, как в кабинете. Юрий расстегнул рубашку, вытащил из кармана носовой платок, намочил водой из графина и, стоя спиной к Насте, обтер грудь.

— Извини, подруга, организм не выдерживает. Хочешь? — Он протянул ей платок и графин. — Я отвернусь.

— Не надо, я до дома потерплю.

— Не знаешь, когда это кончится? — с тоской спросил Коротков, глядя в светлое еще небо.

— Каждый день обещают, но пока сдвигов не видно.

— Что за жизнь, Ася! Была страна советов, стала страна обещаний. Мало того, что правительство все время что-то обещает и не выполняет, так и синоптики за ними следом такую моду взяли. Мне каждое утро кажется, что еще один день жары — и я просто умру. И каждый вечер я засыпаю с надеждой, что утром проснусь — а там пасмурно и прохладно. Нет, лучше даже холодно. Градусов двенадцать. Просыпаюсь, высовываюсь в окно и понимаю, что надежда моя была дурацкой, погода — мерзость, а синоптики, которые мне уже две недели подряд обещают грозовые дожди, — сволочи. Сказали бы честно, мол, ребята, не надейтесь понапрасну и бегите-ка из города в другую климатическую зону, потому как в ближайшее время ничего не «подешевеет», градусов меньше не сделается и облегчения вам никакого не предвидится. Неприятно, конечно, но хоть честно, и можно было бы не тешить себя иллюзиями, а спланировать свою жизнь так, чтобы поменьше мучиться. А они что делают? Байками нас кормят. Гнать их всех к чертовой матери надо, вот что я тебе скажу.

Настя украдкой оттянула на груди ворот майки и подула на влажное от пота тело. На три мгновения стало полегче. Она в целом разделяла ворчливое настроение начальника, только понимала, что говорить об этом и тратить силы на раздражение бессмысленно. Температура воздуха от этого не «подешевеет» и синоптики не перестанут ошибаться. Ей всегда становилось весело при мысли о том, сколько ненужных слов произносят люди в повседневной жизни. Слов, которые ничего не могут изменить и ни на что не могут повлиять. А люди стараются, говорят, вкладывая в свою речь столько эмоций и нервов и наивно полагая, что это поможет.

— Юр, хватит ныть, давай делом займемся, — миролюбиво предложила она. — Ты с ребятами связывался, которые с пиратством борются?

— Связывался.

— Что они рассказывают про «Мелодию-Плюс»?

— Много всякого. Во-первых, парни, на лотках у которых они накрыли левые кассеты, свою фирму не сдают, несут заранее подготовленный бред о поставщике, который появляется время от времени и сдает товар на реализацию. Бумажку на товар он им показывает, и о том, что кассеты нелицензионные, они и знать не знают. Вранье очевидное, но привязать товар к фирме пока не удается. На фирме, естественно, проводили обыск, но левых кассет не нашли. То ли они их там не хранят, то ли их предупредили заранее, и они все вывезли. Но ребята с обыска вернулись в полном шоке.

— Господи, да чем же этих тертых калачей можно было шокировать? — удивленно спросила Настя.

— А их всегда повергает в транс тот факт, что криминальные структуры оснащены техникой в тысячу раз лучше, чем милиция. Офис у «Мелодии» нашпигован такой техникой, что бедному менту удавиться впору от зависти. Там в стенки и в потолок ни одного гвоздя вбить нельзя.

— Почему? — не поняла она.

— Места нет. Все занято самой совершенной техникой, в том числе и направленной на то, чтобы никто снаружи не проник не только бренным телом, но и любопытным глазом или длинным ухом.

— Круто, — покачала головой Настя. — Юра, а ты бы стал встречаться с человеком даже по простому, обычному делу, если бы знал, что у него в комнате все просматривается и прослушивается?

— Что я, псих? — возмутился Коротков. — Я свою частную жизнь оберегаю так же свято, как служебную информацию.

— Правильно, солнце мое незаходящее, и дело тут не в охране частной жизни, а в нормальных человеческих чувствах. Неприятно знать, что тебя записывают, даже если ты спрашиваешь, который час. А теперь ответь мне, любимый начальник, если бы ты сидел в комнате, где все набито техникой, стал бы ты трезвонить об этом каждому входящему?

— Опять же, я не псих. Зачем же мне столько техники, если все будут об этом знать? Нерационально, пустая трата денег. А к чему эти вопросы? Ставишь на мне психологический эксперимент?

— Да что ты, — она улыбнулась, — я просто рассказываю тебе, как мы будем добывать доказательства против Ермилова.

Коротков задумался на несколько секунд, обмахивая потное тело полами расстегнутой рубашки.

— Хитра ты, мать, не по годам. Но ты права, если руководитель фирмы все записывает, то хранит, а не в помойку выбрасывает.

— Данные на Ермилова есть?

— Найдем.

— А на сотрудников «Мелодии-Плюс»?

— У ребят возьмем, они с нами поделятся в благодарность за то, что мы их на фирму навели.

Настя посмотрела на часы.

— Ладно, завтра с утра займемся, сейчас все равно никого не найдешь, уже одиннадцатый час. Пора по домам.

* * *

Михаил Михайлович Ермилов с легким недоумением смотрел на запечатанный конверт, который ему принесли из секретариата. На конверте после адреса и указания его имени и фамилии стояли крупные буквы «ЛИЧНО». Ну, лично так лично, подумал он, вскрывая конверт и разворачивая сложенный пополам листок бумаги.

«Уважаемый гражданин следователь! Не так давно вы обратились в одну контору с просьбой помочь вам в одном грязном дельце. Не думайте, что все шито-крыто. У того человека, с которым вы договаривались, все разговоры в офисе записываются на диктофоны, а всех посетителей рисуют на видео. Так что если вы, уважаемый гражданин следователю, этим вопросом интересуетесь, то поимейте в виду, что эти кассеты у меня есть. Вы пока подумайте, а я вам еще дам знать. С дружеским приветом».

Ермилов похолодел. Но тренированный ум следователя уже начал работу независимо от эмоций. Что это может означать? Вся контора и ее контакты у кого-то под колпаком, у какой-то третьей стороны. Кто-то напичкал фирму своей аппаратурой и регулярно снимает информацию. Это первый вариант. Второй вариант: его шантажирует кто-то из фирмы, скорее всего техник. И третий, он же самый неприятный: его шантажирует сам Варфоломеев.

Михаил Михайлович брезгливо отбросил письмо, но тут же снова схватил его. Что-то в тексте показалось ему

неуловимо знакомым, режущим глаз. Он снова внимательно перечитал каждое слово, машинально отмечая ошибки. «Шито-крыто» написано почему-то через «и», а в словах «уважаемый гражданин следователь» вместо мягкого знака на конце стоит «ю». Ну ладно, «ю» можно напечатать по ошибке вместо мягкого знака, они на клавиатуре совсем рядом находятся, всего через клавишу. Но буква «и» стоит, пожалуй, далековато от «ы», так что за простую опечатку не сойдет. Все ясно, это писал выходец с Украины. В украинском языке есть звук «ы», но буквы такой нет, этот звук обозначается буквой «и», а для звука «и» существует буковка «i». И еще в украинском языке, в отличие от русского, есть звательный падеж, который применяется при словах-обращениях. Если нужно обратиться к девушке по имени Галя, то скажут: «Галю, иди сюда». А если нужно обратиться к следователю, то напишут... Напишут так, как написано в этом письме. Ошибиться Ермилов не мог, он заканчивал среднюю школу и университет в Киеве и владел украинским языком свободно.

Значит, это не Варфоломеев. Тот чистокровный русак, речь у него, конечно, замусоренная жаргоном, но произношение абсолютно чистое, московское. Можно голову дать на отсечение, что на Украине он не жил и языком не пользовался. Нужно искать в его конторе украинца и оторвать ему голову. Но если неизвестный доброжелатель прав насчет аппаратуры, а он, по всей вероятности, не врет, потому что все можно проверить, то встречаться и разговаривать с Варфоломеевым в конторе нельзя. Нужно искать безопасное место, где не запишут.

Ермилов резко снял телефонную трубку и набрал номер.

— Антон Федорович, нам нужно встретиться, — офи-

циальным тоном произнес он на всякий случай. — Да, срочно. Нет, не у вас. Давайте за городом...

Через полтора часа Ермилов подъехал к назначенному месту. Варфоломеев уже ждал, ему до Новорижского шоссе было ближе, чем следователю. Михаил Михайлович достал из кармана письмо и сунул под нос хозяину «Мелодии-Плюс».

— Что это такое? Что это такое, я тебя спрашиваю, козел вонючий? Какого хохла ты в своей лавке пригрел?

— Да с чего ты взял, что это хохол? — опешил Варфоломеев.

— А с того, что я читать умею и украинский знаю, как ты матерный. Есть у тебя в конторе люди с Украины?

— Был один, — растерянно сказал Варфоломеев. — Но я его уволил недавно. На прошлой неделе.

— За что?

— Да ну его, не просыхал. Сам же знаешь, пьяницам веры нет, сболтнут что угодно и где угодно.

— Кем он работал?

— Техникой занимался. Он вообще-то хороший электронщик, толковый, и руки золотые. У них там на Украине работы нет, а здесь они готовы за копейки работать. Наши московские гроши для них целое состояние.

— Адрес его знаешь?

— Не проблема, ребята знают, они все друг у друга дома бывали.

— Значит, так, Варфоломеев. В дело лишних людей не посвящаем, и так уже слишком многие в курсе. Лыткин твой пока держится, но на него могут нажать посильнее, и он сдаст тебя.

— Не сдаст, — уверенно ответил Антон Федорович, — он парень крепкий, здоровый.

— Такой же, как все твои ублюдки?

— Нет, Васька не ширяется, у него мозги ясные.

— Все равно, лишних не впутываем. Хватит нам одного козла, который накололся и дело запорол. Сейчас мы с тобой, Варфоломеев, поедем к этому твоему хохлу и вытрясем из него все, что можно. И чего нельзя. Сначала вытрясем кассеты, потом объяснения, а потом мозги. Ты все понял?

— Понял я. Может, все-таки не сами, а? У меня бойцы в машине, им поручим.

— Я сказал: сами, — Ермилов чуть повысил голос. — Хватит, напоручались уже. От твоих козлов одни неприятности. Надо было мне с самого начала тебя под суд отдать, все равно с тебя толку никакого. Поехали.

* * *

Настя положила трубку и с видом победителя посмотрела на Колю Селуянова.

— Или мы не молодцы? Или мы не умники?

— И умницы, — добавил Селуянов. — Не томи душу-то. Чего они сказали?

— Все, что надо, то и сказали. Наш украинский друг оказался на редкость толковым парнем. Он и себя перед ними оправдал, и таких реплик им накидал, что уши увяли. Но зато Ермилов и Варфоломеев в ответ на эти реплики произнесли все слова, о которых мы с тобой мечтали, когда разрабатывали эту простенькую комбинацию. Теперь конец им пришел, Коля, не открутятся.

— Думаешь? — с сомнением произнес Селуянов.

— Она думает, — раздался от двери знакомый баритон. — Она же больше ничего не умеет, кроме как думать. А что суд скажет по поводу ее великих мыслей, она как-то думать забывает.

В кабинет вошел Виктор Алексеевич Гордеев собственной персоной. Его здесь никак не ждали, все полагали, что если он приезжает сегодня днем, то на работу выйдет не раньше завтрашнего утра.

— Ой, Виктор Алексеевич, — растерянно пискнула Настя, мысленно похвалив себя за то, что вовремя остановила уже готовое сорваться с языка «Колобок».

— Вот тебе и «ой», — сердито бросил Гордеев. — Думала, без меня можно наколбасить, и все с рук сойдет?

— Виктор Алексеевич, — торопливо заговорила Настя, — вы не волнуйтесь, мы с судьей согласовали.

Селуянов вскочил со стула и подставил его начальнику. Тот уселся пооснователье, скрестив на груди крепкие округлые руки, и вперил в Настю недоверчивый взгляд.

— Да? С судьей, говоришь? Ну-ка, послушаем.

— Честное слово, Виктор Алексеевич. Гмыря сам к судье ходил. У нас были оперативные данные о том, что недавно уволенного сотрудника фирмы «Мелодия-Плюс» Андрея Переоридорога собираются убить. Мы встретились с Андреем, и он дал добровольное согласие помочь в предотвращении убийства и поимке преступников. Ему были выданы технические средства, проведен инструктаж по пользованию ими. Судья сказал, что основания для использования технических средств есть, и если Переоридорога впоследствии даст показания в суде, когда и при каких обстоятельствах была сделана запись, то все будет признано законным.

— А ну как твои разрабатываемые ему не поверили бы, а? Вы же на что рассчитывали? — спросил Гордеев и тут же сам себе ответил: — На то, что этот Андрей с трудной фамилией сможет перед ними оправдаться, они ему поверят и уйдут себе с миром, наговорив ему предварительно на диктофоны семь бочек арестантов. Так я понимаю?

— Так, — осторожно откликнулся Селуянов.

— А если бы нет? Если бы они его убивать кинулись? С чего вы взяли, что он сможет быть настолько убедительным и они ему поверят?

— Обижаете, Виктор Алексеевич, — тут же ответил Николай, — вся встреча контролировалась с начала и до конца. У нас даже ключ был от квартиры этого украинца, он сам нам его дал, чтобы мы могли в любую секунду ворваться.

Гордеев еще какое-то время переводил подозрительный взгляд с Насти на Селуянова и обратно, потом вздохнул.

— Ну ладно, коль не врешь...

— Виктор Алексеевич, ну когда я вам врала! — Настя попыталась сыграть обиду, впрочем, безуспешно.

— Откуда я знаю, — резонно возразил полковник. — Я тебя на вранье пока не ловил, но это не означает, что ты меня ни разу не обманывала. Ты же хитрющая, как я не знаю что. Особенно после того, как у Заточного поработала и набралась у него всяких штучек. Признавайтесь, кто про письмо придумал?

— Я, — откликнулась Настя. — А что, плохо придумано?

— Рискованно. Где гарантии, что оно сработает?

— Гарантии дают только шарлатаны, — встрял Селуянов, — а у Аськи был расчет. Вы же сами нас учили, что плясать надо от человека. Мы выяснили, что Ермилов долго жил и учился на Украине и свободно владеет украинским языком. Он — следователь, и, значит, он в отличие от нас, глупых маленьких оперов, умеет работать с документами, умеет их читать и анализировать, видеть между строчек. К тому же Ермилов, как мы выяснили, долгое время специализировался на расследовании хозяйственных преступлений, а в них, сами знаете, документы — основной элемент. То есть мимо признаков украинского происхождения автора письма он бы никогда в жизни не прошел.

— Ладно, это вы молодцы. Но все равно рисковали. А вдруг этот украинец не стал бы вам помогать, а, наоборот, заложил? Об этом вы не подумали?

Настя собралась было ответить, но Селуянов снова кинулся грудью на амбразуру:

— Обижаете, гражданин начальник, мы сначала изучили весь контингент сотрудников фирмы, особенно уволенных или чем-то обиженных, и подыскали такого человека, который нам подойдет. А потом уже придумывали, как в письме дать на него точную наводку, чтобы Ермилов пришел разбираться именно к тому, на кого мы технику навесили. Вы не думайте, Виктор Алексеевич, мы все просчитали и с Гмырей согласовали.

— Просчитали они... — куда-то в пространство проворчал Гордеев. — Счетоводы. Арифмометры. Меня на вас нет.

— Теперь уже есть, — почему-то обреченно констатировал Селуянов.

— Не дерзи, Коленька, старшим, — ласково сказал Колобок. — Я тебе в отцы гожусь. Ладно, с этим все. Дальше что делать будете?

— Дальше в понедельник Гмыря доложит руководству, и материалы будут переданы в прокуратуру для дальнейшего расследования, — пояснила Настя. — А до понедельника пусть Ермилов погуляет и помучается вопросом, кто же это ему письмецо написал. Переоридорога был жутко убедителен, они его даже бить не стали, поверили, что это не он написал. Ермилов все-таки очень опытный следователь, он сразу может отличить, врут ему или правду говорят, а Андрею даже притворяться не пришлось, он же действительно этого письма не писал и никаких кассет у него нет.

— Наружку задействовали?

— За Ермиловым-то? Конечно. Правда, они нас уже клянут, мы их за Дударевым следить подряжали, не прошло и года — снова дергаем. У них там свои сложности, сами знаете. Планы, графики, нагрузка и финансовые проблемы. Все в одной кучке. Сегодня пятница заканчивается, впереди суббота и воскресенье, посмотрим, будет ли Ермилов в эти два дня что-нибудь предпринимать, а в понедельник уже следователи подключатся.

— Пятница заканчивается, — зачем-то повторил Колобок. — Уже пятница. Уже июнь кончается. Один летний месяц как корова языком слизала. Слушайте, дети мои, вы хоть успеваете замечать, как время летит? Оно летит само по себе, а мы за ним не поспеваем. Все время опаздываем... Что-то я разбрюзжался. Это я с дороги такой злой, в поезде душно было и грязно, ехал и думал, на ком бы злость сорвать. Специально поехал не домой, а на работу, знал, что кто-нибудь наверняка провинился и под руку попадется.

— Ну и как? — осторожно спросила Настя. — Повезло? Удалось найти жертву?

— Мне не повезло. Зато вам, обормотам, повезло. Пришел я сюда, Короткова вызвал, доклад его выслушал и вдруг понял, что вы все уже большие мальчики и девочки. Растил я вас, растил — и вырастил. На свою голову. Юрку до своего зама дорастил. Ты, Стасенька, уже подполковник. Ты хоть понимаешь, что всего на одну звезду ниже меня стоишь?

— Звезда — не показатель мастерства, — возразила Настя. — Мне до вас семь верст и все лесом. По сравнению с вами я еще дитя.

— Да нет, деточка, ты уже давно не дитя. Вон какую красивую комбинацию спроворила, и все сама. Я же знаю, тебе ребята только сведения в клювике таскали, а все остальное ты сама выдумала, своей собственной головой. Знаешь, чем хороша твоя комбинация?

— Гениальностью, — хихикнул Селуянов, который уже понял, что гроза прошла стороной и можно снова начинать привычно балагурить.

— Простотой, — продолжал Гордеев, пропуская реплику Николая мимо ушей. — Простая комбинация — самая хорошая, но только настоящие мастера умеют строить и осуществлять простые комбинации. Так вот, посмотрел я на вас и подумал: когда ж вы вырасти-то успели? Вроде все время детьми были, и вдруг вижу — взрослые вы совсем.

— Так разве это плохо, Виктор Алексеевич? — спросила Настя. — Все дети растут и взрослеют, это закон природы.

— Это верно. Но у природы есть еще один непреложный закон: у взрослых детей не бывает молодых родителей. Ладно, дети мои, пойду я домой, устал с дороги.

Гордеев встал и молча вышел из кабинета. Настя прислушивалась к его шагам, удаляющимся по коридору в сторону лестницы, и почувствовала, как у нее защемило сердце.

— Коля, — сказала она дрогнувшим голосом, — он скоро уйдет.

— Куда?

— На пенсию.

— Откуда знаешь?

— Оттуда.

Она показала рукой на то место на груди, где под ребрами находится сердце.

* * *

В субботу после обеда Михаил Ермилов сказал жене, что поедет в оздоровительный лагерь навестить сына и отвезти ему фруктов и воды.

— Я тоже хотела бы поехать, — безнадежно сказала Ольга.

Она уже не смела настаивать, она могла позволить себе только робко просить. И даже не просить, этого она тоже не смела, а лишь намекать на просьбу.

— Я поеду один, — отрезал Михаил.

— Но я бы хотела увидеть Валерку.

— Можешь поехать в воскресенье на электричке.

Ольга вздохнула.

— Хорошо.

У сына Ермилов пробыл до вечера, подождал его после ужина, и они вместе провели время до отбоя. В десять часов Михаил Михайлович уехал из лагеря, но километра через три остановил машину и замер, опершись на руль.

Все наперекосяк. Все не получается. С самого начала не заладилось. Ведь бывает же такое. Как началось с того, что этот идиот-наркоман рванул машину не с Дударевым, а с его женой, так и пошло-поехало. Исполнитель засветился перед случайным мальчишкой, который не только видел его, но и разговаривал с ним. Это каким же надо быть идиотом, чтобы специально привлекать к себе внимание, когда сидишь на месте преступления и ждешь жертву! Совсем мозгов не иметь. Водички он попить, видите ли, захотел. Жажда его, козла, замучила. Пришлось искать мальчишку и принимать меры, чтобы он исполнителя не опознал. Пришлось исполнителю дозу подсунуть с добавочкой, чтобы от него, козла безмозглого, тоже избавиться. Хорошо еще, что он наркотики брал всегда в одном и том же месте, у соседки своей, так что подсунули ему смертельную отраву без проблем. Наркоманы глупы и доверчивы, скажешь ему, что есть новая «мулька», которую если поверх героина положить, то кайф сильнее и дольше, он и поверил. Ему дали обычную дозу героина, а в придачу под видом «мульки» еще тройную дозу, он сначала из первого пакетика укололся, потом из второго, вот и вся недолга. С выводом из игры исполнителя, пожалуй, единственное светлое пятно. Прошло без сучка без задоринки, никто не прицепится, никакая экспертиза не докажет, что беднягу обманули и он не знал, что именно вкалывает себе в вену.

После того как идиот исполнитель ошибся и убил вместо Дударева его жену, пришлось срочно все перестраивать. Тут же нашлись улики и сформировались подозрения в адрес мужа погибшей, в этом деле Михаил Михайлович был большим мастером. Главное — чтобы как можно дольше не вскрылось, что Дударев — любовник его жены. В первый же день, когда Дударева допрашивали, Ермилов представился, он обязан был это сделать. Но сделать-то можно по-разному, особенно если допрашиваемый в шоке и растерзанных чувствах. «Я следователь, буду вести следствие по делу об убийстве вашей жены, зовут меня Михаилом Михайловичем...» Вот и все. Кто обратит внимание, что он фамилию не назвал? А уж когда после многочасового допроса придется протокол подписывать, так задержанный только ответы свои будет читать, от них его судьба зависит, а в верхнюю часть первого листа, где фамилия следователя указана, он и не посмотрит никогда. Сто раз проверено. На этом фокусе можно было бы несколько дней ехать и успеть так все оформить, что Дудареву конец придет. Но тут Ольга выступила... Дурочка, порядочностью своей и сердобольностью все карты ему спутала. Пришлось уже через сутки дело передавать. Все наперекосяк, ничего толком не выходило.

Храмов еще этот... Тоже сыскарь-одиночка. Надо отдать ему должное, мужик он был неглупый, но много ума — это недостаток, который может стоить жизни. Вот Храмов своей жизнью за свой острый ум и заплатил.

Ермилов отчетливо вспомнил, как пришел к адвокату. Он сразу же, как только Ольга сказала, что адвокат отказался от дела, почувствовал тревогу. И оказался прав. Бедняга адвокат так запаниковал, узнав, кто к нему пришел, что и двух мнений быть не могло. Он боялся Ермилова, потому что узнал, кто за ним стоит. Вернее, под ним, а это еще опаснее. Потому что когда стоят ЗА тобой, то еще вопрос, станут ли они за тебя заступаться, когда ты попадешь в беду. А вот когда криминальные структуры стоят ПОД тобой, то можно не сомневаться: ты отдашь приказ — и они все сделают.

Храмова пришлось убирать. На Варфоломеева надежды больше не было, он и заказ на Дударева запорол, и с мальчишкой-свидетелем лопухнулся, в живых оставил. Нет больше ему веры, а других, кому можно такое дело поручить, у Ермилова не было. Так что с адвокатом пришлось заниматься самому.

И с Дударевым не все вышло, как хотелось бы. Сначала все шло гладко, и Борька Гмыря этого вояку невзлюбил со страшной силой, даже невооруженным глазом было видно. Гмыря тянул следствие в сторону обвинения Дударева, и это хоть как-то утешало Ермилова. Но потом произошла накладка со старухой, которая должна была опознать Дударева. Что уж там случилось, Ермилов так и не выяснил, потому что Борька Гмыря вдруг вообще перестал даже упоминать о ходе расследования. До этого момента с ним хоть парой слов можно было обменяться, а потом он как воды в рот набрал. Но факт есть факт — опознание не сработало. На контору Варфоломеева вдруг ни с того ни с сего управление по незаконному обороту наркотиков наехало. Может, это из-за старухи? Все может быть.

А толку от всего этого? Он хотел убить Дударева, потому что Ольга его любила. Дударев жив. И что дальше? Ермилов впервые задумался о том, что было бы, если бы все удалось и Дударев погиб. Что, Ольга перестала бы его любить? Нет. Она бы все время помнила о нем и горевала. Ольга стала бы лучше относиться к мужу? Тоже нет. Муж каким был — таким и остался. Ольга больше никогда не изменяла бы ему? Не факт. Единожды солгавший, кто тебе поверит?

Тогда зачем все это? Зачем он все это затеял?

Михаил Ермилов, сидя в машине в половине одиннадцатого вечера в субботу, двадцатого июня, ни минуты не раскаивался в том, что сделал. Он не раскаивался в смерти Елены Дударевой, Кости Вяткина, адвоката Храмова. Он не раскаивался в том, что из-за него чуть не погиб шестнадцатилетний Денис Баженов. Ему не было жалко их. Ему было жалко себя. Ревность — страшное чувство, и преодолевать его можно только собственными усилиями собственной души, а не при помощи манипуляций другими людьми. Ермилов этого так и не понял. Он знал и понимал одно: Ольга его обманула, изменила ему, и он должен был сделать все, чтобы это прекратить. Чтобы не было на свете никакого Дударева. Но Ольга чтобы осталась с ним, с Ермиловым. Это тогда, в самом начале он так думал. Потому и затеял все. А теперь, возвращаясь домой из лагеря, где проводил каникулы его сын, он вдруг понял, что, даже если бы все получилось так, как он задумал, это его не спасло бы. Он все равно сходит с ума от ревности и все равно не верит жене. Все оказалось бессмысленным.

Ермилов нехотя завел двигатель и поехал в Москву. В машине был кондиционер, потому ехал Михаил Михайлович с закрытыми окнами. Он не заметил, как внезапно поднялся ветер, и спохватился только тогда, когда увидел прямо перед ветровым стеклом летящий ему навстречу рекламный щит. Несколько секунд он раздумывал, не остановиться ли, чтобы переждать грозу, но решил продолжать движение, пока не начнется дождь. Может быть, он будет не сильным, не стеной, и вполне можно будет проехать. В любом случае надо поторопиться, как знать, а вдруг он убежит от грозы и успеет добраться до дома. Ермилов прибавил скорость, шоссе было пустым, и он разогнал машину до ста тридцати километров в час.

Он даже не успел понять, что произошло, когда огромное дерево упало на дорогу прямо перед передними колесами автомобиля. Ермилов врезался в ствол на полной скорости. Машина перевернулась несколько раз и загорелась, но Михаил Михайлович не почувствовал ожогов. Он умер мгновенно, потому что рулевая колонка пропорола ему грудную клетку.

* * *

Прошло три дня. Москва приходила в себя после урагана, какого не помнили даже старожилы. Кто-то ликвидировал последствия разгула стихии, кто-то тащил на свалку то, что еще недавно было любимым автомобилем или гаражной коробкой, кто-то навещал раненых в больницах, кто-то хоронил близких. Сначала сообщалось, что во время стихийного бедствия погибло пять человек, потом сведения стали уточняться, и к концу расчистки города и области от завалов цифра стала существенно больше.

О гибели мужа Ольга Ермилова узнала в воскресенье днем. Сначала она не особенно волновалась, когда мужа в десять вечера еще не было дома, она понимала, что Михаил ее избегает и старается по возможности прийти как можно позже. В одиннадцать вечера, когда налетел ураган, Ольга забеспокоилась. В три часа ночи, спустя примерно час после того, как природа успокоилась, мужа еще не было, и Ольга решила, что в связи с бедствием всех работников милиции вызвали на службу. В десять утра она позвонила Михаилу на работу, но ей никто не ответил. И она вдруг отчетливо осознала, что его нет не только дома. Его нет вообще.

А к пяти часам вечера ей сообщили.

В среду к ней пришел Дударев. После проведенных в камере дней выглядел он неважно, похудел, осунулся, но глаза горели каким-то злым огнем. Он позвонил Ольге и спросил, где они могут встретиться. Ольга сказала, что он может приехать к ней.

— Меня выпустили, — заявил Георгий прямо с порога.

— Я вижу, — тихо ответила Ольга, не глядя ему в лицо.

— Ты что, не рада?

— Я рада за тебя.

— Меня совсем выпустили, ты что, не понимаешь? До этих ментов поганых дошло наконец, что я не виноват в смерти Елены.

— Я понимаю, Георгий. Тебя выпустили совсем.

Дударев посмотрел на Ольгу более внимательно, попытался обнять, но она отстранилась.

— Ты что, больше меня не любишь? — спросил он, сам не веря в то, что говорит.

Она ждала этого вопроса, она давно его ждала и знала, что отвечать придется. Если она не хочет, чтобы все началось сначала, ей придется собрать остатки мужества и ответить. Ответ был готов заранее, но в этот момент Ольга едва не дрогнула. Может, не надо? Она осталась одна, Георгий тоже один, и нет ничего плохого в том, что они будут вместе. Ведь были же те полгода, когда им было так хорошо вместе. Полгода, когда ей казалось, что она счастлива. Так, может быть, это не ушло совсем? Может быть, все еще вернется? Ей так трудно будет одной... Нет, нельзя. Если она хочет сохранить хоть каплю уважения к себе после всего, что натворила, надо ответить так, как решила.

— Нет, не люблю, — сказала она, не слыша себя.

На такой ответ Георгий явно не рассчитывал. На небритом хмуром лице проступило недоверие, уж не ослышался ли.

— Как это понимать? Вчера любила, а сегодня не любишь?

— Да, сегодня уже не люблю.

— Что, и встречаться со мной больше не будешь?

— Не буду.

Ну вот и все, слова произнесены. Хода назад нет, теперь уже нельзя сказать, что ты пошутила или неудачно выразилась и тебя неправильно поняли. Все предельно ясно. Ольга почувствовала облегчение, насколько вообще возможно такое чувство накануне похорон мужа.

Дударев нервно заходил по комнате, засунув руки в карманы брюк.

— Оля, что происходит? Я тебя чем-то обидел? Объяснись, будь любезна.

— Я ничего не могу с этим поделать, Георгий, — ровным голосом ответила она. — Я больше не хочу быть с тобой. Не хочу.

— Так, значит, — с угрозой произнес Георгий Николаевич. — Пока я был в порядке, ты меня любила, а стоило мне попасть в беду — так все, пошел вон со двора, нам замаранные не нужны, мы чистеньких любим. Так, что ли?

Ольга помолчала, потом отошла от Дударева в противоположный угол комнаты и встала, прижавшись спиной к стене. Ей не нужно было сейчас это объяснение, но рано или поздно оно должно было состояться, так пусть уж лучше сейчас, не стоит откладывать.

— Знаешь, я с самого начала не верила, что ты невиновен. Я была уверена, что это ты убил свою жену. Ты был в моих глазах замаран — дальше некуда. Но я нашла тебе адвоката, я нашла деньги, чтобы ему заплатить, я согласилась на то, чтобы у моего мужа были неприятности по службе, только чтобы тебя вытащить. А знаешь, почему я тебе не верила? Потому что ты даже не нашел времени, чтобы просто поговорить со мной. По-человечески поговорить, понимаешь? Спокойно, доверительно. Объяснить мне все. Поклясться, что ты невиновен. А ты этого не сделал. Ты разговаривал со мной сквозь зубы, ты отдавал мне приказания. Ты вел себя так, как ведут себя действительно виновные. Пойми меня, Георгий, я не обиделась, дело не в этом.

— А в чем же? — сухо спросил он.

— В том, что ты не считал нужным вести себя по-другому. Тебе было все равно, что я думаю и чувствую. Тебе вообще было на меня наплевать. Ты просто манипулировал мной, как вещью, как приборчиком, который может помочь тебе доказать свою невиновность. Я не хочу, чтобы мной манипулировали. Для тебя люди — грязь, они ничто, ты с ними не считаешься, ты их просто используешь в своих целях. А я не хочу больше, чтобы ты меня использовал. Тебе понятно?

Георгий рассмеялся. Он подошел к Ольге и крепко обнял ее, не давая вырваться.

— Ну что ты, Оленька, — тихонько приговаривал он, целуя ее волосы, — что за глупости ты себе напридумывала? Ты просто устала, эта жара тебя измотала. Ты все неправильно понимаешь. Я очень тебя люблю. Сегодня ты не в настроении, давай встретимся завтра прямо с утра, ты отпросишься с работы, мы проведем целый день вместе, как раньше, помнишь? Погуляем, сходим на книжную ярмарку, посидим в ресторане, отметим мое освобождение.

— Завтра я не могу.

— Почему? Чем таким серьезным ты занята? Что вообще может быть важнее нашей любви?

— Завтра я хороню мужа. Он погиб во время урагана.

Ольга удивилась, что смогла сказать об этом спокойно, не заплакав. Даже голос не дрогнул. Дударев отстранился и со страхом посмотрел на нее.

— Ты... Ты не шутишь?

— По-моему, похороны мужа — не повод для шуток.

— Но почему же ты мне сразу не сказала, Оля? Как же так? Я тут стою как дурак, распинаюсь про любовь, а ты думаешь о похоронах. Чего ж удивляться, что ты говоришь такие глупости.

— Правильно, Георгий, удивляться не надо. Ты сам себя слышишь? Ты хоть понимаешь, что происходит? У меня погиб муж, мой сын лишился отца, а ты думаешь только о том, что глупо выглядишь. Вот это и есть то самое, о чем я тебе говорила. Для тебя люди — грязь. Для тебя существует только Георгий Дударев, который стоит в центре вселенной. Прости, но у меня своя вселенная, и вокруг тебя она больше не вертится. Уходи, пожалуйста.

Ей действительно хотелось, чтобы он ушел. Человек, который в последние полгода был ей таким близким и родным, вдруг оказался чужим, неприятным и совершенно ненужным. Боже мой, почему она все это сделала? Как могла так безоглядно влюбиться в это эгоистичное чудовище? Где были ее глаза и уши? Ведь Георгий не стал другим, он всегда был именно таким, а ей он казался чудесным, добрым, умным, самым лучшим. Ради его спасения она пошла на то, чтобы причинить боль мужу. Если бы не это, Михаил не отстранился бы от нее, и в субботу они поехали бы к сыну вдвоем. И наверняка уехали бы из лагеря гораздо раньше. Ольга понимала, что Михаил так надолго задержался, чтобы как можно позже приехать домой, где ему было совершенно невыносимо. Они уехали бы раньше и к одиннадцати вечера, когда начался ураган, были бы дома. А может быть, они вообще поехали бы не в субботу, а в воскресенье. И он остался бы в живых. Но Михаил погиб, и случилось это только из-за нее. Если бы он не узнал о ее измене, между ними не возникло бы отчуждение. А об измене он не узнал бы, если бы Ольга не изменяла. Вот и все. Она принесла своего мужа в жертву... чему? кому? Сомнительному счастью быть рядом с этим чудовищным эгоистом, с холодным и, по существу, жестоким человеком? Внезапному романтическому порыву, временному помрачению рассудка? Ну почему, почему она раньше не смогла посмотреть на ситуацию со стороны и понять, что эта опасность подстерегает всех женщин, чьи мужья слишком заняты своей работой. Эти мужья пропадают на работе с утра до ночи, их вызывают и по праздникам, и по выходным, и среди ночи. А женам хочется совместных походов на выставки, концерты и к друзьям, им хочется обсудить новинки литературы и кинопроката, но разве с мужем их обсудишь, если у него нет времени прочитать новую книгу или посмотреть новый фильм, у него нет времени, а если есть время, то нет сил идти к друзьям или на выставку. В свободные от работы часы он хочет полежать и помолчать, и ведь это так естественно, это так нормально! Ну почему она, Ольга, относилась к этому как к чему-то обидному и неправильному? И она, и многие другие жены попадают в эту ловушку, им хочется дружбы с мужем и внимания с его стороны, а у него только работа, работа, работа... И вот они встречают человека, гораздо более свободного в смысле времени, человека, который обсуждает с ними все то, что они хотели бы обсудить с мужем, и начинается кошмар постоянного и цепляющегося одним звеном за другое вранья, хитростей, уловок. Обыкновенный недостаток общения толкает женщин на поступки, о которых они впоследствии так жалеют. Может пройти совсем немного времени, и окажется, что тайный возлюбленный не так уж умен, не так уж достоин уважения и даже вовсе непорядочен, но все уже случилось, супружеская жизнь отравлена ложью, и дальше уже все равно...

— Уходи, Георгий, — повторила Ольга, видя, что Дударев и не собирается уходить. Он удобно уселся на диване и с интересом смотрит на нее, как на любопытное ископаемое.

— Ты пожалеешь об этих словах уже завтра, — с уверенностью заявил он. — Одумайся, Оля. Завтра ты похоронишь мужа, и что дальше? Ты готова остаться одна?

Ей стало муторно и противно при мысли о том, как сильно она его любила. Совсем недавно. Как быстро все меняется!

— Я не знаю, — честно ответила она. — Может быть, мне будет трудно одной. Но уж то, что я не хочу быть с тобой, — это совершенно точно.

Георгий некоторое время сидел неподвижно, будто обдумывая услышанное, потом поднялся, вышел в прихожую и хлопнул входной дверью. Ольга пошла на кухню, достала из шкафа коньяк, налила себе рюмку, выпила залпом.

— Прости, Миша, — тихо сказала она. — Но я сделала хотя бы это.

* * *

Прошло еще две недели, и Настя пришла в больницу в последний раз. Завтра Дениса Баженова должны были выписывать. Он уже ходил, и они с Артемом даже гуляли вокруг корпуса. Настя и сама не понимала, почему регулярно навещает Дениса, свободного времени у нее было совсем мало, но, поразмыслив, она поняла, что чувствует себя отчасти виноватой в случившемся. Если бы Артем так по-детски не влюбился в ее голос, Денису не пришлось бы ревновать, и он никогда не сделал бы той глупости, которую совершил, чтобы вернуть себе любовь и внимание Артема.

— А знаете, что мы придумали? — торжественно произнес Денис, когда Настя вошла к нему в палату. — Мы оба пойдем работать добровольными помощниками в Центр защиты от стресса. Ведь этот метод так мне помог, значит, он поможет еще многим, и просто ужасно обидно, что так мало людей об этом знают. Мы уже с Вадимом договорились, он сказал, что доктор Алиев не будет возражать.

— И что же вы будете там делать? — удивилась Настя. — Вы же не специалисты, у вас вообще нет никакого образования.

— Это неважно, — вступил Артем, — мы будем полы мыть, стулья чинить, да что угодно. Мы долго с Денисом это обсуждали и поняли, что нашли дело, которому хотели бы служить. Мы оба.

Он сделал ударение на последних словах, и Настя все поняла. Поняла и оценила ту жертву, которую с готовностью принес девятнадцатилетний юноша во имя дружбы. Ведь он хотел быть музыкантом...

Когда она собралась уходить, Артем пошел проводить ее. Он всегда провожал ее, и Денис уже не нервничал, видя, как его друг выходит из палаты следом за ней.

— Анастасия Павловна, я хотел вас поблагодарить, — немного смущенно начал Артем, когда они вышли из здания.

— За что?

— За Ирину Астапкину. Если бы не вы, я бы никогда

не узнал, что есть человек, который пишет такие стихи и так поет.

— Я рада, что тебе понравились ее песни, — улыбнулась Настя. — Они мне тоже очень нравятся.

— Да нет, не в этом дело... — Артем остановился, подыскивая слова. — Не в том дело, нравится мне или нет. Дело в тех мыслях, которые приходят в голову после ее песен.

— И какие мысли пришли тебе в голову? — поинтересовалась она.

— Я понял, что надо уметь быть счастливым каждый момент, а не ждать, что счастье наступит когда-нибудь потом. Вы меня понимаете? Я, наверное, плохо объясняю... Вот, например, у нее есть песня про Новый год.

> Часы несутся к рубежу,
> Они готовы к грабежу.
> Я не усну, но прогляжу,
> Никто и глазом не моргнет —
> И вот украден Старый год.
>
> А может быть, он лучшим был,
> Но не успел, не долюбил,
> Он был украден полным сил.
> Теперь мне ясно по всему,
> Что елка — памятник ему.

— Я знаю эту песню, — кивнула Настя. — Она всегда казалась мне очень грустной. Я даже плакала, когда слушала ее в первый раз.

— Я тоже, — признался Артем. — И представляете, я вдруг посмотрел на часы и увидел, как стрелки идут, идут, неумолимо так идут, их ничто не остановит, и они действительно съедают время, воруют его. Вот они подошли к двенадцати, и пропал час, пропал день, пропал год. Они его украли. Мы всегда так ждем этот праздник, я говорю про Новый год, как будто мы уже заранее решили, что у нас все плохо и неинтересно, а вот завтра начнется новый год, и все изменится к лучшему. Понимаете? В нас как будто с самого рождения вкладывают мысль о том, что нужно думать только о будущем и жить только завтрашним днем. И мы все так и поступаем. А вдруг сегодняшний день — это вообще самое лучшее, что было, есть и будет во всей твоей жизни? А ты этого и не заметил, не увидел, не понял, и только в глубокой старости ты вдруг начнешь осознавать, что вот он — самый лучший год в твоей жизни, он был так давно, а ты его пропустил, не оценил, все ждал чего-то лучшего. Я сумбурно говорю, да? Вы так на меня смотрите... Я чушь несу?

— Нет, Артем, — очень серьезно сказала она. — Ты говоришь абсолютно правильные вещи, а смотрю я на тебя так потому, что удивляюсь.

— Удивляетесь? — настороженно переспросил он. — Чему?

— Твоей мудрости. Ты в свои девятнадцать лет оказался сильнее и мудрее многих взрослых. Я ведь тоже поняла эту мысль и долго ее обдумывала, но это случилось совсем недавно. Понимаешь? Мне тридцать восемь лет, и до меня эта истина дошла только сейчас. И еще... Ты говорил, что хочешь быть композитором. А теперь вы с Денисом решили посвятить себя делу доктора Алиева. Ты так легко отказался от своей мечты?

Она и сама не знала, зачем спрашивает Артема об этом. Ответ был ей известен, но ей хотелось убедиться в том, что она не ошиблась. Уж слишком невероятным казалось ей, чтобы такой юный человек смог совершить такой зрелый взрослый шаг.

— Вы знаете, Анастасия Павловна, я подумал, что мне,

наверное, не нужно становиться музыкантом. Я не смогу заниматься этим полноценно из-за своей слепоты, а значит, это будет уже не музыка, а... некое ее подобие. Призрак музыки, что ли. Короче, это все будет ненастоящее. А я очень боюсь, что все будут считать меня инвалидом и жалеть, все будут думать, какой я молодец — слепой, а играю, и так далее. Будут жалеть и из жалости будут врать, что я пишу хорошую музыку, которая на самом деле будет плохой. А я так не хочу. Я не хочу мучиться подозрениями, что люди вокруг меня неискренни. И я нашел дело, которое могу делать независимо от моих глаз, понимаете? И Денис будет со мной рядом, ему это тоже интересно. А потом, может быть, я вернусь к музыке. Вы же сами мне говорили, что интересы у людей меняются. Завтра это снова будет музыка, а сегодня это... Это другое.

Он не сказал «дружба», он не сказал «Денис». Он сказал «другое», инстинктивно и деликатно избегая патетики.

«Просто невероятно, — думала Настя, возвращаясь из больницы домой, — откуда это у молоденького мальчика? Такое иному взрослому-то не под силу. Впрочем, говорят, что дети, с младенчества страдающие каким-нибудь недугом, взрослеют и мудреют намного раньше, у них вообще душа устроена как-то по-другому. И на мир они смотрят совсем другими глазами».

Она ехала в метро и думала о том, какой разной бывает ревность. Есть две разновидности проявлений ревности: ликвидировать соперника или возвыситься над ним. Первый путь проще, и по нему идет огромное большинство. Ограничить контакты любимого человеком с тем, к кому ревнуешь, не давать ему шагу ступить без контроля, вынуждать отчитываться о каждой минуте и о каждом телефонном звонке. Отослать соперника подальше, если есть такая возможность. Увезти любимого в другое место, в другой город или страну. Можно скомпрометировать соперника, рассказывая о нем неприятную правду или, что значительно более просто, поливая его грязью на каждом углу и уничтожая его репутацию. Наконец, можно убить негодяя. Вариантов много, но суть одна: сделать невозможным общение любимого человека с тем, кто интересен и дорог ему больше, чем ты сам. Верх эгоизма на самом-то деле, но в таком обнаженном виде никто на проблему не смотрит. Именно по этому пути пошел опытный следователь и далеко не юный мальчик полковник Ермилов.

Но есть и второй путь: доказать любимому, что ты ничуть не хуже, что ты достоин любви, внимания и уважения, что в тебе есть такие качества, которых нет у твоего соперника. Это путь трудный и долгий, он требует тяжелой работы и огромного терпения. Очень мало кто выбирает этот путь борьбы за свою любовь. Но шестнадцатилетний Денис Баженов выбрал именно его. Пусть неумело, пусть он все делал неправильно, но путь был тот самый, трудный и тяжелый. И уже за одно это он достоин уважения и любви. Самим фактом того, что он сделал такой выбор, он доказал, что отличается от множества других людей, и отличается в лучшую сторону. Дай Бог ему счастья, хороший он человек.

Июнь — июль 1998 г.

Литературно-художественное издание

Маринина Александра Борисовна
ПРИЗРАК МУЗЫКИ

Издано в авторской редакции
Художественный редактор *В. Щербаков*
Оформление *Г. Сауков*
Технические редакторы *Н. Носова, В. Азизбаев*
Корректор *З. Харитонова*

Изд. лиц. № 065377 от 22.08.97.

Налоговая льгота — общероссийский классификатор
продукции ОК-005-93, том 2; 953000 — книги, брошюры.

Подписано в печать с готовых диапозитивов 03.11.98.
Формат 60×90 $^1/_{16}$. Гарнитура «Таймс». Печать офсетная.
Усл. печ. л. 22,0. Уч.-изд. л. 14,2.
Тираж 250 000 экз. Зак. № 3500.

ЗАО «Издательство «ЭКСМО-Пресс»,
123298, Москва, ул. Народного Ополчения, 38.

ISBN 5-04-001846-0

9 785040 018468

Тверской ордена Трудового Красного Знамени
полиграфкомбинат детской литературы им. 50-летия СССР
Государственного комитета
Российской Федерации по печати.
170040, г. Тверь, проспект 50-летия Октября, 46.

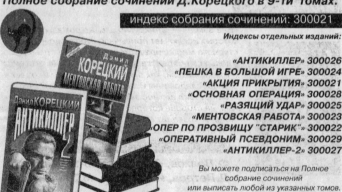